게임놀이치료

- 이론 · 관찰 · 사례 -

박성옥 · 김윤희

창지사

머리말

게임은 21세기에 새롭게 생겨난 놀이문화가 아니다. 수천 년 동안 생겨나고 변화되고 더욱 진화해 온 아주 오래된 놀이문화이다. 즉, 게임놀이는 오래전부터 동·서양을 막론하고 남녀노소를 구분하지 않고, 특히 아동과 청소년에게는 친숙한 놀이방법이기 때문에 저항 없이 쉽게 교육 및 치료에 접근할 수 있는 새로운 장르이다.

본 저자들은 오랜 기간 아동, 청소년을 만나는 임상현장에서 게임놀이의 치료적 효과를 이끄는 무수히 많은 가치를 발견하였다. 무엇보다 게임놀이는 아동과 청소년에게 친숙한 문화이기 때문에 놀이방법으로 적용하는 데 저항이 없고, 게임을 통해 자연스럽게 타인과 소통하며 공감하고, 배려와 지지 등의 사회적 학습 기회를 경험하도록 한다. 또한, 게임에서의 즐거움은 긴장과 스트레스를 해소하며, 집단원 간의 상호작용을 탐색하고 모방의 기회를 가지며, 게임을 통해 유능감과 숙달감을 이끌어 내어 개인적 성장 및 발달을 도모하게 된다. 그뿐만 아니라 팀워크, 협동과 공동체 의식을 조성하여 관계성의 역량을 키우는 친사회적 기술을 습득하게 된다. 더불어 활동 지향적인 게임의 속성은 아동 및 청소년의 생활양식과 잘 맞아떨어져 경쟁이라는 특성뿐만 아니라 충동적이고 자기조절력이 부족하고 사회적인 관계에 어려움을 갖는 이들에게 매우 효과적이라는 사실을 거듭 확인하게 되는 경이로움을 일깨운다.

이에 저자들은 오랜 임상 경험을 통해 "게임놀이는 즐거운 맥락에서 새로운 정보, 역할 그리고 행동을 받아들이고 정해진 규칙대로 시연하고 적응하는 기회를 제공하는 '작은 인생'"이라고 개념화하고 있다. 게임에서의 실패 경험은 학습하도록 하는 수단이 되고, 게임에서 배워 현실에 적용할 수 있는 튼튼한 감정이 된다. 이러한 튼튼한 감정은 실제 생활에서 더 오래 버티고 더 힘든 일을 하고 더 복잡한 문제를 다룰 수 있는 역량을 만들어 내게 된다. 심리치료의 중요한 포인트! 바로 정서적 어려움을 극복하는 데 큰 효과가 있다는 점은 부록에 첨부한 연구 자료로부터 찾아볼 수 있을 것이다. 이와 같이 게임놀이치료를 적용한 수많은 사례의 누적된 효과가 이 책의 원동력이 되었다.

아울러 2010년에 『게임놀이와 아동심리치료』가 번역된 이후, 최근 아동, 청소년, 성인에 이르기까지의 특별한 치료수단으로 게임놀이를 활용하는 것에 대한 심리치료 현장의 요구가 매우 높아짐에도 불구하고 치료적 접근을 뒷받침하는 이론부터 심리적 역동을 다룬 관찰평가와 다양한 문제 상황에 대한 치료적 사례를 체계적으로 다룬 책이 여전히 부족한 실정도 중요한 계기가 되었다.

이 책이 다양한 문제의 어려움을 경험하는 아동, 청소년을 만나는 놀이치료사, 발달심리사, 청소년상담사 등과 적응, 왕따, 학교폭력 등의 문제를 접하는 청소년 상담시설 및 학교현장의 전문상담사뿐 아니라 결손가정, 소외계층, 발달장애아를 돕는 복지시설의 사회복지사, 가족상담사에게 개별 및 집단 상담 장면에서 활용할 수 있는 유용한 가이드북이 되길 소망한다. 또한, 아동, 청소년 상담을 공부하는 학생들이 게임놀이의 치료적 요소를 파악하고, 문제와 연결한 게임의 심리적 역동을 학습하는 데 도움이 될 수 있도록 이론, 관찰, 사례 세 부분으로 나누어 게임놀이의 치료적 접근을 상세하게 다루었다.

이 책이 출판되어 나오기까지 오랫동안 지지하고 기다려 준 한국임상게임놀이학회의 게임놀이치료사들과 책의 완성도를 높이기 위해 세심하게 많은 노고를 마다하지 않은 창지사 가족들에게도 깊은 고마움을 전한다.

게임 속에 숨겨진 보물의 가치를
찾고자 하는 분들에게
2020년 10월
저자 박성옥, 김윤희.

차 례

GAME PLAY THERAPY

CONTENTS

PART II 게임놀이치료 평가

PART III 문제 유형에 따른 게임놀이치료

GAME PLAY THERAPY

PART I

게임놀이치료 이해

1. 게임놀이의 이론적인 틀
2. 게임놀이와 심리치료
3. 게임의 치료적 요소
4. 발달단계와 발달특성별 게임놀이치료 접근
5. 게임놀이의 치료적 접근 및 국내외 연구

Ⅰ

1 게임놀이의 이론적인 틀

아동의 내적/외적 세계와 사고－감정－행동의 역동을 중심으로 어떻게 발달되어 왔는지를 보여 주는 통합적인 틀그림 Ⅰ-1 참조은 전통적인 언어 치료 방식을 보완하는 대안으로 에너지를 활성화하는 게임놀이치료적 접근을 활용하는 이론의 배경 역할을 제시하고 있다.

그림 Ⅰ-1 아동의 내·외적 환경

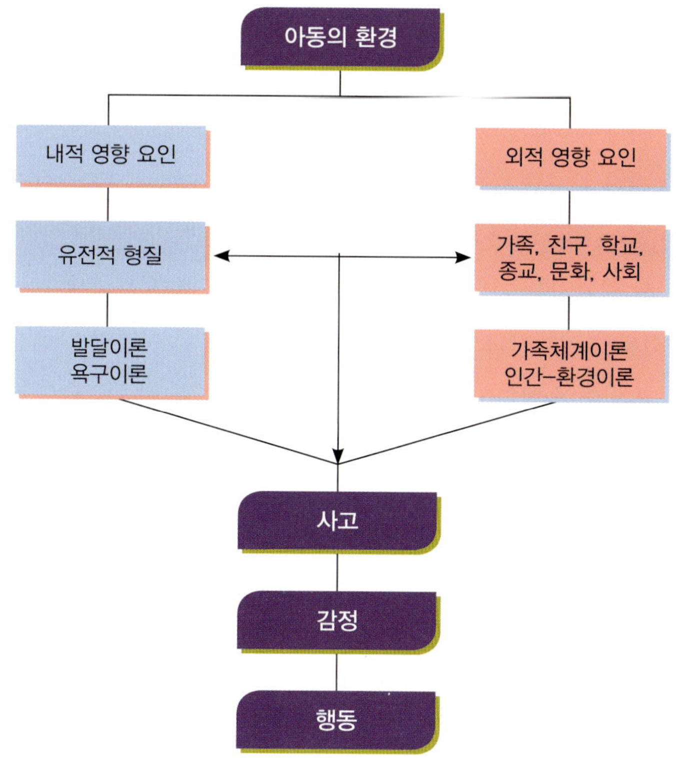

이 구조는 우리의 삶과 행동에 영향을 주는 내·외적 요소로부터 시작한다. 내적인 요소는 주로 본능적이고 유전적인 발달에서 비롯되지만, 외적인 요소는 가족, 학교, 또래관계, 사회문화, 종교와 믿음, 사회·경제적 시스템, 그리고 문화와 정치적인 환경과 같은 생태학적인 시스템에서 발생한다.

임상 현장에서 통합적 접근을 하는 활동가들은 내담자와 작업함에 있어서 치료사의 경험에 따라 내적·외적 분석을 모두 적용한다. 관찰을 포함해 매일의 일상생활과 사회적인 관계 속에서 다른 사람들과의 직·간접적인 접촉을 통해 형성된 경험들은 의미 있게 혹은 외상적 충격으로 축적될 수 있고, 결과적으로 상황과 위기에 대처하는 개인의 심리적인 반응에 영향을 준다. 카루스(Caruth, 1988)와 포루스니와 폴레트(Polusny & Follette, 1996) 등의 심리치료가들은 과거의 경험을 표면화시키기 위해 게임을 통한 자유연상과 심상 유도 활동을 사용하는 것을 지지한다. 이 과정은 무의식을 관찰 가능한 수준으로 끌어내고, 내담자의 통찰력을 이끌어 주며, 치료사가 적절한 치료적 전략을 세우는 데 도움을 줄 뿐 아니라 내담자의 사고와 행동 패턴을 파악하고 치료적 효과를 높인다고 한다.

먼저, 사회적인 시스템과 관련이 있는 외적 환경의 영향을 받는 인간과 가족 체계에 대한 이론(Goldenberg & Goldenberg, 2004)에서는 개인의 인지적·사회적 기능을 평가하기 위해 치료사는 가족 구성원 간의 상호작용 패턴을 이해해야 하고, 또래와 교회, 사회적인 기대감과 같은 다른 사회 시스템과의 연관성 안에서 가족의 역동을 감지하고 있어야 한다고 언급한다.

내적인 관점의 또 다른 이론적 영역은 발달론적 이론에 근거한다. 에릭슨의 심리사회적 발달이론, 프로이트의 심리성적 발달이론, 콜버그의 도덕적 발달이론, 마거릿 말러의 초기애착발달이론, 매슬로우의 욕구단계이론, 피아제의 인지적 발달이론 등이 이러한 이론이다. 각각의 발달이론은 심리적, 사회적, 성적, 도덕적, 애착, 기본적이고도 복잡한 욕구, 언어, 그리고 인지적 발달을 포함한 아동발달 과업의 양상을 설명한다표 I-1 참조.

〈표 Ⅰ-1〉 단계에 따른 심리 발달

첫 발달 연령		인간발달이론					
발달 주기	생활 나이	에릭슨의 심리사회발달	프로이트의 심리성적 발달	콜버그의 도덕발달	말러의 초기애착발달	매슬로우의 욕구분류체계	피아제의 인지발달
영·유아	0~4개월	신뢰감 vs. 불신감	구강기		공생 단계	심리적 안정과 안전	감각운동
	5~7개월			전인습기	분화 단계		
	8~16개월		항문기	1단계 (보상 또는 처벌)	훈련 단계	소속, 사랑, 관계(의미 있는 성인들과)	
	17~24개월	자율감 vs. 수치, 회의감		2단계 (착한 또는 사랑받는 개체)			
걸음마 단계	2년		남근기		친교 단계		전조작기 (자기중심적, 기억화)
	3년	주도성 vs. 죄책감			대상영속성		
학령 초기	4년			인습기 3단계 (권위 인정)			
	5년			4단계 (법 인정)		관계(동료와 사회적 인정)	
중·고등 학교	6~12년	근면성 vs. 열등감	잠복기	후인습기 5단계 (상호 협동)		존중, 호기심, 개인 특성	구체적 조작기 (가역성, 연속성)
청년 초기	12~18년	자아정체성 vs. 정체성 혼미	사춘기	6단계 (윤리적 가치)		지적 자극, 창의성, 유능감	형식적 조작기 (가설 검증, 추상적 사고)
청년 후기	18~22년	친밀감 vs. 고립감				심미적, 아름다움	
성년 초기	22~34년	생산성 vs. 침체감	생식기			순서 개념, 대칭 개념	
중년기	34~65년	자아통합감 vs. 고립감				자아실현	
노년기	65년 이후						

※ 대부분의 이론가들은 발달 기간별 범위만 정하고 단계별 나이는 특정하게 나누지 않는다.

에릭슨의 이론은 아동기와 청소년기에 걸쳐 신뢰, 자율, 주도권, 근면, 자아정체성, 친밀감의 발달과정을 설명한다. 내담자를 위한 게임이나 활동을 설계할 때 이러한 과업을 고려하는 것은 필수적이며, 그렇게 함으로써 치료사가 분명한 치료 목표를 설정할 수 있다. 예를 들어, 잘 선택된 치료 활동은 분리불안을 호소하는 걸음마 단계의 아동이 신뢰감을 형성하고 자율성의 의미를 학습하도록 안내한다.

프로이트의 심리성적 발달단계는 구강기, 항문기, 남근기, 잠복기, 생식기 등을 포함하고 있고, 각 단계는 내담자가 치료의 어떤 단계를 받아들일 수 있는지 그 준비 정도를 평가하는 데 중요한 지침을 제공한다. 예를 들어, 아동이 어느 발달단계에 고착되어 있다고 평가되었다면, 게임을 통해서 충분한 치료 효과를 얻을 수 있도록 설계할 수 있다. 정신분석학적 관점에서 프로이트는 놀이에서 중심이 되는 카타르시스의 개념을 강조했다(Strachey, 1962). 카타르시스는 공격성과 성적 충동의 해방과 대체물로, 펠러(Peller, 1954)는 게임놀이를 억눌려 있는 충동의 해소뿐만 아니라 본능적 충동의 승화를 위한 통로로서 간주하고, 게임놀이를 통해 불안을 극복할 수 있다고 보았다. 즉, 게임에서 존재하는 규칙과 구조는 사회적으로 용납될 수 없는 충동을 성공적으로 표출하고 승화하는 초자아 역할을 제공한다는 것이다.

도덕적인 발달에 초점을 둔 콜버그(1981)는 아동이 옳고 그름을 어떻게 학습하는지를 설명하기 위해 여섯 가지 발달단계를 정의하고 있다. 콜버그는 아동의 경우 도덕성이 아직 발달되지 않았고, 그들의 지식이나 이해의 정도를 언어로 표현할 능력이 없지만, 게임을 활용한 놀이치료에 참가하고 있는 아동의 경우 설명을 따라 하고, 관찰된 단순한 규칙을 이해할 수 있다고 언급하고 있다. 안내자가 잘 지지해 준다면, 아동이라도 사회적인 관계 안에서 게임놀이를 통해 학습한 적절한 기술을 활용하여 도덕성을 깨닫고 표현할 수 있다는 것이다.

사회학습이론적 관점에서 그로스(Groos, 1998)는 게임놀이를 앞으로 자신의 삶 속에서 필수적인 행동 양상을 실습하는 본능적이고 도구적인 것으로 간주하고, 종 고유의 생존 기술을 훈련하기 위한 인간 본능의 파생물로 본다. 또한, 세록과 브룸(Serok & Blum, 1983)은 게임놀이에는 고유의 사회적 요소를 내포하고 있을 뿐만 아니라 사회화의 필수 구성요소인 학습, 규칙, 문제해결, 자기 훈련, 정서적 통제, 지도자의 추종자 역할의 적응 등을 포함하고 있음을 제시하고 있다.

마거릿 말러는 애착과 대상의 연속성이 부모-자녀의 밀착된 관계를 형성하는 가장 중대한 요소라고 주장한다(Mahler, Pine, & Bergman, 1975). 초기발달단계에서 부모와 의미 있는 애착을 형성하지 못했다면, 건강한 소속감을 획득하기 위한 대안을 찾기 위해 게임이나 다른 사회적 활동을 통해 반드시 학습해야 한다.

매슬로우에 따르면, 소속감 욕구는 생리적 욕구, 안전 욕구, 관련 욕구, 유대감 욕구와 관련이 있는 것으로 언급하고 있다. 치료 상황에서 치료 목표를 설정하기 전에 기본욕구가 어떻게 충족되고 있는지 평가하는 것이 중요하다. 강한 신체적 발달단계에 있는 아동은 신체 활동, 언어 관습, 감정 표현 등을 경험할 수 있는 게임놀이를 통해 다른 사람과 친밀하게 연결될 수 있다.

이러한 운동역학적 연결은 인간은 반드시 움직이고, 생각하고, 느끼고 난 다음에 이성을 확립해야 한다는 피아제의 이론에서도 그 근거를 찾을 수 있다. 인지적인 발달은 초기 유아기 단계에 성공적인 지각 기능을 성취하는 것과 서로 관련 있다. 아동기에 있어 언어 발달은 개개인의 사고, 감정, 추론 기능을 서로 연결하는 가장 중요한 단계이고, 언어적 표현은 개인이 더 넓은 환경과 접하는 사회적인 활동을 이끌어 내는 게임놀이를 통해 이 기능을 서로 연결하는 데 사용된다. 인지발달적 관점에서 피아제(Piaget, 1962)는 아동의 놀이를 감각운동놀이2개월~2세, 상상놀이2~7세, 규칙게임놀이7~11세의 3단계로 구별하였다. 영유아의 초기 놀이 형태는 주로 감각 운동 활동에 의해 지배되며, 취학 전 아동의 놀이는 상상력이나 상징화 능력을 자극하며, 모방 또는 역할놀이가 주로 나타난다. 그러나 초등학교에 입학하면서 아동의 놀이는 현실세계와 거의 유사한 인간 상호 관계나 상황을 반영해서 보다 현실적이고 복잡해지며, 무엇이 옳고 실제적인지 경험하고, 정보를 조직화하고, 분류하는 활동이 증가한다. 따라서 게임의 구성, 규칙, 절차 등은 발달 시기 아동의 인지발달을 촉진시키게 된다.

2 게임놀이와 심리치료

1) 놀이와 게임놀이

놀이는 보편적으로 재미에 의한 욕구에 의해 야기되며(Garvey, 1977), 특별한 목적이 없는 자발적이고 자연스러운 활동으로, 인간 발달을 이끄는 원동력이라고 정의된다(Beach, 1945; Plant, 1979). 발달과정에서 영·유아의 놀이는 탐색과 숙달을 촉진하고 신체 발달과 정신 발달을 훈련시키며 다른 사람들과 관계를 형성하는 데 중요한 역할을 하며, 종종 신체적 욕구의 조절과 숙달을 허용하는 현실 세계에 대한 모방과 상징성을 표현한다(Erickson, 1950). 반면 게임놀이는 놀이의 한 형태로 놀이보다 더 목표 지향적이고 보다 진지함을 불러일으키며 참여자의 역할, 제한 설정, 기대 행동, 게임 규칙 등으로 아동의 환경 적응에 보다 의미 있는 역할을 하는 것(Sutton-Smith, 1961)으로 여겨진다.

놀이와 게임놀이를 몇 가지 관점에서 비교해 볼 수 있다.

놀이가 개방 지향적 특성을 가지는 것에 비해, 게임놀이는 서로 이기기 위한 대결, 경쟁이라는 요소를 포함한다. 서튼스미스(Sutton-Smith, 1971)는 사회적으로 용납될 수 있는 공격성과 경쟁을 야기하는 구조를 부여한다는 측면에서 게임을 힘의 모델이라고 하였다. 놀이가 본능id을 자극하는 반면, 게임놀이는 자아ego를 불러일으킨다. 가장 단순한 게임조차도 놀이보다는 더 많은 인지적 능력을 요구한다. 즉, 갈등을 수용할 수 있어야 하며, 행동의 제약이나 차례를 지키고, 규칙을 따르는 것과 지는 것을 받아들일 수 있는 현실적 능력을 갖추어야 한다. 게임이 종료될 때까지 집중하고 지속해야 하는 것도 포함된다. 더욱이 게임놀이는 자신의 기술을 경쟁에서 이기기 위해 적용할 수 있는 도전력도 포함한다. 무엇보다 게임의 결정적 특성은 대인 간의 상호작용이 요구된다는 것이다. 참여자들의 상호작용에 의해 결과가 나타나는 사회적 활동으로 발달되어 왔다는 것이 비구조화된 놀이와 다른 점으로 볼 수 있다.

일반적으로 게임과 놀이는 같이 정의되지만, 치료 영역에서 게임과 놀이는 다소 다른 의미가 있다. 놀이는 특정한 목적을 갖지 않는 자발적인 활동이므로 즐거움을 추구하려는 욕구에 의해서만 동기화된다. 그러므로 제한이 없고 구조화하지도 않는다. 또한, 놀이는 현실감을 왜곡시킬 수 있고 '마치 ~ 하는 척하는' 가장놀이는 현실에서 허락되지 않는 정서 표현을 허락하기도 한다. 놀이는 엄격성이나 구조화되지 않는 반면에 게임은 형식적이고 규칙이 있다. 즉, 조직화된 게임은 방법에 있어서 규칙이 있고 제한적이다. 그러므로 아동은 게임을 통해 힘의 조절을 배우고 규칙을 배운다. 규칙이란 놀이에서의 역할, 기대되는 행동과 제한, 어떻게 게임하는지에 대한 정보를 주는 것이다. 결과적으로 게임행동의 범위는 놀이에서 더욱 엄격하고 공식화되어 있다.

게임은 경쟁적인 요소를 포함하고 있다. 놀이치료에서 놀이 자체는 승패를 결정하는 요소가 없기 때문에 비경쟁적이지만, 게임은 그 결과에 따라 승자와 패자가 존재하기 때문에 경쟁적이다. 이러한 경쟁 요소는 아동을 진단하고 치료하는 데 유용하다. 또한, 게임에서는 놀이보다 구체화하는 도구를 더 많이 사용한다. 게임과 놀이의 특징적인 비교를 〈표 Ⅰ-2〉에 제시하였다.

〈표 Ⅰ-2〉 놀이와 게임의 비교

구분	놀이(Play)	게임(Game)
활동 특성	자발적인 활동	구조화된(형식적) 활동
목표	목표나 끝이 없음	끝과 목표가 있음
규칙	상황이나 아동에 따라 바뀔 수 있음	상황이나 아동에 따라 바뀔 수 없음
승패 유무	승패 없음(비경쟁적임)	승패 있음(경쟁적임)
현실성	현실감을 왜곡하여 정서 표현 가능	현실에 기초한 정서 표현
가능한 연령	영아부터	6세부터(규칙이 있는 게임)

2) 게임놀이의 역사적 고찰

게임은 아주 오래전부터 인간 사회의 한 부분이었다. 고고학과 비교문화 연구에 따르면, 사회가 문명화되면서 매우 다양하고 수많은 게임이 개발되었다고 한다. 게임은 일반적으로 신체 게임, 전략 게임, 우연 게임으로 분류한다. 이러한 게임의 탄생을 고찰하고, 인간의 생존, 삶과 얼마나 밀접한지 살펴보자.

❶ 신체 기술 게임의 탄생

초기 게임놀이는 생존 및 적응과 직접적인 상관관계가 있었던 것으로 보인다. 선사시대 사람들은 생존을 위한 적응방식이 수렵생활이었기 때문에, 그들에게 있어 신체적 민첩성과 힘의 강도는 매우 중요한 능력이었을 것이다. 먹잇감을 사냥하는 막대나 뼈, 돌 등을 도구로 사용하면서 좀 더 던지기 쉽게 둥글려 잡기 편한 형태로 다듬은 것이 '공놀이' 형태로 발달된 것으로 보고하고 있다(Sutton-Smith, 1961). 고대사회에서도 이집트의 상형문자로 공놀이하는 사람을 묘사한 자료가 있다. 거의 모든 사회학 연구에서 공놀이는 인간의 보편적인 활동으로 나타나며, 오늘날 현대 문명사회 전반에 걸쳐 조직화된 스포츠에서 가장 많이 발견되고 중요한

그림 Ⅰ-2 신체 게임의 탄생

수렵활동

고대 올림픽

현대 스포츠

영역이 되었다. 이러한 공놀이로 시작된 신체 기술 게임놀이는 먹잇감을 잡기 위해 던지고 맞히는 등의 훈련뿐만 아니라 주고받는 행동으로 소중한 물건과 자원을 공유하는 행동을 훈련하게 하며, 협동과 집단 소속감의 가치를 강화하는 데 기여하는 것으로 발전하게 되었다.

❷ 전략 게임의 탄생

선사시대의 이동과 채집을 통한 수렵생활이 점차 농경 및 정착생활이 되면서 식량과 땅의 확보가 중요하게 되었다. 식량과 땅의 확보를 위해 갈등과 전쟁이 일어났고, 사람들은 전쟁에서 이기기 위해 전략과 전술을 발달시켰다. 전략과 전술을 개발하고 훈련시키기 위한 체계화·조직화된 방법으로 전략 게임이 탄생하게 되었다. 대표적인 전략 게임인 체스, 장기, 체커, 백가몬 외에 귀족 자녀들에게 군사 전략을 가르칠 목적으로 사용되었던 카드놀이는 고대 아시아 문화권에서 유래된 것으로 보인다. 이 카드놀이의 내용을 보면 빨간색 군대와 검은색 군대로 나누어져 있으며, 각각은 바람, 불, 공기, 물과 같은 자연적 힘과 군사적 자원, 서로 다른 계급을 가진 수많은 상징물과 인물을 묘사하고 있다.

그림 Ⅰ-3 전략 게임의 탄생

전쟁

인도의 '차투랑가'

'체스'와 '바둑'

출처: 내셔널갤러리. Giulio Licinio의 The attack on Cartagena(1566 이후)의 일부.

❸ 우연 게임의 탄생

서튼스미스(1971)의 비교문화 연구에 따르면 문화권마다 두드러지게 나타나는 우연 게임은 음식, 기후, 이주 양상이 매우 변화무쌍한 환경의 불확실성과 비예측성과 깊은 관련이 있는 것으로 나타나고 있다. 즉, 환경의 힘을 극복할 인간의 통제력 부족은 능력이나 전략이 아닌 우연에 의해 결과가 결정되는 게임 형태를 발전시키게 되었다.

한편 술래잡기나 숨바꼭질 같은 게임놀이는 악마를 피해서 마력을 깨는 것으로 믿는 고대 미신의 접촉 게임으로 탄생되었다. 즉, 한 사람이 다른 사람을 접촉함으로써 악마가 사라지거나 축소될 수 있다는 믿음으로부터 발전되어, 오늘날 아동과 청소년의 사회적 독립에 대한 불안을 표출하고 극복하기 위한 훈련의 하나로 선호되는 게임이라고 여겨진다.

그림 I-4 우연 게임의 탄생

자연재해 → 고대 이집트의 주사위 → 부루마블

출처: 메트로뮤지엄(https://images.metmuseum.org/CRDImages/eg/original/vs12.181.259.jpg).

역사를 통해서 볼 때 다양한 게임 유형이 여러 문화권에 널리 보급되는 것을 발견할 수 있다. 특정한 문화권의 게임은 보편적으로 그 지역의 구성원과 사회 집단원 사이의 사회적 관심, 압력, 갈등을 반영하고 있다. 이처럼 오늘날의 수많은 게임은 인류의 생존과 함께 고대문화에서부터 그 뿌리를 두고 있다. 역사를 통해 게임의 다양성과 유행은 인간의 경험에서 지속적으로 나타나고 중요한 요소를 반영하고 있다.

읽기 자료

약 3000년 전, 아티스 왕이 소아시아의 리디아 왕국을 다스리던 때에 혹독한 기근이 그 땅을 덮쳤다. 백성은 풍요로운 시절이 다시 오리란 기대로 한동안 어떤 원망도 없이 운명을 받아들였다. 하지만 상황이 나아질 기미가 보이지 않자 기이한 해결책을 생각해냈다. 그들이 굶주림을 견디고자 세운 방책은 하루 동안 식욕을 완전히 잊을 만큼 놀이에 몰입하고, 이튿날은 음식을 먹고 놀이를 삼가는 것이었다. 이로써 리디아 사람들은 18년이란 시간을 배고픔으로부터 버텼고 그러는 동안 주사위, 공기, 공놀이 등 우리가 잘 아는 온갖 놀이를 만들어 냈다.

출처: TED 동영상; 제인 맥고니걸(2012). 『누구나 게임을 한다』.

3) 게임놀이의 특성

게임놀이의 특성은 즐거움, 규칙, 경쟁, 도전 등 사회·정서적인 발달을 도모하는 점이다. 피아제(Piaget, 1962)는 게임의 특징으로 규칙과 경쟁을 강조하고 게임의 규칙과 경쟁을 통해 아동은 사회적·정서적·인지적·도덕적 발달을 증진할 수 있다. 루미스(Loomis, 1962)는 게임이 아동에게 보이는 증상과 저항, 성격의 특성을 발견하는 데 아주 유용하다고 하였다. 벨리슨(Bellson, 2008) 역시 구조화된 보드게임이 갖는 치료적 유용성은 치료 과정에서 충분한 가치가 있다고 하였다. 즉, 게임이 갖는 특성은 아동의 건강한 발달에 긍정적인 영향을 주고 있다.

(1) 게임놀이의 구조적 특성

로저스(Rodgers, 1981)는 게임의 규칙, 목표, 경쟁, 승패와 관련된 것을 구조적 특성이라고 말한다. 게임은 구체적인 목표가 있고 목표를 수행하기 위한 정해진 규칙을 지켜야 한다. 이뿐만 아니라 게임은 경쟁과 협력이라는 과정 안에서 진행되고 게임을 통해 흥미와 재미를 느끼고 게임의 승패에 따라 성취감을 경험한다. 게임은 정해진 규칙에 따라 게임에서 이기려고 노력하는 반면 상대방이 이기지 못하도록 견제하는 과정에서 신체적 혹은 지적 경쟁을 추구하는 특성이 구조적으로 내포되어 있다. 즉, 게임은 정해진 행위와 규칙이 있고 게임놀이가 마무리에 이르게 될 때까지 형식적인 절차에 의해서 게임이 진행된다(Kamli & Devries, 1980). 게임이 갖는 유용성과 행동적 전략 요소는 게임 과정에서 직·간접적으로 강화받으며, 게임놀이는 단순한 놀이 위주로 끝날 수 있는 행동을 보다 목표 지향적으로 이끌어 준다.

(2) 게임놀이의 사회적 특성

게임놀이의 주된 장점은 사회적 요소를 포함하고 있다는 것이다. 게임놀이는 두 사람 이상이 만나서 게임을 진행하게 된다는 점, 게임 구성원 간에 적절한 상호작용이 요구된다는 점에서 사회적 특성을 지니고 있다(김창원, 2000; 박진희, 2000; 박채진, 2000; 오세니, 2004). 즉, 게임에 참여하는 아동은 규칙을 통해 또래와 상호작용을 경험하게 된다. 이뿐만 아니라 아동은 규칙을 지키려고 노력하는 과정에서 협상과 타협, 새로운 규칙의 제안 등을 경험한다. 게임이 갖는 복잡성으로 인해 아동은 다른 사람과 상호 의존적으로 협력하여 문제를 해결하는 과정을 경험하게 된다(Parker, 1984). 이를 통해 아동은 협동하고 문제를 해결하면서 사회성을 키워 간다. 구조화된 보드게임은 사회성 발달의 기초가 되는 능력인 지속성, 집중력, 관심, 지구력, 자기통제와 조절 능력을 요구하고 있다. 조붕환과 임경희(2002)의 연구에서는 규칙에 의한 통제하에서 놀이를 진행하게 되면, 아동은 게임 진행 과정에서 정서적 통제와 지시 따르기, 사회적 기술 등을 자연스럽게 습득할 수 있게 된다고 하였다. 이상에서 볼 때 게임놀이 과정을 통해 아동은 규칙을 지키는 방식을 경험하고 규칙 내에서 경쟁과 협력 등 다양한 상호작용을 한다. 따라서 아동은 게임놀이 과정을 통해 자연스럽게 사회적 경험을 하게 되어 대인관계를 발달시켜 나갈 수 있게 된다.

(3) 게임놀이의 정서적 특성

게임은 정서 발달에 있어서도 중요한 영향을 준다. 게임놀이에서는 과정과 더불어 결과 역시 중요하기 때문에 아동에게 참여와 동기유발을 촉진시킨다. 즉, 게임놀이를 하는 동안 더 진지하고 긴장된 태도로 게임에 임하게 된다(Meeks, 1970). 아동은 게임을 통해 자기통제, 좌절, 인내, 자기 행동에 대한 제한 등을 받아들인다. 또한, 아동은 게임의 규칙을 현실적으로 수용하면서도 게임놀이 과정에서 정서적 긴장과 이완을 번갈아 가며 경험하기 때문에 정서 강화와 조절에 많은 도움을 받는다(성은영, 1995). 게임하는 동안 아동은 승패에 따른 감정 조절을 해야 하고 게임 결과를 수용하는 자세를 가져야 한다. 따라서 아동은 게임을 통해 기쁨, 슬픔, 즐거움, 만족감 등 여러 가지 정서를 직접적으로 체험, 표현하게 된다. 가드너(Gardner, 1993)는 게임을 통해 아동이 즐거움을 표현할 수 있는 능력을 알게 되고 부적절한 태도를 바꾼다고 하였으며, 벨린슨(Bellinson, 2007)은 구조화된 게임의 경우 심리적 역동 및 충동성 등과 같은 전반적인 아동의 정서와 세계를 이해하는 심리 치료적 특성을 지닌다고 하였다.

(4) 게임놀이의 교육적 특성

아동은 게임놀이에서 규칙을 만들고 지키는 과정에서 문제해결 방법, 지적·도덕적 자율성을 갖추게 된다. 또한, 상대의 생각을 존중하고 상대방의 입장을 고려함으로써 탈중심화되고 언어적 표현을 통해 언어적 문제해결 과정을 익히게 된다. 게임 내용에는 수, 공간 위치, 속도, 거리, 색깔, 모양 등 인지학습에 필요한 기본 개념 및 물리적 특성이 포함되어 있고, 게임하는 동안 논리적 사고를 하는 기회가 제공된다. 라이드(Reid, 2002)는 게임놀이 중 카드게임이 언어 반응을 지속시켜 어휘 능력 향상에 매우 도움이 된다고 하였다.

구조화된 게임놀이인 보드게임을 수행하는 동안 참여자는 게임에 등장하는 단어를 반복적으로 들을 뿐만 아니라 시각적으로 노출되기 때문에 여기에 출현한 단어는 친숙한 단어로 인지할 수 있다. 이뿐만 아니라 보드게임은 규칙과 기능에 자주 노출되므로 어휘를 인식하고 서로 이야기하며 이를 이해해야 하므로 어휘 학습 시 청각적 단어 인식을 활성화시키는 유용한 도구가 될 수 있다(Luce, 1986; 천유진, 2008). 즉, 보드게임의 중요한 특징 중 하나는 게임에 참여한 개인 모두가 청자와 화자의 역할을 동시에 수행하면서 청각적 입력을 교환한다는 것이다. 구조화된 보드게임은 칩이나 카드를 모으기, 카드의 숫자 세기, 규칙성, 주사위를 던져 말을 이동하기 등의 활동을 통해 수 세기, 서수, 연산과 복합 분류를 하도록 하는 데 긍정적인 영향을 준다(심지은, 2008). 닉커슨과 라우그린(Nickerson & Laughlin, 1983)은 '고피쉬', '전쟁 게임', '블랙잭' 등의 보드게임이 연산, 분류, 배분에 효과가 있음을 입증하였다.

보드게임은 일반 유아 및 아동뿐만 아니라 영재, 특수아, 노인의 시공간 구성 능력 발달에 효과적인 도구이다. 즉, 실제 시공간 구성 능력은 인간의 초인지 및 문제해결력, 학업 수행과도 관련이 있으므로, 게임놀이는 교육 현장과 일상생활에서 적극적으로 활용할 만한 가치가 있다고 판단된다.

실습

도레미

게임 연령	8세 이상
게임 분류	우연게임/시각적 주의력
인원/시간	2~6인 이상/15분 소요

게임 소개

카드마다 계이름이 적혀 있고 게임이 시작되면 계이름을 순서대로 말하면서 카드를 내다가 말한 계이름과 낸 카드의 계이름이 일치하면 중앙으로 손을 올리고, 이때 가장 늦게 손을 올린 사람이 벌칙으로 카드를 모두 가져가며, 누가 자기 카드를 모두 없애면 게임이 종료되고 그 사람이 승리한다.

게임 효과

- 말한 계이름과 낸 카드의 계이름이 일치할 때 손을 중앙으로 올려야 하는 순발력이 필요한 게임으로 집중력과 민첩성 향상에 도움이 된다.
- 특수카드가 나올 때 취해야 하는 행동이 다르기 때문에 주의집중력 향상에 도움이 된다.

게임 활용

- 시각적 주의력 향상 및 자기 조절력이 필요한 집단에 활용이 가능하다.
- 쉽고, 재미있는 게임으로 게임 전에 하는 사전 게임으로 활용해도 좋다.
- 신체적 접촉으로 초기 라포 형성에 유용하게 활용할 수 있다.

브레인스토밍

보드게임을 실시한 후, 게임놀이 과정에서 나타나는 '사회적 특성', '정서적 특성', '교육적 특성'에 대해 팀원들과 함께 분석해 보세요.

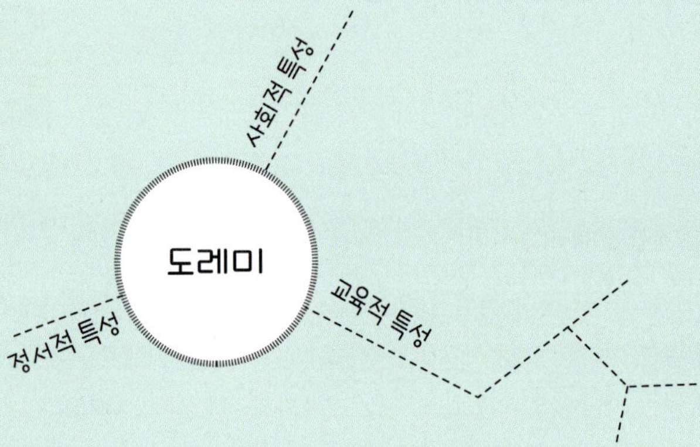

3 게임의 치료적 요소

1) 치료적 게임의 분류

(1) 승부 요인에 기초한 분류

게임의 가장 보편적인 분류는 승부를 결정하는 능력에 기초한다.

❶ 신체 기술 게임

참여자의 동작 능력에 의해 승부가 결정되는 신체 기술 게임은 시공간 지각 능력과 사회·정서적 기능도 부가적으로 관찰할 수 있다. 지나치게 활발한 운동 게임이나 긴장을 요하는 신체활동은 과잉행동과 흥분으로 인해 치료에 부적합하거나 감정과 정서를 논하거나 언어화하기에는 부적절하다고 하지만, 라이드(1993)는 다트 게임 같은 대근육 운동을 적절하게 포함하는 신체 기술 게임은 치료 시작 시기에 과잉행동 또는 방어적 아동을 보다 조직적으로 통제하는 데 유용하다고 제시하고 있다.

정리

교육 및 발달적 효과

- 대근육 및 소근육 등 신체 발달
- 시각적, 청각적 협응력 향성
- 민감성 발달, 주의력 발달, 조절력 발달
- 활동을 통한 분류
- 분배 능력 발달

치료적 효과

- 집단적 상호작용을 통한 친밀감 형성
- 사회적 기술, 우정, 권력 및 지위, 다툼 등 사회적 관계 파악
- 또래와의 권력 관계 및 주도권 문제 다룸
- 내적인 공격성을 표출시키고 과잉행동 및 충동적인 문제를 다룸
- 에너지를 발산하여 정화 작용
- 협동심 발달

신체 기술 게임의 예시

- 과일샐러드, 슬로우모션, 트위스터, 원통젠가, 핸즈다운, 축구, 농구, 다트 던지기, 신뢰의 원, 할리갈리 링엘딩, 람바삼바, 코코너츠 등

실습

코코너츠

게임 연령 6세 이상

게임 분류 신체 게임

인원/시간 2~4명/20분 소요

게임 소개

- 참여자는 각자 원숭이 모양의 발사대를 한 개씩 나눠 갖는다. 차례대로 원숭이 모양의 발사대를 이용하여 코코넛을 바구니 모양의 컵에 들어가도록 쏘고 코코넛이 들어가면 해당 컵을 자신의 앞에 놓는다. 자신의 앞에 놓인 컵은 가져올 때마다 가장 아래가 세 개, 중간이 두 개, 맨 위가 한 개가 되도록 쌓고 여섯 개의 컵을 사용하여 가장 먼저 피라미드를 쌓은 사람이 승리하는 게임이다.

게임 효과

- 코코넛을 원숭이 발사대에 놓고 컵에 넣어야 하므로 집중력을 키울 수 있다.
- 원숭이 발사대 위에 코코넛을 올려놓고 힘을 조절하여 쏘는 활동으로 소근육 발달에 도움이 된다.

게임 활용

- 영·유아기 소근육 발달 게임으로 적합하다.
- 규칙이 쉽고 간단하여 게임을 처음 접하거나 어린 연령을 대상으로 활용하기에 용이하다.

게임활동 시 주안점

- 어린 연령의 아동은 코코넛을 원숭이 발사대에 올려놓는 것이 어려울 수 있으므로 부모나 교사의 도움이 필요하다.
- 코코넛을 원숭이 발사대에 올려놓고 힘을 조절하는 것을 어려워하는 아이는 사전에 연습하여 원숭이 발사대와 익숙해지게 도와준다.

❷ 전략 게임

인지적 기술에 의해 승부가 결정되는 전략 게임은 아동의 지적 강점과 약점을 관찰할 수 있고, 상징적으로 공격성을 표현하는 것이 허용된다. 지적 노력과 집중력, 자기통제를 포함한 자아 강화를 이끌어 낼 수 있으나, 지나치게 긴장을 초래하거나 인지적 노력에 치중하게 되어 실제 치료 작업을 방해할 수 있다.

정리

교육 및 발달적 효과

- 결과에 대한 예측 능력 발달, 기억력, 사고력, 문제해결력 증진
- 연산 및 정보처리 능력, 수학적 능력 향상
- 추리력 및 판단력 발달, 공간지각력 및 전략적 사고 능력 발달
- 관찰력 및 인내력 발달
- 주의집중 및 개념 능력 발달

치료적 효과

- 신뢰감, 일관성, 통제의 문제 다룸
- 자아강도 강화, 성장 욕구 충족, 불안 및 공격성 극복
- 경쟁에 대한 욕구와 원인과 결과에 대한 이해
- 인지 능력 향상, 사고 과정을 언어화하는 능력 발달
- 자기 조절 및 자아의식을 키움
- 불안 및 공격성 극복, 도덕성 및 대인관계 예민성 발달

전략 게임의 예시

- 퍼펙션, 게스후, 오퍼레이션, 체스, 오목, 루미큐브 클래식, 마라케시, 치킨차차, 다빈치코드, 바퀴벌레 포커, 리코체 로봇, 울루루, 입체4목, 체스 앤 체커, 도미니언, 카르카손, Set, 러시아워, 우봉고 등

실습

마라케시

게임 연령 8세 이상
게임 분류 전략 게임
인원/시간 2~4명/20분 소요

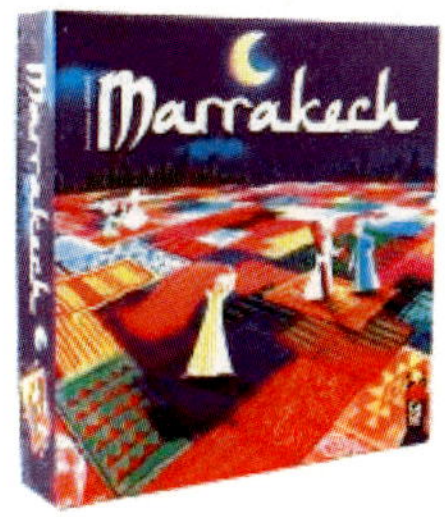

게임 소개

- 게임말 '아쌈'을 좌우, 정면 세 방향 중 한 곳으로 정한 후 방향을 틀고 주사위를 굴린다. 주사위를 굴려 나온 슬리퍼 수만큼 아쌈을 전진하고 아쌈이 멈춘 자리에 규칙에 맞게 양탄자를 놓는다. 아쌈이 다른 사람의 양탄자 위에 멈췄다면 이어진 양탄자의 칸 수만큼 해당 참여자에게 돈을 지불한다. 모든 사람의 양탄자가 떨어지면 게임이 종료되고 돈과 게임판 맨 위에 노출되어 있는 양탄자 개수를 합하여 가장 높은 사람이 승리한다.

게임 효과

- 양탄자를 전략적으로 생각하여 게임판에 배치함으로써 공간지각력을 향상시킬 수 있다.
- 지속적으로 주사위 확률을 계산하고 자신에게 유리한 방향을 결정하기에 수학적 사고력을 키울 수 있다.

게임 활용

- 아동, 성인 등 연령에 상관없이 같이할 수 있는 게임으로 가족 대상의 프로그램을 진행할 때 적합하다.
- 공간지각력 향상이 필요한 집단에 활용이 가능하다.

게임활동 시 주안점

- 주사위를 굴리기 전에 아쌈(집사) 말의 이동 방향을 결정해야 한다는 사실을 알려 준다.

❸ 우연 게임

무작위와 우연에 의해 승부가 결정되는 우연 게임은 게임놀이의 초기에 주로 사용되며, 방법이 단순하고 우연에 의해 승부가 결정되므로 인지적 긴장감에서 벗어나 스트레스의 해소에 도움이 될 뿐 아니라 지적, 경험, 능력 면에서 어른의 우월성을 무력화시키기 때문에 치료에서 가치 있게 활용된다.

정리

교육 및 발달적 효과

- 게임 도입에 유용
- 기억력, 사고력 증진
- 분류 및 판단력 증진, 언어적 개념 형성, 표현력 발달
- 색과 모양 인지 능력, 조절력, 주의력, 수 능력, 연산 능력 발달
- 아이스브레이크(ice break) 효과

치료적 효과

- 게임놀이의 처음에 자주 사용
- 열등감이 많거나 위축된 아동, 좌절이 많은 아동에게 적용
- 주의집중, 행동 통제, 사회 기술 향상
- 경쟁적 요소가 많지 않으므로 편안하게 활동 가능
- 욕구 충족, 적절한 감정 표현
- 의사소통 촉진, 인지적 긴장감에서 벗어나서 스트레스 해소됨 등

우연 게임의 예시

- 도라에몽 스내치, 할리갈리, 텀블링 몽키, 정글 스피드, 서펜티나, 징고, 스머프 사다리, 붐폭탄 게임, 카스우노, 캔디랜드, 윷놀이 등

실습

텀블링 몽키(Tumblin' monkeys)

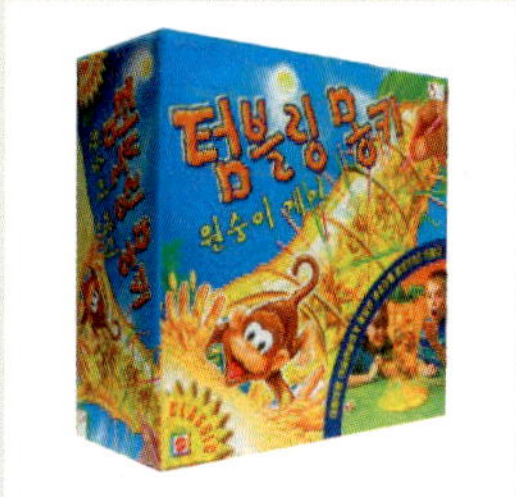

게임 연령 6세 이상

게임 분류 우연 게임

인원/시간 2~4명/20분 소요

게임 소개

- 원숭이가 나무에서 떨어지지 않도록 나무 기둥에서 조심스럽게 색깔 막대기를 뺀다. 게임이 끝났을 때 원숭이를 가장 적게 가지고 있는 참여자가 승리한다.

게임 효과

- 원숭이가 떨어지지 않도록 조심해서 뽑아야 하는 게임으로 소근육 조절력과 자기 조절력 향상에 효과적이다.
- 규칙이 어렵지 않아 쉽게 즐길 수 있으며, 사회성 발달과 관계 향상에 효과적이다.

게임 활용

- 원숭이를 다른 막대에 걸고 막대를 빼는 등의 게임 방법을 추가하면, 소근육 발달과 집중력 향상에 도움이 된다.
- 프로그램 초기 단계에서 친밀감 형성에 도움이 되는 활동으로 활용이 가능하다.

게임활동 시 주안점

- 게임 참여자 스스로 자신의 행동을 통제할 수 있도록 하고, 집중력을 갖고 게임에 참여할 수 있도록 한다.
- 게임 시작 전 원숭이를 가장 적게 가진 참여자가 승리하는 것을 다시 한번 강조함으로써 게임이 끝난 후 혼선이 생기지 않도록 한다.
- 위에서부터 막대를 차례대로 빼는 게임으로 충동적으로 아무 곳에서나 빼지 않도록 주의를 준다.

(2) 치료적 요인에 의한 분류

게임놀이를 치료적으로 분류하는 기준으로는 변화를 촉진하는 것에 따라 쉐퍼와 라이드(Schaefer & Reid, 1986)가 다음의 네 가지로 제시하였다. 의사소통 게임, 문제해결 게임, 자아 강화 게임, 사회화 게임이다.

❶ 의사소통 게임

의사소통 게임은 전형적으로 자기표현을 격려하기 위한 것이므로 경쟁을 덜 강조한다. 이런 게임 유형은 종종 다른 치료게임보다 덜 구조화되고, 비위협적이고, 허용적인 분위기를 촉진하도록 고안하였다. 허용적인 분위기를 제공하고 자기 노출과 자기표현의 어려움에 대한 저항을 감소시켜 주며, 예를 들면 '감정카드 게임', '감정빙고 게임', '단어공감 게임', '피노키오', '딕싯', '캐치마이필링' 등과 같이 공감과 소통을 촉진할 수 있는 게임놀이와 보드게임이 있다.

I

실습

너도? 나도!

게임 연령 7세 이상
게임 분류 우연 게임/언어능력 게임
인원/시간 3~12명 이상/15분 소요

게임 소개

- 워크시트에 각자 주제를 보고 연상되는 단어 8개를 기록하도록 한 후 돌아가며 자신이 적은 단어를 발표하여 같은 단어를 적은 사람의 수만큼 점수를 얻는 방식으로 게임을 한다. 모든 사람이 8개 단어 리스트를 발표하면 라운드가 종료되고, 이렇게 총 3라운드를 진행하면 게임이 종료되며, 3라운드 총점이 가장 높은 사람이 승리한다.

게임 효과

- 감정을 단어로 명료화하는 것을 돕는다.
- 새로운 감정을 알 수 있는 기회가 된다.

게임 활용

- 인식에 민감하지 못하고, 공감하지 못하는 대상자들에게 활용할 수 있다.
- 규칙이 간단하고 접근성이 쉬워서 교사의 지도 아래 아이들의 호응이 좋아 집단 프로그램으로의 활용이 가능하다.

게임활동 시 주안점

- 게임 대상이 단어를 모를 경우에는 게임의 진행이 어려울 수 있으니 사전에 대상의 수준을 파악하여 단어를 선정하도록 한다.

실습

피노키오(Pinocchio)

게임 연령 8세 이상
게임 분류 전략 게임/사회인지훈련 게임
인원/시간 4~10명/30분 소요

게임 소개

• 타인의 이야기를 잘 듣고 그 이야기가 진실인지 아닌지를 맞혀야 하는 추리게임이다.

게임 효과

• 타인이 자신의 이야기가 진실인지 거짓인지를 쉽게 알아채지 못하도록 정해진 주제에 알맞게 이야기한다. 게임에 참여하는 사람들은 게임의 기본 규칙을 잘 따르며 게임을 진행해야 하는 것은 물론 타인의 언어적·비언어적인 표현에 주의를 집중하며 게임에 참여해야 한다. 게임을 통해 게임 자체가 가지고 있는 스토리의 교훈적 측면은 물론 게임 규칙을 통해 타인 조망과 주의력을 높일 수 있는 효과 요소를 가지고 있다.

게임 활용

• 타인 조망과 주의력을 필요로 하는 활동과 게임의 스토리를 통한 공감과 소통에 활용이 가능하다.

❷ 문제해결 게임

문제해결 게임은 특별한 문제를 논의할 기회와 문제를 실제 해결할 기회를 제공하는 매우 고도의 구조화 활동이다. 이혼, 역기능적 가족의 의사 전달, 학업 실패, 과잉행동 등에 관한 개인의 특별한 문제 및 일반적인 문제해결 기술을 촉진하는 데 도움을 주는 것이 목적이다. 문제해결 게임에는 이혼, 사별, 외상 후 스트레스

등에 대처하기 위해 제작된 '굿바이 게임', '표류 게임', '인생 게임', 게임 과몰입 예방과 상담을 위한 'G-Grip'(박성옥 · 김혜영, 2019) 등과 같은 기능성 보드게임이 있다.

실습 게임 과몰입 예방과 발달을 위한 보드게임

① 게임 과몰입 예방과 치료를 위한 기능성 게임

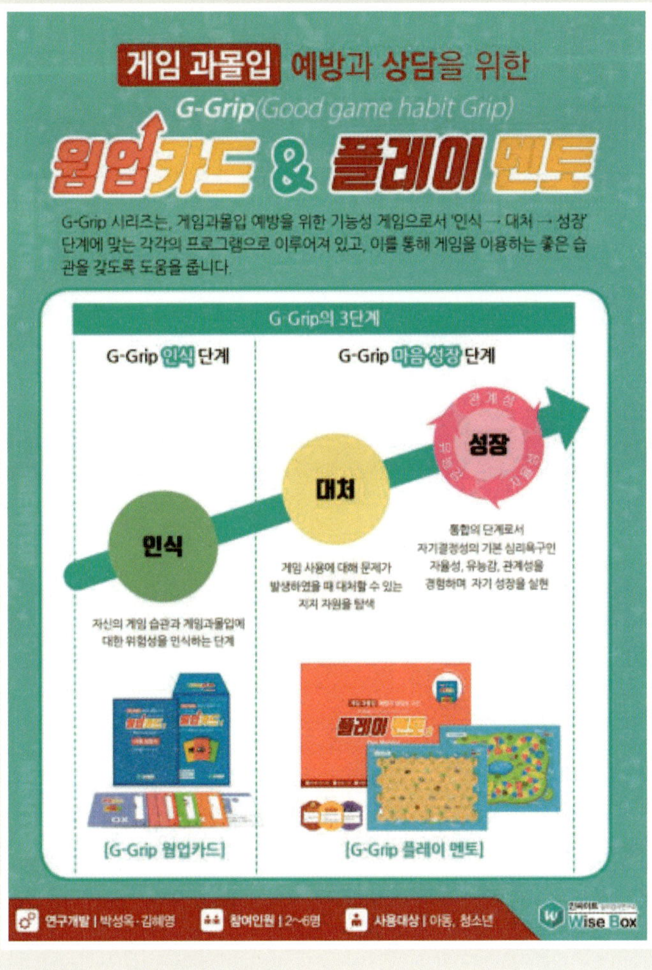

출처: 박성옥 · 김혜영(2019). 학지사.

② 사이버중독 예방을 위한 기능성 게임

출처: 박성옥 외(2018). 서울창동아이윌센터.

③ 젠더감수성 예방을 위한 기능성 게임

출처: 박성옥 외(2019). 서울창동아이윌센터.

❸ 자아 강화 게임

자아 강화 게임은 서로 기량을 발휘하고 도전하도록 하며 주요 초점은 경쟁과 전략에 있다. 좀 더 큰 아이들은 또래 간에 자아상을 형성하는 것을 돕거나 특별한 기술과 역량을 비교하면서 청소년 시기의 자아정체성 발달과 관련된 많은 이슈를 반영하기 때문에 자아 강화 게임에 특히 강하게 끌리는 경향이 있다(Baumeister & Senders, 1988). 자아 강화 게임은 형제나 또래, 부모 등 타인과의 관계에서 받아들일 수 없는 적대적 감정, 복수심, 시기심의 표출을 허용하고 치료사로부터 게임의 결과에 대해 개방적으로 표현하는 방법을 배우는 것을 목적으로 하며, 자아 조절, 주의통제, 인지학습 강화, 효능감이나 자아기능을 강화하는 게임놀이이다. 이를 위한 다양한 전략적 카드게임이 있으며 사고력과 문제해결의 역량을 요한다.

실습

커넥션

준 비 물 천 조각, 토론할 만한 주제 혹은 설명할 만한 4개의 단어가 4등분되어 쓰여진 카드게임판, 게임을 상징적으로 표현할 만한 12~16개의 아이템(예: 열쇠, 인형, 훌라기, 하트 모양, 양초, 플라스틱 스푼, 작은 가방, 사진, 정지 표지판, 장난감 전화, 웃는 얼굴, 화난 얼굴 등)

게임 소개

- 게임을 시작하기 전에 게임 참여자는 게임판 위에 있는 각각의 단어를 이해한다. 그들이 이해한 것을 각자 예를 들어 발표하도록 촉진한다. 예를 들면, '의식 & 축하'는 기념일, 생일파티, 친목 모임, 종교 모임 등이 있다.
- "당신이 의식이나 축하 파티를 마지막으로 한 것은 언제인가?"와 같이 질문한다. 게임판을 준비하고 각자 주머니에서 물건을 꺼내어 그것을 상징적으로 표현하는 단어 옆에 놓

으라고 설명한다. 각각의 단어 옆에 놓는 물건의 개수에 제한을 두지 않아 여러 가지를 놓을 수 있다고 설명한다.

- 게임 참여자는 주머니에 있는 물건이 모두 보드 위에 내어질 때까지 한 개씩 꺼낸다. 모든 물건을 보드 위에 놓은 참여자는 네 가지의 단어 중 하나를 선택하고 선택한 이유를 말한다. 예를 들면 "이 단어와 아이템은 어떤 연관이 있나요?"와 같은 질문을 한다.
- 게임 참여자는 그 아이템과 연관 지을 수 있는 또 다른 단어는 무엇이 있는지 생각해 본다. 모든 참여자가 단어를 선택하고 그 이유를 말한다. 토론이 활발해질 때까지 게임을 계속하게 한다. 참여자가 새로운 아이템을 가져오면 게임이 다음 세션까지 계속될 수 있다. 또한, 진행자가 보드 위에 물건을 배치하고 내담자가 그것들을 설명할 수도 있다.

게임의 효과

- 집단원끼리 토론할 수 있도록 자극하고 관계를 좀 더 친밀하게 하는 데 효과적이다.
- 집단지도자는 적극적인 경청을 통해 집단원의 세계관에 대해 알 수 있다.
- 자신의 상징적인 물건을 어디에 둘 것인지를 보고 그 이유를 묻고 의사소통을 촉진하여 집단원의 자기 노출 및 욕구 등 기능적인 것을 평가한다.

게임활동의 확장

- 가족 혹은 부모-자녀 모임 집단의 경우 아동이 물건을 먼저 꺼내고 그 연관성을 이야기해 본 다음, 부모는 꺼낸 물건 중 일부를 옮기고 다시 그 연관성을 말해 보도록 한다. 또는 어린 아동에게는 단어 대신 그림을 그려서 활용할 수 있다.

연관성 보드 예시

I

실습

생각 주머니

게임 소개

- '생각 주머니' 게임은 '동작', '유추', '공간', '언어' 4영역으로 구성되어 있으며, 137장의 모든 카드를 섞어 가운데에 더미를 만든다. 자기 차례에 한 장을 뒤집어 카드에서 제시한 미션을 모두가 동시에 보고, 반드시 "도전"이라고 외친 후 정답을 말할 수 있다. 맞힌 사람이 해당 카드를 가진다. 가장 많은 카드를 모으는 사람이 승리한다.

게임의 효과

- 카드에서 제시하는 미션 활동이 시·청각 주의력, 논리, 기억, 유추, 공간지각, 동작, 언어, 문제해결 등을 발휘하게 할 뿐 아니라, 미션의 내용은 언어, 수학, 그림, 음악, 운동,

생활 등과 같이 모두에게 친숙한 아이템으로 구성되어 각자의 다양한 특성과 강점을 다양하게 발휘하는 기회를 부여함으로써 자기 효능감과 같은 자아 강화를 이끌어 낼 수 있다.

- 문제를 안다고 하더라도 매번 "도전"이라 외치는 조건하에서는 상호 긴장과 열정을 끝까지 지속시키는 효과가 있고 긍정적인 동기유발을 이끌어 낼 수 있다.

게임활동의 확장

- 아동부터 노인에 이르는 모든 대상뿐 아니라 치료용 외에도 가족 단위, 파티 등의 다양한 상황에서도 효과적이다.

질문의 예시

생각 주머니

출처: 박성옥 · 이송화(2019). 한국임상게임놀이학회.

❹ 사회화 게임

사회화 게임은 일반적으로 집단치료에 사용되며 친사회적 상호작용을 촉진하고, 자기 노출의 기초가 되는 역동성에 대한 민감성을 증가시킨다. 사회화 게임은 사회적 행동에 강화를 받고 게임 고유의 사회적 상호작용을 통해 새로운 사회적 행동을 형성하도록 도움을 줄 수 있는 구조화된 게임놀이 프로그램을 설계하는 데 유용하다. 비행, 왕따, 공격성 등 반사회적 행동이나 위축, 대인관계 불안 등 비사교적 행동이 높은 대상에게 사회 기술 향상을 이끄는 게임놀이가 적용된다.

실습

인간빙고

게임 연령 5세 이상
게임 분류 전략 게임/사회 기술 훈련 게임
인원/시간 10명 이상/10분 소요

게임 소개

비어 있는 16(4×4)칸에 모인 대상자들에게 묻고 싶은 질문을 기록해 놓고, 집단원을 찾아다니며 자신의 질문에 "예스"를 답하게 될 때 그 질문이 쓰여 있는 칸에 상대방의 사인을 받는 형식으로 진행하는 게임이다. 세로, 가로, 대각선 중에서 질문에 사인을 받은 줄이 모두 채워졌을 때(4칸) "빙고"를 외치는 사람이 승리한다. 이때 참여자의 수에 따라 9(3×3)칸, 25(5×5)칸 등으로 변경해도 좋고, 승리 조건을 한 줄 빙고에서 두 줄 이상의 빙고로 확대하여 참여자 간 상호 교류할 시간을 더 많이 부여하는 것도 좋다.

게임의 효과

- 서로 어색한 첫 모임일 때 참여자 간의 라포 형성에 매우 유용한 게임놀이다. 빙고를 만들기 위해 여러 대상자를 찾아가 해당 질문 내용에 관해 물어보고 사인을 받는 기회를 통해 집단원 간의 친밀감 형성과 소속감, 응집력, 관계 개선에 도움이 된다.

- 상대방의 개인적인 특성과 정보를 알 수 있으며, 궁금한 사항에 대해 직접 빈 칸에 질문 내용을 만드는 과정에서 집단원끼리 탐색할 기회를 얻게 되며, 자기 개방 및 타인과의 관계 형성에 효과적이다.

게임활동 시 주안점

- 이기는 것에 초점을 두기보다는 관계를 맺는 것에 의미를 둔다.
- 한 사람에게 사인을 두 번 이상 받지 않도록 하여 가능하면 많은 참여자와 이야기를 주고받는 기회를 갖는다.

인간빙고 게임 질문의 예시

<table>
<tr><td>나는
초록색을
좋아한다.</td><td></td><td></td><td>나는 책을
많이 읽는다.</td></tr>
<tr><td></td><td></td><td></td><td></td></tr>
<tr><td>보드게임을
좋아한다.</td><td></td><td>나는
애완동물을
기른다.</td><td></td></tr>
<tr><td></td><td></td><td></td><td>나는 스스로
멋지다고
생각한다.</td></tr>
<tr><td></td><td>나는
수영을
할 수 있다.</td><td></td><td></td></tr>
</table>

실습

콘셉트(Concept)

게임 연령 10세 이상
게임 분류 전략 게임
인원/시간 4인 이상/40분 이상

게임 소개

팀원 두 사람은 아무 말도 하지 않고, 물음표/느낌표 말과 육면체만을 이용해 단어나 문장을 설명하며, 다른 참여자들은 설명을 '보고' 나서 문제를 맞혀야 하는 게임이다. 정답을 맞히면 양쪽 모두 점수토큰을 얻게 된다. 2점짜리 토큰 12개가 모두 떨어지면 게임이 끝나고, 가장 많은 점수를 얻은 참여자가 승리한다.

게임의 효과

- 문제 출제자가 낸 정답을 찾아내는 활동을 통해 타인 조망 능력과 대인관계에서의 예민성을 향상시킬 수 있다.
- 게임판의 개념을 설명하는 그림들을 통해 정답을 유추함으로써 유추, 분석력을 향상시킬 수 있다.
- 말을 하지 않고 물음표/느낌표의 말과 육면체만을 이용해 설명해야 하기 때문에, 참여자는 설명하는 방식에서 창의력을 향상시킬 수 있다.

게임의 활용

- 인식에 민감하지 못하고, 공감하지 못하는 대상자들에게 활용이 가능하다.
- 협동과 윈-윈 전략을 구사하며 소통과 공감을 이끌어 내고 사회관계에 유익하게 활용된다.

게임활동 시 주안점

- 어린 연령의 아동은 개념을 설명하는 데 있어 표현력이 상이할 수 있으므로 이에 따른 적절한 지도가 필요할 수 있다.

2) 게임놀이의 치료적 요소

게임놀이는 아동기의 심리적, 사회적 세계에서 중요한 위치를 차지한다. 게임의 다목적성은 아동의 심리적 갈등을 해결하는 데 도움을 줄 뿐 아니라 그들의 정서적 성장을 위해 도움을 주는 치료적 차원으로 활용된다. 게임놀이의 경험적 과정은 즐거움, 정화, 이완을 불러일으킨다. 발달 중인 게임놀이 과정은 사회화 현실검증, 불안의 숙달을 촉진할 수 있다. 또한, 게임놀이는 치료적 동맹을 강화하는데 도움이 될 수 있고, 갈등의 표현과 해소를 위한 은유적 단계를 제공할 수 있다.

(1) 치료동맹

게임은 종종 아이들로 하여금 긍정적인 관련성을 이끌어 간다. 심지어 가장 반항적인 아이들조차 치료적 맥락에서 게임놀이를 통해 라포 형성을 이끌어 내게 한다. 치료사들도 게임 참여자가 되어 게임에서 성인-아동 경계가 희미해지고, 아동에게 더 쉽게 접근하게 한다. 놀이에 참여함으로써 성인은 아동의 세계 속으로 들어간다. 이러한 상황은 자신의 의지로 치료받기를 꺼리는 아동에게 아주 효과적인 접근이 될 수 있다.

(2) 즐거움

굳이 치료적 게임을 하지 않더라도 게임놀이는 정서적으로 아이들을 충족시킬 수 있음을 알게 된다. 에릭슨(Erikson, 1950)은 놀이를 "강박적인 의식과 비이성적 충동으로부터의 자유"라고 언급하였다. 놀이는 즐거움을 경험하는 것에 어려움을 가진 자폐적 아이나 주저하는 아이에게 특별한 의미를 갖게 한다. 즐거움의 개념은 양육자나 양육받는 사람에게도 상호 호혜적이다. 게임놀이를 통해 성인과 즐거움을 나누는 아동의 경험은 치료적 관계를 증진시키고 아동에게 필요하고 유용한 감정을 느끼도록 돕는다.

(3) 진단

본질적으로 경쟁적 특성을 가진 게임의 구조와 규칙은 특히 아동의 자기 강화를 반영하는 행동을 야기하는 데 유용하다. 도전의식은 치료 장면에서 아동이 지적이고 경험에서 우월한 사람에게 대항하여 놀이를 하게 됨으로써 더욱 강화된다. 결과적으로 자존감, 공격성, 신뢰와 어른에 대한 무력감의 감정은 종종 아동의 게임놀이 유형에서 드러나게 된다. 충동 조절, 인지적 강점과 약점, 통제의 결여와 집중을 포함한 아동의 자아 과정은 게임놀이를 하는 동안 다양한 반응에서 드러날 것이다.

이처럼 게임놀이는 자아 과정을 불러일으키기 때문에 무의식적 갈등을 노출하는 놀이보다는 아동의 자아기능을 검증하는 데 보다 유용하다. 동시에 비구조화된 놀이와 같은 게임은 안전과 허용적인 느낌을 불러일으키고 표현의 출구를 개방하게 한다. 게임은 사생활을 어느 정도 모방하고 있어서 무의식적이고 투사적인 도구로서도 유용하다. 많은 보드게임은 출발점에서 보드 위의 목적지까지 이동하는 것을 포함하는데, 이는 격리, 애착, 개별화, 방임, 사회적 고립과 관련된 경험이나 다양한 문제를 상징화한다. '상상 게임Imagine Game'(Burks, 1978)과 '우리의 게임Our Game'(Vlosky, 1986)과 같은 치료적 보드게임은 환상적 표현을 유발하기 위한 특별한 목적으로 개발된 것이다.

치료적 게임놀이는 아동의 인성 구조, 방어기제와 방어적 증세를 반영해 주는 창구가 된다. 오코너(O'Conner, 1991)는 치료에서 정서적으로 결핍된 아동의 놀이는 종종 강박적이고, 충동적이고, 비이성적이라고 언급하였다. 강압적이고 강박적 증세를 가진 아동은 게임의 작은 부분이나 규칙에 지나치게 얽매이고, 따라서 게임의 전반적 목적을 상실하게 된다. 경계선 지적 기능 아동은 사소한 실패에 의기소침하여 고함을 지르거나 격분하면서 과잉반응을 하거나 전투에 대해 과도하게 중요성을 부과하여 승부에 집착하기도 한다. 반사회적 성향이나 품행 장애 아동은 불운에 직면했을 때 곧바로 자아-통제력을 상실하게 된다.

(4) 의사소통

게임의 규칙이나 목적을 향한 투쟁을 자기표현의 방해로 받아들일 수도 있으나, 게임의 규칙이 실제 참여자 사이의 의사소통을 촉진하는 경향이 있다. 게임놀이에는 협력, 목적에 대한 상호관계, 사회적 상호작용이 포함되어 있다. 규칙에 대한 실제적 논의와 다른 참여자의 행동에 집중하는 것은 게임놀이의 자연스러운 부산물이다. 게임은 현실과 격리되어 있으므로, 정상적인 사회적 대화에서 금지되어 있는 감정, 생각, 태도에 대한 방어를 완화한다. 따라서 게임놀이에서 종종 감정적 몰입의 높은 수준을 발견하곤 한다. 감정 표출의 한 양상인 카타르시스는 종종 게임놀이를 통해 방출된다. 분노, 적의, 갈등, 질투의 강한 감정이 게임 속에서는 안전하게 배출될 수 있다. 아이가 부모나 다른 성인에 대해 느끼는 부정적인 감정은 특히 게임놀이를 하면서 쉽게 표현된다.

게임하는 동안 아이들은 스스로 이완하고 몰입함으로써 종종 그들 자신에게 중요한 감정이나 생각에 관해 이야기하며 시작한다. 게임놀이의 중요한 개념은 '분리의 시작'이다(Frey, 1986; Gardner, 1986). 즉, 게임놀이 동안 표현되는 심리적 문제를 이야기하기 위해 게임을 떠나는 것을 말한다. 치료사에게 있어 게임놀이치료의 한 가지 중요한 측면은 게임의 안전성과 분리의 시점에서 언급된 현실적 문제 사이를 오고 가면서 이야기를 유지하고 이끌어 나가야 한다는 점이다.

(5) 통찰

게임놀이는 방해받는 행동 양상을 노출시킬 뿐 아니라, 행동 양상을 관찰하고 이해할 수 있는 통로를 제공하기도 한다. 치료사는 종종 게임에서 참여자가 되어서 "앗! 잘못 선택했네." 같은 자기 - 검증을 드러내는 반응의 모델이 될 수도 있다. 게임놀이 행동에서 부정적 자기 - 평가는 실생활에서의 행동 평가보다 덜 위협적이다. 치료사의 과제는 아동이 게임의 틀 속에서 보다 넓은 세상으로 일반화시키는 부정적 행동 양상을 점차 지각하도록 돕는 것이다.

(6) 승화

자유놀이와 비교하여 게임놀이는 본능적이고 금지된 무의식적 충동에 대해 더 높은 수준에 기인된 승화의 기회를 보다 많이 제공한다. 예를 들어, 아동의 성적이고 공격적인 충동을 이기려는 노력과 경쟁심을 유발시켜 다른 곳으로 관심을 돌리게 한다. 많은 치료적 보드게임을 통해서 갈등에 대한 다양한 반응과 해소는 이미 아동들에게 유용하다고 언급되어 왔다. 이러한 성과는 아동이 지각하는 것 이상이다. 보드게임의 교육적 측면은 학습과 행동 문제에 적용하게 하였다(Nickerson & O'Laughlin, 1980). 아동은 어른이 직접 지시하는 대로 따라 하기보다는 게임에 대한 생각과 행동을 새롭게 스스로 시도하기를 더 좋아한다.

(7) 자기 강화

게임놀이는 집중과 충동 조절을 요하기 때문에 자아 강화를 증가시키는 경향이 있다. 게임놀이의 방법을 배우고 이기려는 경험적 과정에서 수행 도전력을 증가시키고, 조직화, 불안의 숙달, 자존감을 향상하게 한다. 라이드(1993)는 공격적인 특성을 보이는 6세 남아가 게임놀이치료 초기 단계에서 매우 흥분하고 비조직화된 형태의 게임행동을 하는 모습을 관찰하였다. 아동은 부모와 헤어져 위탁부모에게 맡겨졌으나 위탁부모가 여러 번 교체되었다. 이러한 아동의 개인사를 고려해 볼 때 게임놀이치료에서 보이는 흥분되고 비조직화된 게임행동은 아동의 애착대상에 대한 상실과 이에 대한 심리적 위기, 혼란감, 그리고 잦은 양육환경의 변화로 인한 안전감과 일관성에 대한 위협을 반영하고 있다. 그는 치료 초기에 극단적으로 방어적이고 분노와 도발적인 태도로 치료사와 관계를 맺었다. 그는 극히 한정된 규칙으로 소근육 동작 게임예: 공을 던지는 것을 전적으로 하고 놀았다. 그의 놀이는 자기중심적이었고, 상호 교류와 협동을 회피하였다. 그는 벽에 걸려 있는 목표 지점에 연속적으로 공을 세 번 던지다가 점점 성공을 확신하기 위해 목표 지점으로 가까이 이동하였다. 서서히 아이는 서로 주고받고, 약간의 규칙과 경쟁, 목표와 종착점을 포함한 현실 게임을 수행하는 활동들을 구조화하는 치료사의 개입을 받아들이게 되었다. 10회기쯤 되자 아이는 자발적으로 차례를 지키며, 치료사의 게임놀이에 주의를 기울이며, 덜 감정적이고 충동을 극복한 태도로 치료사와 상호작용하게 되었다. 게임놀이의 과정을 계속 진행하면서 보다 깊게 치료사가 개입하게 된다.

(8) 현실 검증

게임은 아이의 상상이나 의지로 보통 변화하지 않는 규칙이 포함된 현실적 놀이 형태이다. 게임은 적어도 두 사람 이상에 의해 진행되며, 어느 정도 현실적인 목표에 대한 인식이 필요하다. 즉, 게임에 참여하기 위해서 참여자들은 놀이의 규칙과 절차에 대해 알아야 한다. 이러한 구조 속에 현실 왜곡은 거짓, 거부, 규칙과 같은 특유의 형태로 해석되어 나타난다. 이는 게임놀이를 진행하는 동안 더 적응적이고 현실적인 반응의 강화를 이끌어 낼 수 있도록 치료사가 개입할 여지를 갖게 한다.

(9) 합리적 사고

인지적 도전은 수많은 게임에서 주요 구성요소가 된다. 게임은 기억, 집중, 결과 예측, 논리적 사고, 창의적 문제해결과 같은 인지적 기술을 요한다. 새로운 행동, 자기 반영, 자기 이해를 학습하는 것은 정서 발달에 필수적인 인지적 과정이라고 할 수 있다.

아동기에 나타나는 정서 문제를 이해하고 수정하기 위한 많은 이론적 접근에서 합리적 사고는 결정적 요소이다. 이와는 반대로, 비합리적 사고 과정은 정신병리의 기초가 된다(Ellis, 1962). 특히 게임은 실생활 현상을 반영하고 게임의 구조 속에서 현실적으로 평가되는 상황을 연습하게 하는 치료 과정에서 유용하다. 많은 게임은 여러 가지 선택에 따르는 잠재적 결과를 아이가 분석하도록 요구하는 위험을 감수하게 한다. 예를 들어, '오즈의 마법사' 게임에서 참여자들은 여행 도중에 두 개의 길 중 하나를 선택해야만 한다. 하나의 길은 목적지까지 훨씬 짧지만, 자칫 시작 지점으로 되돌아가야 하는 함정을 내포하고 있다. 이런 상황에 관한 논의를 촉진시킴으로써 치료사는 아이들이 미래와 행동의 결과에 대해 생각하는 것을 배우도록 도울 수 있다.

(10) 사회화

게임은 잠복기 아동 시기에 지배적인 놀이 활동이다. 이 시기 아이들의 초기 발달 과업은 친구들과 사회적 관계를 발달시키는 것이다. 게임놀이는 본래 참여자들 간 협동과 의사소통을 요구하는 사회적 활동이다. 게임놀이를 하는 과정에서 사회화된 행동을 하도록 하는 긍정적인 또래 압력이 내포되어 있다. 즉, 서로 말하지 않고도 이기고 진 사람들이 서로 어떻게 행동하는가의 규범도 존재하며, 게임놀이 동안 어떤 방식으로든 처벌하는 것은 금지되어 있으므로, 아이들이 사회적으로 받아들여지지 않는 행동의 결과도 배울 기회를 제공한다. 게임놀이에서 규칙 위반자가 게임에 계속 참여하려면 속임수 같은 일탈 행동을 속죄하게 하거나 적어도 사과를 하게 한다. 게임놀이의 이러한 과정은 참여자 간에 일어날 수 있는 '반사회적' 행동의 혐오 결과를 스스로 인식하도록 한다.

게임은 협동적 행동을 요하는 반면, 통제된 공격적 표현을 요구하기도 한다. 게임의 경쟁적 특성은 참여자들이 이기기 위해 다른 사람을 위협하는 시도를 하게 한다. 규칙은 아이들이 스스로 자기통제를 상실하지 않고, 경쟁하고 공격해야만 한다는 경계선을 제공한다.

게임은 게임이 제한하는 형태, 규칙과 절차 내에서 권위에 도전하는 표현을 할 기회를 제공한다. 즉, 게임놀이 과정에서 정해진 게임 규칙을 인정하면서, 그 규칙 내에서 스스로 대처하며 이기려는 노력을 하게 된다. 이러한 과정은 앞으로 자신보다 더 힘이 있는 현실 세계에서 만날 타인을 대응하는 것을 학습하게 한다.

브레인스토밍

먼저, 자신이 아동·청소년기에 했던 게임놀이나 보드게임을 한 가지 기억하세요.
다음으로, 게임을 하는 과정에서 함께 게임을 했던 사람들과의 경험(감정, 소통, 행동 등)을 정리하세요.
그다음에는 게임에 참여하는 과정에서 자신에게 어떤 긍정적인 효과가 있었는지 위에서 제시한 치료적 요소와 관련지어 정리하여 보세요.

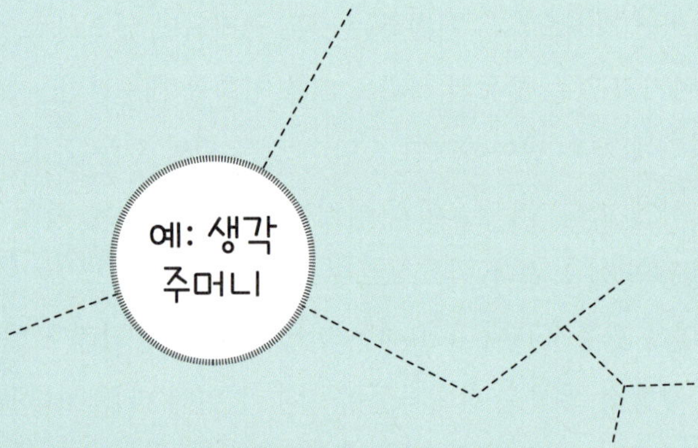

4 발달단계와 발달특성별 게임놀이치료 접근

1) 발달단계별 게임놀이치료 접근

(1) 잠복기 전기 아동의 게임 양상

약 5세의 생활연령에 해당될 수 있는 이 시기의 아동은 이전 시기의 전형적인 놀이인 인형의 집 놀이나 전쟁놀이 인형을 들고 뛰며 소리 지르는 등의 극화 장면을 만드는 데서 벗어나서 게임이라는 구조화된 놀잇감에 관심을 갖기 시작하는 연령이다.

규칙에 순응하려 하지만 오랜 시간 규칙을 따르기는 힘들다. 이 시기의 아동은 게임에서 구조화를 원하지만 아직까지는 방 안을 뛰어다니거나 돌아다니지 않고서는 게임을 할 수 없다. 그래서 치료사는 이 시기 아동의 연령 수준에 맞추어 놀이를 진행하게 된다. 때때로 구조화된 게임 자료를 사용하여, 주사위나 막대를 던지는 등 규칙을 활용하여 게임을 하기도 하나 대부분 이 시기의 아동은 우격다짐으로 또는 무조건 자신에게 유리하게끔 하여 치료사를 이기게 된다. 잠복기 전기 시기의 아동은 직접적으로 놀이용 총으로 쏘는 것보다는 모아 놓은 나무막대기를 활용하여 싸움을 하는 등의 상징화 능력은 존재하나, 발달과정상 아직은 게임 구조 자체에 있는 은유 속에서 싸움을 진행하지는 못한다.

(2) 초기 잠복기 아동의 게임 양상

7세가량의 생활연령에 해당되는 이 시기의 아동은 직접 선반에서 게임을 선택하고 게임 상황에 있는 구조와 근접한 게임을 진행한다. 이전 시기의 아동은 모든 게임에 관심을 가지고 순서대로 하나씩 해 보려고 하지만, 초기 잠복기에는 자신이 할 수 있는 게임만을 선택하게 된다. 이전 시기의 아동은 글을 잘 읽지 못하지만, 글을 읽어야 하는 게임을 선택하여 방법을 알려 달라고 하거나 방법에 얽매이지 않고 자신만의 규칙대로 놀이하는 것에 비해 초기 잠복기의 아동은 자신의 능력에 맞게 설명서를 읽고 방법을 터득하는 게임을 선택하는 경향이 있다.

이 시기에는 규칙을 이해하고 규칙에 따라 게임을 하려고 노력하는 단계이다. 그러나 여전히 놀이를 하면서 신체활동을 하고 싶어 하기 때문에 온몸을 사용하는 게임을 선호한다. 또한, 심리적으로는 아직 게임에 운과 기술이 작용하고 있다는 것을 인정하기 어렵다. 먼저 하겠다고 고집을 부리거나 자신의 차례를 끝내야만 한다는 표시도 무시하고, 치료를 받는 아동 대부분이 그렇듯이 이기고 싶어 하며, 완전히 자신에게 유리하도록 구조화시키기도 한다. 경우에 따라서는 구조화된 게임을 선택했다가도 극놀이 도구를 가지고 놀이하기도 한다. 때로는 찰흙, 퍼펫이나 전쟁 인형들을 집어 들고, 극적인 놀이 속에서 자기 자신을 드러내는 장면을 만들어 가기도 한다. 따라서 치료사는 구조화된 게임놀이에서 극놀이까지, 그리고 극놀이에서 구조화된 놀이까지 매 순간 아동의 놀이를 따라가야 할 것이다.

(3) 잠복기 중기 아동의 게임 양상

9세경의 시기에 해당하는 잠복기 중기 아동은 잠복기에 적절하게 수반되는 구조화된 게임에 대해 전적으로 관심을 보인다. 잠깐 총이나 공룡을 집어 들었다가 내려놓고, 대신 각 회기에 게임 상자를 가져오고, 오로지 구조화된 게임을 선택하는 경향이 많다. 그리고 게임 설명서에 제시된 방법대로 게임을 하게 된다.

이 시기 아동 역시 이기기를 원한다. 그러나 게임의 규칙을 따르면서 승리를 얻어낸다. 자신에게 유리한 대로가 아니라 규칙에 따라서 놀이가 진행될 수 있을 때까지 막대를 다시 던지면서 또는 치료사에게 먼저 하라고 하고 자신의 순서를 잘 지키면서 규칙을 엄격하게 따르고, 치료사가 실수하는지 보기 위해 면밀하게 관찰도 하면서 게임을 이기게 된다. 이 시기의 발달과정에서 아동은 자신의 정신세계 속에 게임의 규칙을 충분히 통합시켜 나갈 수 있다.

따라서 이 시기 아동과의 놀이는 항상 규칙에 따라 이루어진다. 적당한 카드가 나타나기를 희망하거나 막대가 쌓여 있는 더미에서 막대 하나를 가지고 오기 위해 애쓸 때는 숨을 참기도 한다. 이때 치료사는 아동이 질문할 때까지는 아동의 실수에 대해 의견을 말하지 않아야 한다. 또한, 아동이 질문할 때 치료사는 정직하게 대답해야 한다.

아동의 이기고 싶어 하는 욕구와 자신이 이길 것이라고 확신하면서 놀이를 하고 있다는 점에 대해 해석해 주고, 아동이 실패하였음을 직접 받아들이는 일이 어렵다는 것에 대해서도 해석해 주어야 한다. 게임을 진행하면서 기술의 향상과 아동만의 독창적인 전략에 대하여 서로 이야기할 수 있고, 아동과 함께 치료적으로 다루어야만 하는 다양한 사건, 예를 들면 부모와의 만남, 다가오는 여행, 학교에서 일어난 일들에 대하여 놀이를 하면서 이야기할 수 있다.

(4) 잠복기 후기 아동의 게임 양상

아동기 후기와 초기 청소년기에 속하는 13세경에 해당된다. 이 시기의 아동에게 구조화된 게임은 여전히 중요하지만, 놀잇감을 가지고 놀이하기에는 너무 커버렸고, 그렇다고 한 회기 내내 의자에 앉아서 말을 하는 것도 아직은 직면하기 어려운 시기일 수 있다. 그래서 매주 게임을 꺼내 오지만, 일정 수준 이상의 지식과 기술을 요하는 게임을 선택하게 된다.

게임을 치료 시간에 부분적으로 활용하나, 게임의 규칙은 충분히 지켜 나가게 된다. 순서를 결정하기 위해 주사위를 던지고, 실수를 해서 자신의 순서를 넘겨주게 되어도 안달하지 않는다. 때때로 경쟁에 몰두하는 것처럼 보이고 자신이 특별히 수행을 잘한다는 자부심을 가지는 경우에도 누가 이기는지 크게 상관하지 않을 수 있다. 또한, 고통스러운 이야기를 피하는 수단으로 게임을 이용하기도 한다. 치료사와 아동이 아주 가까워져서 어떤 불편한 일에 대해 이야기할 때 아동은 종종 이야기를 멈추면서 게임을 진행하기도 한다.

무엇보다 자신에 대한 표현이 증가하며, 행동보다는 언어를 사용하여 자신의 문제를 해결할 수 있는 시기이다. 따라서 잠복기 후기 아동의 게임은 과도기적 공간으로 활용될 수 있는데, 각 치료 회기 내에서 자신의 마음에 걸리는 것에 대해 마음껏 이야기하는 어려운 과업을 수행하려고 노력하기도 하고, 외부 생활에서부터 치료 회기 안으로, 분리로부터 치료사와 관계를 맺는 것에 이르기까지 게임을 사용한다. 이때 치료사는 아동의 경험이나 이야기한 내용에 대해 적절하게 문제를 해결하도록 격려와 지지를 하거나, 공감해 주는 역할이 필요하다.

2) 발달특성별 게임놀이치료 접근

(1) 자존감의 문제를 가진 아동

자존감의 문제를 가진 아동은 게임에서도 상처받기 쉽다. 경우에 따라 어렵다고 생각하는 게임은 시작을 어려워할 수도 있으므로, 우연 게임을 선호하기도 한다. 이와 같은 아동은 치료사를 시험해 보는 반응, 즉 "선생님은 잘해요?"라고 묻는 등의 행위를 할 수도 있다.

게임놀이치료사는 이러한 아동에게 "너는 너에 대한 나의 모든 평가가 이 게임의 결과에 달려 있을 거라고 생각하지만, 그렇지 않아. 어떤 사람에 대한 나의 의견은 누가 게임에 이기고 지는가 하는 승부보다는 훨씬 더 중요한 것을 생각한단다. 너는 이 점에 대하여 어떻게 생각하니?"와 같이 아동 자신의 생각을 말해 보도록 하고, 결과 그 자체에 대하여 치료사가 비웃거나 모욕하지 않는다는 것을 실제로 경험하게 함으로써 교정적 정서 체험을 일으킬 수 있다(Alexander & French, 1946).

게임놀이치료사는 자존감이 낮은 아동의 자존감을 높여 주기 위하여 일부러 져 주는 반응을 너무 자주 하지 말아야 한다. 왜냐하면 불쌍해 보임으로써 얻게 되는 2차적 보상과 같이 치료사를 조종하려는 반응이 계속될 수 있기 때문이다.

자존감은 망상적 혹은 공상적 능력이 아닌 실제적 능력에 기초해야 한다(Gardner, 1973). 일부 부모나 교사는 아동의 자기가치감을 향상시키기 위해 추상적인 방식으로 칭찬하나, 그러한 진술은 대게 무의미하다. 아동은 자신이 가진 능력의 어떤 구체적인 영역이나 질에 대한 직접적 관심을 받지 못하였기 때문에 자존감을 향상시키기 어렵다. 그리고 아동 자신이 사탕발림을 받고 있다는 것을 느끼게 되면 이것은 자존감을 더욱 낮게 할 수 있다. 특히 진짜 칭찬을 받을 만한 어떤 것도 없기 때문에 근거 없는 칭찬을 한다는 것을 알고 있는 민감한 아동이라면 더욱 그렇다. 훨씬 효과적인 칭찬은 "너는 그것을 집중해서 잡았구나!" 등과 같은 아동의 능력을 증명하는 실제적 행동이나 성과에 초점을 두는 것이다.

(2) 경쟁적 아동

경쟁적 아동은 게임의 승패에 과도한 관심을 드러낼 수 있다. 경쟁에는 건강한 경쟁과 해로운 경쟁이 있을 수 있는데(Schaefer & Cangelosi, 2002), 건강한 경쟁은 상대방을 존중하며 이기려는 것이지 상대방을 모욕하거나 깎아내리려는 것이 아니다. 게임놀이치료사는 건강한 경쟁을 통하여 경쟁적 아동이 치료사에 대하여 기본적 신뢰감을 잃지 않으면서 유능감과 자존감을 향상시킬 수 있는 게임 진행 요령을 길러야 한다. 만일 치료사가 정직하게 게임을 하여 대부분의 게임에서 이긴다면 이것은 아동에게 승리와 연관된 성취감을 박탈하게 되고 수치심을 주어 치료적이지 않을 수 있다. 반대로 만일 치료사가 의도적으로 져 준다면 아동은 이긴 것에 대한 만족감으로 이득을 볼 수도 있지만, 치료사는 아동에게 정직하지 못하게 되고 이것을 느낀 아동은 치료사에게 신뢰감을 잃을 수 있다.

일반적으로 치료사는 아동에게 정직해야 하지만, 치료의 시점에서 경쟁적 아동에게 필요한 것을 염두에 두고 게임을 진행하는 것이 필요하다. 그러므로 게임의 상황에서 경우에 따라 진실만이 정답이 아닐 수 있다(Schaefer & Cangelosi, 2002). 유능한 게임놀이치료사는 아동에 대한 개방성과 정직성에 균형감을 갖고 진행하면서 경쟁적인 아동의 자존감을 향상시키고 유능감을 느끼게 할 수 있어야 한다.

(3) 수동-의존적 아동

수동-의존적인 아동은 일상생활에서 매우 순종적인 경향이 있고 이러한 경향은 게임을 할 때도 그대로 드러나게 된다. 수동-의존적인 아동은 게임을 하기 전에 기본적 규칙을 정하는 일조차도 치료사의 결정에 순종하려고 할 수 있다. 예컨대, 원하는 카드의 색깔을 정하라는 요구에도 "상관없어요. 선생님이 하고 싶은 대로 하세요."라고 대답한다. 이러한 반응을 하는 것은 특정한 색깔을 주장하는 것이 치료사를 화나게 할지도 모른다는 두려움 때문이다.

따라서 치료사는 게임을 시작하기 전에 규칙에 관해 아동과 충분히 논의해야 한다. 아동이 전통적인 규칙에 따라 게임할 것이라고 가정하고 시작한다면 나중에 예상치 못한 의견충돌이 벌어질 수도 있기 때문이다.

(4) 자기중심적 아동

자기중심적 아동은 경우에 따라 유전적 또는 신경학적으로 문제가 있거나, 아동 자신의 자기가치감의 문제나 부모의 과잉보호적 양육 태도 등의 이유로 나타날 수 있다. 이러한 아동은 다른 사람의 입장을 조망하는 능력이 부족하기 때문에 게임에 있어서도 게임 특유의 규칙을 받아들이기 어려워하며 자신만의 규칙이 맞다고 고집하는 경우도 있다. 또한, 자기중심적인 아동은 자신의 차례를 기다리기 힘들어하며 치료사가 다음 수를 생각하기 위해 잠시 멈추는 것조차도 참지 못하곤 한다. 그러므로 이런 아동을 위하여 치료사는 아동의 자기중심적 행동에 말려들어서는 안 되며, 타인의 권리를 존중하고 자기통제 능력을 길러 주기 위한 시도를 게임놀이 시간에 해야 한다. 즉, 자기중심적 아동이 재촉을 하더라도 골똘하게 생각에 잠겨 있는 듯한 태도를 취하는 등 치료적 요소를 항상 염두에 두어야 한다. 때때로 충동적이거나 불안하거나 긴장하고 있는 아동이 자기중심적으로 보일 수도 있으므로, 이런 아동과 자기중심적 아동을 구분하는 눈을 키우는 것도 필요하다.

자기중심적 아동의 게임을 주의 깊게 관찰하면 그 아동의 자기애적 표현 행동이 나타난다. 예컨대, 상대편의 위치를 생각하지 않고 자신의 말만을 주시하기 때문에 쉽게 함정에 빠질 수 있다. 따라서 아동에게 다음과 같은 진술을 통하여 사회적 자각 능력을 길러 주어야 할 것이다. "나의 왕을 잘 지켜봐.", "너는 지금 나의 함정에 빠졌어.", "만약 네가 거기로 움직이면 내가 두 번 건너뛰기를 할 수 있어."라고 진술해 주면 아동의 게임 능력을 향상시키고 타인에 대한 조망 수용 능력도 기를 수 있다.

(5) 철회적이며 자폐적 또는 분열적 아동

가정환경이 혼란스럽고 예측할 수 없는 상황에 많이 노출된 아동은 철회적이고 자폐적이거나 분열적일 수 있는데, 이런 아동은 게임을 할 때나 다른 일상의 활동에 참가할 때에 감각적 지각 능력, 즉 즐거움을 느끼는 능력이 부족할 수 있다. 이와 같은 아동은 이겨도 그리 기뻐하지 않으며 지더라도 그나시 실망하지 않는 반응을 나타낼 수 있다. 경우에 따라 그들은 게임을 할 때 자신의 공상 때문에 방해를 받을 수도 있는데, 가능한 한 이런 아동에게는 치료사가 아동이 현실에 직접 직면할 수 있도록 반응해야 한다. 예컨대, "그래, 너의 말이 거기에 간다면 네가 이기는 것이 맞아. 하지만, 지금은 그렇게 될 수 없어. 아마도 다음 게임에서 그렇게 해서 내 것을 쫓아올 수도 있어." 등의 진술이 현실 직면에 도움이 되는 진술 방법일 수 있다.

때때로 철회적인 아동은 신중하고 방어적으로 게임을 할 수 있다. 아동은 게임을 하는 동안 느끼는 경쟁적인 감정을 치료사에게 투사하여, 자신이 분노를 표현하면 보복 당할지도 모른다는 두려움을 가질 수 있다. 따라서 이런 경우 아동은 치료사의 공격적인 반응을 예상하고 이기기를 두려워할 수 있다. 그래서 "내가 이겨도 나에게 화내지 마세요."라고 표현하는 것처럼 아동은 자신의 말을 판의 뒤쪽이나 옆쪽으로 밀착시키고 점프를 당하거나 함정에 빠지는 것을 피하는 방법을 생각하기 위해 오랜 시간을 소모하기도 한다.

철회적인 아동의 환경은 거의 구조화나 조직화가 되어 있지 않고 게임에서도 그대로 드러나게 된다. 보통 게임 규칙을 따르지 않고 승리를 위한 목표 설정 능력이 미진하다. 이때 게임놀이치료사는 규칙을 유지하려는 일관된 태도를 보여 주고 아동과 감각적으로 느끼는 바를 표현해 주면서 더욱 즐겁기 위해서는 규칙을 따라야 한다는 것을 일깨워 주는 것이 중요하다.

(6) 반사회적 아동

반사회적인 아동은 게임 안에서 승부에 집착하고 공격적인 방식을 나타낸다. 예컨대, 게임에서 조금이라도 우세하게 되면 매우 과장적으로 기뻐하고 상대방의 상처를 더욱 악화시키는 행동을 일삼고 본인에게 불리할 듯하면 주저 없이 게임판을 뒤엎기도 하는 등의 양상을 보이게 된다. 또한, 반사회적 아동은 초자아의 손상과 관련된 표현을 하게 된다. 예를 들면, 게임을 하는 동안 속임수를 쓰거나 부정행위를 일삼는 것과 같은 행동이 나타난다. 이때 치료사는 내담 아동에게 그것을 즉시 지적하거나 절대 허용해서는 안 된다. "얘야, 네가 자꾸 반칙을 하면 이 게임이 재미가 없단다. 만일 네가 나와 게임하기를 원한다면 너는 규칙을 지켜야만 해. 네 친구들도 분명히 그렇게 생각할 거란다." 이처럼 치료사는 반칙행동에 대한 제한을 설정하고 분명하게 그 이유를 전달해야 한다. 경험이 많은 치료사의 경우에는 아동이 그런 행동을 하는 원인까지 다룰 수 있다면 그에 대한 설명 역시 해 주어야 한다.

(7) 강박적 경향의 아동

강박적 경향의 아동은 게임놀이치료사에 대한 신뢰감을 갖는 데 있어서 시간이 많이 걸리고 우유부단하며 지연된 행동을 나타내기 때문에 게임을 즐기는 것이 상당히 어렵다. 강박적 경향의 아동은 놀잇감이 제대로 정돈되어 있는지, 카드 중에 구겨진 것은 없는지 등과 같이 사소한 부분에 집착할 수 있다. 이와 같은 경우에

쉐퍼와 칸제로시(Schaefer & Cangelosi, 2002)는 그러한 내담 아동의 상대방에 대한 분노 감정과 같은 극단적 정서 표현에 대한 죄책감에 대하여 다루는 것이 중요하다고 보았다.

만일 치료사가 내담 아동과의 게임에서 모두 이기게 되면 내담 아동이 화가 날 수 있으므로 치료사의 감정에 집착한 나머지 자신의 감정을 극도로 억제하게 될 수 있다. 따라서 다음과 같은 진술이 필요할 것이다. "나는 내가 지금 세 게임을 모두 이겼는데 네가 조금도 화가 나지 않는다고는 상상할 수 없어. 대부분의 아이들이 그렇고 나도 그럴 거야. 나는 너와 다른 아이들과 이런 면에서 차이가 있다고 생각해. 다른 아이들은 화가 나면 그것을 표현하는데, 너는 화가 나도 그것을 드러내지 않는구나.", "나에게 얼마나 화가 나 있는지 말하면 무슨 일이 생길 거라고 생각하니?"와 같은 치료적 중재 방법을 생각해 볼 수 있다.

(8) 신경학적 결함을 가진 아동

신경학적 결함을 가진 아동은 이로 인하여 학습의 문제가 부수적으로 동반되어 읽기나 쓰기 또는 셈하기가 능숙하지 않을 수 있다. 이런 아동은 자신의 결함을 숨기려 하다 보니 철회적으로 반응할 수 있다. 이로 인하여 다른 정상적이고 기본적인 생리적 및 신경학적 능력이 개발되지 못하고 발달의 진전이 없거나 발달지연을 나타낼 수 있다. 예컨대, 읽기 능력에 문제가 있는 아동은 또래 아동들이 잘 읽는다는 것을 알기 때문에 읽기 기술이 필요한 게임이 아닌 다른 게임을 제안할 수도 있고, 자신의 수행 능력에 대하여 수치감을 느낄 수도 있다.

대체로 이런 아동은 게임 속도가 매우 느리고 협응력의 결함과 지각상의 결함 때문에 게임에 적응하기 어렵다. 이들은 자주 자신이나 상대방의 차례를 기억하지 못하고 누가 마지막으로 했는지, 게임의 상대방이 언제 했는지에 대해 반복적으로 질문할 수도 있다. 이와 같은 아동은 규칙도 자주 잊어버릴 수 있으므로 치료사는 게임의 규칙과 부족한 학습 능력에 대한 지원자가 되어서 철회되지 않도록 많은 도움을 주어야 한다. 그렇지 않으면 충동적으로 반응하거나 자신에 대한 실망감이나 분노 감정에 사로잡혀서 자존감의 문제를 부수적으로 동반할 수도 있으므로 특히 주의를 기울여야 한다.

5 게임놀이의 치료적 접근 및 국내외 연구

게임의 치료적인 가치에 대하여 국내외 많은 학자는 보고하고 있으며, 게임놀이를 활용한 다양한 치료적 효과검증의 연구도 지속적으로 증가하고 있다. 게임놀이의 치료적 요인에 대한 관심은 1970년에 들어 급증하면서 이에 대한 연구들도 활발히 진행되었고(Meeks, 1970), 1980년대에 들어서는 이혼가정의 아동, 아동학대 예방, 분노 조절 등 특별한 중재적 목적을 가진 게임들이 만들어져 게임놀이의 치료적 적용이 좀 더 구체적이고 전문화되었다(유미숙, 2007). 국내 게임놀이치료 연구도 2000년대에 들면서 점차 활발해지기 시작했다부록 B. 국내 게임놀이치료 관련 연구 참조.

최근 이주희와 박성옥(2019)은 2000년부터 2017년도까지 국내 석·박사 학위논문, 학회지에서 발표된 게임놀이치료연구 203편의 동향을 분석하고, 각 연구들이 제시한 실험설계실험집단과 통제집단를 통해 치료적 효과를 메타분석을 통하여 검증하였다. 즉, 게임놀이치료의 인지·정서·사회·행동 영역의 전체 효과 크기가 행동 1.10, 정서 0.97, 인지 0.88, 사회 0.83의 순으로 모두 발달영역에서 의미 있는 효과Cohen의 기준를 제시하고 있음을 밝혔다표 I-3 참조.

〈표 I-3〉 게임놀이치료적 효과 요인

요인	세부 내용
인지	실행기능, 주의집중력, 공간 능력, 조망 수용 능력, 정서 지능, 마음이론, 언어적 능력, 수학 능력, 학습 능력, 학습 동기, 학습 기술, 학습 만족도, 사고력, 자아상 확립, 창의성 등
정서	자존감, 자기 효능감, 삶의 질, 진로 정체감, 우울, 스트레스, 자존감, 특성 분노 등
사회	상호작용, 사회성, 대인관계, 또래관계, 사회적 기술, 공동체 의식 등
행동	기본 운동 능력, 친사회적 행동, 자기 조절, 적응 행동, 태도(수업, 독서), 가출, 학교 부적응, 충동성, 공격성, 부적응 등

출처: 이주희 · 박성옥(2019).

1) 초기 게임놀이의 치료적 접근

1900년대 초반의 놀이치료 선구자인 안나 프로이트(A. Freud, 1928)는 아동의 치료적 장면에 놀이를 도입하여, 인지적 발달이나 기능의 숙달뿐 아니라 놀이 속의 상호작용을 통해 사회성 발달의 중요한 역할을 언급하면서 놀이 자체의 치유적인 힘을 강조하였다. 이후 엑슬린(Axline, 1947)은 놀이치료에서는 체커와 같은 익숙한 게임이 아동에게 편안함을 제공해 줄 수 있다고 하였다. 아동치료에서 초기 임상 적용은 게임놀이의 투사적 가치에 초점을 맞추었다(Gardner, 1973; Levinson, 1976). 루미스(Loomis, 1957)는 치료 과정에 체커를 사용한 결과를 발표한 논문에서 게임은 아동의 저항과 무의식적인 갈등을 표현하는 매개체이며, 심리적 방어를 감소시켜 치료를 촉진시키는 역할을 하는 것으로 밝혔다. 이 무렵에 치료사들은 치료적 목표에 맞춰서 치료 상황에서 분위기를 수용하고 개방을 촉진하기 위해 경쟁, 기술, 전략의 요소를 감소시키고 자기표현과 협력에 초점을 강조하는 보드게임을 개발하기 시작하였다.

믹스(Meeks, 1970)는 게임에 참가한 사람 간의 관계를 형성하는 측면에서 게임놀이의 가치를 더욱 지지하였다. 저항, 전이, 역전이를 포함한 치료사와 아동 간의 관계 형성은 게임놀이 범주 내에서 더욱 용이하게 이루어진다는 것이다. 레빈슨(Levinson, 1976)은 게임은 사물에 대해 무의식적으로 투사하게끔 하는 전형을 보여주며, 베틀하임(Bettelheim, 1972)은 포커와 체스를 놀이치료에 사용하여 아동의 공격성, 신뢰, 무력감, 힘, 적극성 등에 관한 심리적 갈등을 표출하게 하였으며, 베르린(Berlin, 1986) 또한 무기력, 힘, 공격과 관련된 갈등을 이끌어 내는 데 게임의 치료적 가치를 규명하였다.

1970년대 초기에 이르러 자기표현과 의사소통을 위한 보드게임의 유용성에 대해 보다 높은 평가가 나타났다. 지난 30여 년 동안 상담과 치료에 사용하기 위한 특수한 보드게임의 개발이 폭발적으로 일어났다. 치료적 보드게임은 환상적 사물에 대한 투사부터 믿음과 도덕적 판단에 이르기까지 다양한 수준에서 자기표현을 격려하기 위해 더욱더 특수화되고 정교해졌다. 예를 들어, 사회보장 게임에서는 지시에 따라 내면의 생각과 감정의 실제 표현을 격려하고 방어를 이완시키며, '마치 ~처럼' 게임에서는 제3의 인물을 통해 생각과 감정을 연결함으로써 훨씬 덜 불안하고, 덜 위협적으로 느끼게 된다. 이러한 게임은 치료 장면에서 노출이 반복되면서 점차 직면하는 문제에 대해 보다 도전적으로 접근하게 된다는 임상 결과를 제시하였다.

1990년대에 들어서면서, 라이드(1991)는 '비트 더 클락 게임Beat the Clock Game'이나 '스톱 앤 싱크 게임Stop and Think Game', '미로 퍼즐Pick-up Sticks' 등이 주의통제와 충동성이 높은 아동에게 효과가 있으며, 다트와 같은 게임은 과잉행동적이고 방어적인 아동과의 치료 초기 라포 형성에 유용하다고 밝혔다. 또한, 골드버그(Goldberg, 1980)는 '베틀 톱Battling Top' 게임을 사용한 치료에서 집중력에 문제가 있는 아동에게 게임을 완수하는 것이 성공의 경험을 주어 동기유발과 자신감의 경험을 제공한다고 하였다. 파니아궈아(Paniagua, 1992)가 개발한 '블록 스태킹Block Stacking' 게임은 계획된 의도와 행동이 일치할 수 있는 자기통제력 증진에 도움이 되는 연구 결과를 제시하였다.

이처럼 게임을 심리치료에 적극적으로 적용한 사례가 더 많이 보고되었고, 아울러 특별한 목적으로 사용되는 치료적 보드게임의 개발 역시 계속 급증하고 있다. 즉, 학대 아동예: 이탈 게임, 학습부진 아동예: 두 개의 집 게임, 충동파괴행동 아동예: 좋은 행동 게임, 이혼가정 아동예: 피드백 게임, 일어날 수 있는 일 게임, 애정결핍 아동예: 분노 통제 게임, 가정폭력 아동예: 평온한 길 게임, ADHD 아동예: 멈추기, 이완하기, 생각하기 게임, 사별 아동예: 굿바이 게임, 위탁 아동예: 표류 게임 등이 특수한 목적으로 개발된 유용한 게임이다(Olsenrando, 1994; Resnick, 1986).

이러한 치료적 보드게임의 급격한 확산이 아동심리치료에서 전통적인 경쟁 게임을 대체하지는 않았다. 최근에 상업적 게임은 특별한 심리적 요소의 표현을 촉진하거나 갈등을 해소하는 데 사용된다. 두 가지 유형 모두 전형적으로 아동심리치료 장면에 자주 등장한다. 쏜(Thorne, 1982)은 상업적 전통 게임인 '클루 게임'을 통해 9살 난 소년이 삶에서 중요한 사람인 할아버지의 죽음으로부터 슬픔을 극복하도록 도움을 주었다고 한다. 이 소년은 게임을 하는 동안 폭력과 죽음의 어휘를 사용함으로써 죽음의 장면에 대해 상징적으로 말하게 되었고, 게임의 은유적 표현과 실생활에서 할아버지에 대한 책임감과 감정의 표현 사이를 오가곤 했다.

바우와 퀸넬(Bow & Quinnell, 1987)은 능력이나 자기 의심, 행동 조절, 충동 조절, 현실 검증, 지적 기술과 자아상의 감정이 경쟁 게임놀이예: 오퍼레이션, 픽업스틱, 퍼펙션, 원반 튕기기, 젠가 등를 하는 동안 드러나도록 함으로써 자아기능을 강화시키도록 도울 수 있다고 밝혔다. 이 외에 더욱 전문화된 게임을 통해 아동의 자기통제(Bow & Goldberg, 1986; Swanson, 1986), 공격성 감소(Bay-Hinitz, Peterson, & Quilitch, 1994), 학습과 관련된 인지 기술의 향상(Reid, 1986)을 증진하도록 도울 수 있다는 임상 사례도 보고되었다.

2) 국내외 게임놀이치료 연구

최근 10여 년간 국내외 게임놀이의 치료적 효과에 대한 연구 역시 활발하게 진행되었다. 게임놀이치료 연구를 통해 일반 아동, 청소년을 대상으로 하는 예방적·발달적·교육적 접근 이외에도 정신지체, ADHD, 경계선 지능 장애, 학습부진, 시설아동, 발달장애, 게임중독 등과 같은 치료적 접근의 임상 연구들이 특히 사회·정서 발달 측면에서 효과적이며, 상담 및 치료 활동에 활발히 적용되고 있음을 보고하고 있다.

먼저, 게임을 통한 놀이치료를 통해 효과적인 것으로 보고된 폭넓은 국내외 연구 결과를 다음의 몇 가지 큰 범주로 나누어 살펴보고자 한다.

(1) 의사소통 관련 게임놀이치료 연구

의사소통과 관련한 연구는 일반인보다 특수교육의 대상이 주로 많았다.

박경란(2010)은 지적 장애 아동을 대상으로 집단게임놀이를 실시한 결과, 의사소통 의도가 향상하고 표현의 산출 빈도가 높아진 결과를 얻었고, 서문혜자(2011)는 언어발달지체 아동을 대상으로 보드게임 프로그램을 실시한 결과, 아동의 수용, 표현 어휘 능력, 즉 요구하기, 설명하기, 주장하기, 반응하기, 발화 등의 의사소통 능력이 향상되었음을 보고하고 있다. 임지연(2004) 역시 만 2세의 발달장애 아동을 대상으로 대상자 간 중다기초선 설계로 그 효과를 검증한 연구에서 보드게임을 이용한 통합 놀이활동으로 인해 언어적 의사소통 기술 빈도가 유의미하게 증가한 것으로 보고하고 있다. 이 외에 일반 아동을 대상으로 이영자·이종숙·신은수(2004)는 그림책 이야기를 활용한 집단게임놀이 프로그램을 통해 유아의 말하기 능력이 증가된 결과를 보고하였다.

국외의 연구로는 벅스(Burks, 1978)는 투사적 기법으로 상상 게임을 활용할 수 있는 보드게임을 개발, 즉 옛날이야기와 신화에 나오는 40여 개의 형상이 있는 보드게임판을 통해 대화로써 창의적인 표현과 정서와 연관된 다양한 표현을 촉진시키는 결과를 얻었다. 크론(Cron, 1998)은 110장의 감정단어 게임활동으로 자신의 긍정적, 부정적 경험을 거부감 없이 상호 즐거운 맥락 속에서 쏟아내도록 접근함으로써 다양한 내면의 상처를 치유하는 결과를 얻었다고 보고하고 있다. 가드너(Gardner, 1998)는 말하기, 느끼기, 행동하기 게임을 통해서도 경험 속의 이야기를 표출해 내도록 하거나, 다양한 상황에서 자신의 표현과 감정이나 행동에 대해 자유롭게 말하도록 촉진함으로써 심리치료적 효과를 이끌어 낸 임상 결과를 보고하고 있다.

(2) 사회 · 정서 관련 게임놀이치료 연구

게임놀이치료 적용에서 사회·정서 발달 연구는 일반부터 특수교육 대상까지 매우 다양한 대상과 폭넓은 연령대로 가장 활발하게 이루진 연구 분야로 나타났다.

정신지체 아동을 대상으로 게임놀이치료 프로그램을 실시한 연구에서 김창원(2000)은 초등 지체 학생의 사회 성숙도 및 대인관계가 향상되고, 정승영(2005)은 중학교 정신지체 학생의 사회적 능력이 향상되며, 김수미(2006)는 사회적 기술, 협력기술이 향상된다고 보고하였다. 자폐 아동을 대상으로 박계신(1999)의 연구는 신체를 이용한 게임활동을 단계적이고 반복적으로 실시한 결과, 놀이 상황에서 상호작용 기술이 증가하고, 놀이에 대한 반응과 참여가 증가하며, 고집 행동이나 신체학대 행동, 괴성을 지르는 행동, 이탈 행동 등의 부적절한 사회적 행동이 눈에 띄게 감소하여 사회적 상호작용 기술 향상에 긍정적인 효과가 있음을 밝히고 있다. 또한, 김부임(2013)은 상황 이야기 중심의 게임놀이활동을 통해 사회적 행동 발생률 증가와 문제행동 발생률 감소를 보고하였다. 이종숙과 조희정(2008)은 고기능자폐아를 대상으로 한 게임놀이를 통해 타인에 대한 마음 읽기가 매우 증가되었다고 밝히고 있다. 또한, 시설아동을 대상으로 한 석주영·안옥희·박인진(2006)의 연구에서는 사회적 수용도와 전반적인 자기 긍정 인식에 효과적이라고 보고하였다.

우울아동을 대상으로 윤자영(2009)은 게임놀이 프로그램을 통해 실험집단 대상 아동의 우울정서와 행동 문제가 유의미하게 감소하였음을 제시하였다. 학교부적응아동을 대상으로 한 정지현(2003)은 사회성이 긍정적으로 변화되었으며, 방임아동을 대상으로 한 원지원(2004)은 게임놀이 과정에서 감정, 의사 표현의 기회를 제공하여 대인관계 상황에 대한 토론에 참여함으로써 문제인식, 문제해결 전략을 사용할 수 있게 되어 궁극적으로 사회성 증진에 효과적임을 밝히고 있다. 청각장애아동을 대상으로 연구한 이점언(2006)은 자존감 향상, 정서 적응, 사회적 적응에 긍정적 효과를 제시하며, 초등 4학년 만성 틱장애 아동을 대상으로 한 강삼순(2004)의 연구에서도 틱증상의 감소 효과뿐 아니라 집중도 증가, 아동과의 친밀도가 향상되었음을 밝히고 있다. 저소득층 아동을 대상으로 한 김세희(2011)는 사회규범, 호감도, 사회적 미숙의 하위 영역에서 고른 사회성 발달이 촉진되고, 문제행동이 전체적으로 감소되었음을 밝히고 있다.

국외의 연구로 배리스 외(Barrish, Saunders, & Wolf, 1969)의 연구에서는 사회적 기술 향상을 위해 개발된 '좋은 행동 게임'을 통해 교실에서 학생들의 충동적이고 파괴적인 행동을 감소시키는 데 효과적이라고 밝히고 있으며, 르크레 외(LeCroy & Archer, 1987)의 연구는 '사회 기술 게임'이 친사회적 행동을 촉진시키는 데 효과가 있다고 밝히고 있다. 또한, 쳉(Cheung, 2006)은 반사회적 청소년을 위한 게임놀이치료로 32개의 빙고판으로 구성된 '감정빙고'를 고안하여 청소년이 감정을 노출시키고 자신의 삶의 경험을 이야기하도록 하는 과정에서 서로 신뢰하고 경청하고 공감을 이끌어 내어 진정한 관계 기술의 효과를 얻었다고 밝히고 있다. 베이-힌츠 외(Bay-Hinitz, Peterson, & Quilitch, 1994)는 공격성 감소를 위해 경쟁 게임이 아닌 일련의 네 가지 협동 게임인 '맥스 게임', '수확철 게임', '그래니의 집 게임', '잠자는 심술보 게임'을 통해 함께 작업하고, 문제를 풀고, 협동하고, 나누고, 서로 돕는 활동으로 사회관계 기술을 향상시킨 결과를 보고하고 있다.

(3) 학습/ADHD 관련 게임놀이치료 연구

학습과 관련된 게임놀이치료 적용 연구에서는 직접 학습 효과보다는 학교 적응, 학업 태도, 실행기능 등 학습의 중요한 요인에 대해 주로 규명하는 연구가 많았다.

김윤희(2010)는 학습 부진 아동을 대상으로 학습에 중요한 요소인 네 가지 실행 기능, 즉 주의통제 영역에서 억제력이 향상되었고, 정보처리 영역에서 유창성이 향상되었으며, 인지적 융통성 영역의 주의전환 능력 증가와 목표 설정 영역의 계획력 및 조직화 능력이 향상되었음을 밝히고 있다. 권미영(2013)의 연구에서는 학습장애 아동의 자기 조절력 향상 및 부적응 행동 중 주의력결핍과 과잉행동 및 방해 행동의 유의미한 감소를 제시하고 있다.

학습에 대한 국외의 연구에서 라이드(1986)는 학습장애 아동을 대상으로 카드놀이를 통해 학습 관련 정서적 문제와 동기 저하 문제를 돕고, 카드놀이 속에 숨어 있는 인내력, 충동 조절, 과제집중력을 이끌어 내어 학습장애 아동으로 하여금 치료관계에서 신뢰와 안정을 형성하고 아동으로 하여금 실패를 무릅쓰고 새로운 것을 배우려고 시도하도록 동기유발시키는 결과를 이끌어 내고 있다.

ADHD 아동을 대상으로, 송문화(2005)는 초등학교 3~4학년 아동에게 집단게임놀이를 실시한 결과, 아동의 실행기능, 충동성, 자기통제력, 사회·정서 행동에 효과적이라고 보고하고 있으며, 조붕환과 임경희(2002)의 연구에서도 초등 1~3학년 아동을 대상으로 게임활동을 실시한 결과, 과잉행동을 감소시키고 주의집중과 사회성 기능 향상에 효과적이라 보고하고 있다. 김학래(2003)도 초등 2학년 ADHD 아동의 경우 신체 및 언어를 중심으로 집단게임 활동 후 주의집중력, 사회성, 자아존중감 향상, 문제행동 감소의 결과를 밝히고 있다. 임영진(2013)은 ADHD 성향 아동의 분노, 공격성, 사회적 기술, 자기통제력, 행동 조절에 긍정적 변화를 보고하고 있으며, 실험집단의 적응 행동의 증가, 부적응 행동 감소 등을 보고하고 있다.

ADHD에 대한 국외의 연구에서는 국내보다 더 깊이 있는 임상 결과를 쏟아내고 있다. 웬더(Wender, 1971)는 주의력결핍 과잉행동장애가 신경전달 물질의 소모로 인한 것이라는 가설을 통해 생리적인 자기 조절 능력을 배우도록 고안한 바이오피드백에 착안하였고, 클락 외(Clarke & Schoech, 1994)는 청소년들의 충동 조절을 위해 컴퓨터 게임을 통해 즉각적인 피드백을 거치면서 주의집중, 부주의, 충동 조절 등의 문제를 완화한 임상 결과를 밝히고 있다. 또한, 레베카(Rebecca)는 주의력

결핍 장애 아동을 위한 '멈추기, 이완하기, 생각하기 게임'을 개발하여 충동 억제, 주의통제를 강화하는 결과를 제시하였으며, 스완과 카사르지나(Swanson & Casarjina)는 주의력결핍 과잉행동 아동을 위한 자기 조절력 향상 게임놀이 활동으로 '시계를 이겨라'를 지속적인 과제로 수행하도록 하며, '자기교시훈련', 즉 '문제가 무엇인가?', '그 문제에 대해 내가 할 수 있는 것은 무엇인가?', '가장 최선의 방법은 무엇인가?', '나는 어떻게 행동했는가?'라는 네 가지 질문에 대한 응답을 유도해 내며, 충동적인 반응을 개선하는 결과를 이끌어 낸 임상 사례를 보고하였다(박성옥 외 역, 2010).

(4) 위기 문제 관련 게임놀이치료 연구

국내의 연구에서는 직접적으로 이혼, 위탁, 사별, 성학대 등의 위기 문제에 노출된 아동을 위한 게임놀이치료적 접근에 대한 연구는 거의 찾아볼 수 없었다.

국외의 연구로는 쉐퍼와 라이드(2001)가 편저로 저술하고, 박성옥 외(2010)가 번역한 『게임놀이와 아동심리치료』에서 제시한 연구 자료를 소개하고자 한다. 스트렝(Streng)의 연구에서는 외상 사건에 직면했을 때 경험하게 되는 복잡한 심정을 이해하고 드러낼 수 있도록 촉진하기 위해 네 가지 인생 게임, 즉 '슬픔 게임', '이혼과 별거 게임', '사회성 기술 게임', '왕따 시키지 않기 게임'을 개발하여 적용 후 아동, 청소년에게 매우 유용한 것으로 밝히고 있다. 케이건(Kagan)은 위탁아동이 희망을 갖도록 하기 위해 '표류 게임'을 개발하여 계획카드와 감정카드, 신념카드를 통해 안전하게 격양된 감정을 표출하고 새로운 행동을 배울 시간, 장소, 관계를 제공할 수 있도록 설계된 게임놀이 과정에서 매우 의미 있는 결과를 제시하고 있다. 이후 '나만의 게임'은 스스로 자신만의 개인적인 게임을 개발하도록 하여 아동과 부모의 끊어진 연결과 신뢰를 회복하기 위해 행동에 근거한 접근을 제공할 기회를 부여함으로써 아동이 새로운 수양부모와 새로운 애착관계를 형성하도록 돕는 결과를 이끌어 내고 있다. 네텔-길리먼 외(Netel-Gilman, Siegner, & Gilman)의 연구에서는 사별한 아동을 위한 '굿바이 게임'을 통해 아동이 슬픔과 상실에 대한 이슈를 명확하게 인식하도록 하면서 고통스러운 감정과 정서를 말로 표현하게 하는 강력한 역할을 통해 치유의 효과를 보고하고 있다(Schaffer & Rider, 2001, 재인용).

이혼가정을 위한 치료게임으로 앱스테인과 로젠버그(Epstein & Rosenberg)는 '피드백 게임'과 '일어날 수 있는 일 게임'을 개발하고 치료 과정에 적용하여 임상 효과를 밝히고 있으며(Schaffer & Rider, 2001, 재인용), 버그(Berg, 1989)는 '가족 변화 게임'을 통해서 부모의 이혼 관련 문제에 대한 아동의 문제해결 기술이 향상됨을 밝히고 있다. 이 보드게임은 아동이 부모의 이혼을 극복하도록 돕는 인지행동적 원리에 기초하여 설계되었으며, 게임놀이치료 회기 과정에서 친구의 조롱, 죄책감, 유기 공포, 재결합 희망, 대화, 방문과 관련된 갈등 등의 내용이 적힌 카드 질문에 대답하면서 점차 이혼에 대한 아동의 문제해결력이 향상되었다고 보고하고 있다.

성학대를 받은 아동을 위한 집단치료에서 게임을 활용한 연구로 코더(Corder, 1999)는 '기분이 좋지 않아. 그러나 사실은 게임'이나 '인생 게임' 등 다양한 게임놀이치료 프로그램으로 감정을 탐색하게 하고, 카타르시스를 경험하도록 하며, 인지적 재정의를 발달시키며학대의 원인, 책임감, 효과 등, 자아존중감을 형성하는 것학대에 대한 사실, 새로운 기술의 촉진, 그리고 미래에 일어날 수 있는 학대로부터 자신을 보호하는 특별한 대처 기술의 발달과 외상 경험에 대한 숙달감의 조장, 죄의식 회피, 지지 체계 알아보기 등을 통해 외상과 만성적인 스트레스에 매우 적절하게 대처할 수 있는 역량을 키우는 성과를 보고하고 있다.

실습

오퍼레이션 게임

게임 소개

Milton Bradley 회사에서 만든 외과수술 게임이다. 환자 모형의 움푹 파인 부분에 신체 장기의 조각을 넣어 두고 핀셋으로 꺼내고 넣을 수 있는 게임 도구, 배터리, 의사카드 25장으로 구성된다.

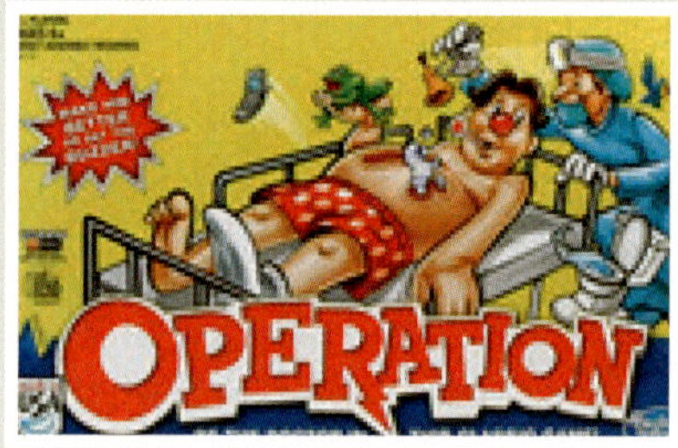

게임 목표

- 아동에게 자신의 신체를 보호해야 할 권리에 대해 인식하도록 도와주기
- 아동이 자신의 분노 혹은 불안감을 완화하도록 도와주기
- 아동이 학대 또는 학대당한 자신의 감정을 언어로 표현하도록 도와주기
- 아동의 활동을 평가

게임 과정

- 환자의 각 신체 부위 구멍 속에 각각의 신체 부위의 플라스틱 모형을 넣어 두고 아동에게 그들의 몸을 보호하는 방법과 그 몸이 왜 중요한지 물어본다.
- 차례대로 참여자에게 의사카드를 뽑게 한 다음, 그에 해당하는 신체 부위의 모형을 의료용 핀셋을 이용하여 꺼내도록 한다. 장기 모형을 꺼내는 동안 핀셋으로 주변을 건드리면 빨간 불이 들어오면서 버저가 울린다.
- 자기 차례를 마친 아동에게 놀람과 분노를 가라앉힌 다음에 느낀 감정을 말해 보라고 격려한다.
- "느낌이 어떠니?", "네가 느끼는 아픔 한 가지만 말해 보렴.", "무력하거나 무방비하게 느끼는 것이 무엇 같니?", "네 감정을 나타내는 표정을 만들어 보렴." 등을 질문한다.

- 게임을 마친 후 아동의 느낌을 간략하게 들어 본다.
  ① 신체 부위 모형을 핀셋으로 만졌을 때 느낌이 어땠니?
  ② 만일 너의 가해자가 지금 이곳에 있다면 무슨 말을 할 것 같니?
  ③ 이 게임을 어떻게 생각하니?
  ④ 이 게임으로 무엇을 알게 되었니? (어떤 통찰력을 얻었니?)

평가 및 치료 기능

- 평가
  - 이 게임은 성학대가 드러난 이후 치료용으로 사용한다. 평가도구로 권하지 않는다.
  - 아동들이 학대 관련 불쾌감이나 분노를 진정(방출)하는 데 도움이 될 수 있다.
- 치료
  - 게임 그 자체는 분노 해소 장치이다. 게임을 하는 동안 학대 상황 및 가해자에 대한 아이의 감정에 관해 여러 질문을 할 수 있다. 게임을 마친 후 게임과 학대 상황에 대해 갖고 있는 생각을 함께 공유하도록 간단하게 소감을 묻는다.

PART II

게임놀이치료 평가

1 치료적 도구로서의 게임 선택과 평가

1) 게임도구 자체에 대한 평가

치료사는 게임놀이치료 과정에서 아동과의 적절한 상호작용과 긍정적인 치료를 이끌기 위해 게임도구 자체에 대한 평가가 필요하다. 게임도구 자체 평가로는 크게 세 가지 영역을 신중하게 검토해야 한다. 첫째, 치료에서 활용할 수 있는 게임도구는 친숙하고 익히기 쉬운 것인지를 검토해야 한다. 둘째, 게임놀이치료에서 사용하려는 게임이 개인이나 집단의 연령 수준에 적절하고 그 수준에 맞게 개발되었는지를 검토해야 한다. 마지막으로 게임놀이치료 과정에서 기대되는 효과를 게임을 통해 도출할 수 있는지를 검토해야 한다. 즉, 선택한 게임이 개인 또는 집단이 의뢰한 사유나 치료 목표에 맞게 기대하는 교육적, 치료적 효과나 결과와 명백하게 연관되어 있는 고유한 특성을 지니고 있는지를 살펴봐야 한다.

2) 게임을 선택하고 평가하는 기준

게임도구 자체에 대한 평가를 한 후, 게임놀이치료를 위해 게임을 선택하고 평가하는 구체적인 기준은 다음을 고려한다.

첫째, 아동의 연령과 게임의 어떤 유형의 발달적 선호성을 고려한다. 특히 역할의 적응과 승리에서 우연과 기술 요인의 변화에 따라 고려하는 과정에서, 예를 들어 조금 어린 아동은 경쟁적 상황에 놓일 때 더욱 안정적이고 쉽게 인식하는 역할을 하게 하는 우연에 기초한 게임을, 나이 든 아동은 보다 도전적이고 복잡한 전략 게임을 더 선호한다는 점을 참고하라.

둘째, 치료사는 내담자의 발달단계와 능력을 고려한다. 내담자가 읽고 쓰는 기본적인 기술이 발달되어 있는지, 미숙한지를 고려한다. 아동의 이해력은 어떠한지를 고려하고, 게임아이템을 쉽게 이해하며 게임 규칙이나 설명에 대해 독해 능력이 있는지, 독해 능력의 수준은 어느 정도인지를 관찰평가하는 것이 중요하다.

셋째, 아동의 요구 수준에 따라 후퇴하고 전진하는 것을 허용하는 게임놀이 수준의 다양성을 고려한다. 즉, 치료적 과정에서 게임의 특성이 내담자와 실제 치료작업을 할 때 내담자의 상황에 유연하게 적용하도록 변경 가능한 것이 치료적 도구로 보다 효과적이다.

넷째, 아동의 현재 문제나 치료 목적과 치료사의 이론적 지향과 연관 지어 게임 사용의 목적을 명확히 하는 것이 중요하다. 게임을 치료적으로 사용할 수 있는 전문성은 특별한 심리적 문제를 도와줄 게임의 선택 폭을 넓혀 주는 데 도움이 된다.

다섯째, 게임에 내포되어 있는 변화의 방법과 잠재적인 치료 요소를 규명하는 것이 중요하다. 예를 들어, 게임이 갖는 특성 중 의사소통, 문제해결 및 사회화 등의 치료적 요소 중 어떤 것에 더 중점을 두고 있는지, 게임을 통해 아동의 인지적 능력을 진단하는 데 훨씬 더 효과적인지를 검토하는 것이 중요하다. 따라서 게임놀이치료 과정에서 목표로 하는 과정은 무엇이고 게임이 특별한 이론적 관점이나 치료적 요소와 어떻게 연관되어 있는지를 명확히 한다.

여섯째, 게임놀이치료에서 고려해야 할 점은 치료 초기에 게임놀이의 기본 규칙을 세우는 것이다. 아동에게 게임을 설명한 치료사가 놀이를 통해 교정적 정서 체험을 위한 잠재적인 이론적 견해를 포함한 여러 요인을 어떻게 지속시킬 것인지를 고려한다. 예를 들어, 게임놀이치료 목적을 저항의 감소와 치료적 동맹을 강화하는 데 한정한다면, 게임놀이 시간은 단지 치료 회기의 한 부분으로 제한할 수 있다. 또 다른 치료사들은 아동으로 하여금 게임의 폭넓은 다양성에 접근하도록 자유를 허용하고, 아동의 흥미에 따라 자연스럽게 놀이가 진행되도록 허용하게 할 수도 있다. 이런 접근은 방해물이 없는 놀이의 투사적·정서적·교정적 요소를 강조하기 위한 이론적 관점으로부터 나올 수 있을 것이다.

일곱째, 치료사는 아동의 관점에서 게임의 액면 가치를 검토·평가한다. 간혹 치료적 보드게임은 아이들에게 불편한 주제에 대해 개방시키고 이야기를 꺼내도록 하는 '함정'으로 비춰질 수 있다. 공격적으로 행동하는 아동은 치료 시작 시기에 '분노 통제 게임'을 할 준비가 되어 있지 않을 수 있다. 덜 위협적인 게임이나 친숙한 게임이 치료 초기에 보다 유용할 것이다.

여덟째, 치료사는 치료 시간 안에 여러 번 놀이를 할 수 있는 게임을 선택한다. 시간 안에 여러 번 게임을 한다는 것은 놀이에서 배운 것을 즉각적으로 적용해 볼 수 있게 해 준다. 특히 반복과 연습은 인지적 기술 발달과 유능감에 중요하다. 새로운 게임을 반복, 숙달하여 자신감을 갖도록 치료사가 격려하는 것이 중요하다. 치료사는 게임 그 자체가 목표는 아니며 단지 배움과 정서적 표현을 위한 매개체라는 것을 인식하도록 한다.

〈표 Ⅱ-1〉 게임도구 선택에 있어서 중요한 기준

게임도구 평가 영역	내용
게임의 친숙성	• 얼마나 친숙하고 익히기 쉬운가?
게임의 적용성	• 연령 수준 및 발달 수준 면에서 적절한가?
게임에 기대되는 효과	• 기대하는 교육적, 치료적 효과 결과와 연관하여 명백하고 고유한 성격을 지녔는가? • 게임에 내포되어 있는 변화의 방법과 잠재적인 치료 요소는 무엇인가? • 게임이 나아가려는 과정은 어떤 것인가? • 게임이 특별한 이론적 관점과 연관되어 게임 과정에서의 역동 등이 어떻게 관찰되는가?

출처: Nickerson & Laughlin(1983).

2 게임을 통한 놀이 기능 평가

놀이치료에서는 아동이 주로 선택하는 유형의 게임이 어느 수준인지 파악하고 게임에 대한 내용을 이해하는 수준을 통해서 아동을 평가할 수 있다.

1) 게임 유형 선택 수준

이영애(2003)는 첫째, 게임의 승리 차원에서 신체적 기술을 요하는 게임, 전략 게임, 우연 게임, 둘째, 게임의 치료적 목적이라는 차원에서 대화 게임, 자아 강화 게임, 사회화 게임으로 분류하는 것에 기초하여 치료실에서 아동이 선택하는 게임의 유형에 대해 다음의 다섯 가지 기능 수준으로 분류한다.

- 1수준의 대화 게임은 치료사와 아동이 대화를 통해 심리치료를 할 수 있도록 구조화된 게임을 의미한다.
- 2수준의 전략 게임은 기본적으로 인지 능력이 뒷받침되어야 할 수 있는 게임을 의미하는 것으로, 대표적인 게임으로 '블록커스', '체스', '쿼리도' 등이 해당된다.
- 3수준의 우연 게임은 주사위나 카드 등 운에 의해 결과가 결정되는 게임으로 '할리갈리', '부루마블', '붐폭탄 게임' 등이 있다.
- 4수준의 신체활동 게임은 '낚시 게임', '축구 게임', '농구 게임', '날아라 개구리' 등 소근육 운동을 이용한 게임과 '볼링', '트위스터' 등 대근육 운동 게임으로 나누어 볼 수 있다.
- 5수준은 놀이치료실에서 내용과 상관없이 자신이 즉흥적으로 생각나서 하고 싶은 것을 다양하게 선택하고 여러 번 이것저것 바꾸며 특정한 유형을 정할 수 없는 것을 의미한다.

2) 게임 내용에 대한 이해 수준

앞에서 아동이 치료실에서 선택하는 게임 유형의 다섯 가지 수준과 같은 맥락으로, 게임 내용을 이해하는 수준 정도를 다섯 가지 기능 수준으로 나눌 수 있다.

- 1수준은 게임의 내용을 처음부터 잘 이해하며 게임을 해 나가는 데 무리 없는 경우에 해당된다.
- 2수준은 게임을 선택해서 놀이를 할 때 처음 하는 동안 혼동하여 실수하는 부분이 있으나 곧 어려움 없이 게임을 해 나갈 수 있다.
- 3수준은 같은 게임을 선택하여 두 번 정도 반복하는 동안에도 규칙에 대해 혼동하고 실수하는 경우를 의미한다.
- 4수준은 여러 번 게임을 반복하지만 여전히 조금씩 게임 규칙에 대해 자주 질문하고 잘 알지 못하는 경우를 의미한다.
- 5수준의 경우 여러 번 게임을 반복하는데 계속 게임 내용을 완전히 이해하지 못하고 치료사의 눈치를 살피고 혼동하거나 게임을 한 번 해 보고는 게임 내용을 이해하지 못하고 쉽게 포기해 버리는 경우를 의미한다.

〈표 Ⅱ-2〉는 앞에서 제시한 게임을 통한 게임 유형 선택과 게임 내용 이해의 다섯 가지 수준에 관해 정리한 내용이다(이영애, 2003).

〈표 Ⅱ-2〉 치료 과정에서 게임놀이 기능 수준 평가

기능 수준	게임 유형 선택	게임 내용 이해
1수준	대화 게임	처음부터 잘 이해하고 게임을 함
2수준	전략 게임	처음 한 번은 몇 번 혼동하여 실수하지만 곧 어려움 없이 게임을 함
3수준	우연 게임	두 번 정도 반복하는 동안에도 몇 번 규칙을 혼동하여 실수함
4수준	신체활동 게임	여러 번 게임을 반복하지만 여전히 게임 규칙에 대해 혼동함
5수준	특별한 유형이 관찰되지 않음	계속 게임 내용을 완전히 이해하지 못함

출처: 이영애(2003).

3 게임놀이치료 과정에서의 평가

게임놀이치료 장면에서 게임은 아동에게 익숙한 활동이며, 자연스러운 표현의 수단이기 때문에 일반적으로 아동의 주의를 치료 과정으로 끌어들이는 방법으로 사용된다. 또한, 게임은 딱딱하지 않은 분위기를 조성하고 치료사와 아동의 상호작용에서 긴장을 감소시키며, 초기 불안을 완화시키는 데 상당히 도움이 된다. 치료사 역시 아동과 함께 대등한 위치에서 게임이 지시하는 대로 생각과 감정을 표현하고 행동하게 될 때, 아동은 자신의 생각과 감정을 쉽게 표현할 수 있다. 이렇듯 게임은 심리치료에서 아동의 주의를 끄는 것 외에도 진단적으로 사용되어 치료적 성장을 촉진시킬 수도 있다. 게임이 심리치료에 효과적으로 도움이 되는 활동적인 요소임에는 분명하나, 게임놀이를 하는 과정에서 아동을 진단·평가할 수 있는 측면은 종종 간과된다.

1) 사회 · 정서 요인을 통한 자아강도 평가

놀이치료에서 사용하는 게임은 다양한 형태로 아동의 자아강도를 표현한다. 아동이 게임에서 보이는 태도는 치료사에게 아동의 자아강도에 대한 많은 치료적 단서를 제공한다. 즉, 단순한 인형놀이나 놀잇감을 통한 상상놀이와는 다르게 게임을 하게 되면 규칙을 준수하고, 아주 단순한 게임이라 하더라도 좀 더 많은 인지 능력을 발휘하도록 한다. 가드너(1975)는 게임의 구조가 초자아를 뛰어넘어 자유를 표현하는 자아를 허용하도록 돕는다고 하였다. 따라서 게임이 자아강도를 평가하는 도구로 활용 가능한 것은 게임이 갖는 규칙 준수와 승패를 가려야 하는 경쟁적인 요소인 힘의 불균형이 있기 때문이다.

바우와 퀸넬(Bow & Quinnell, 2001)은 소근육 관련 게임을 가지고 아동의 게임태도를 크게 여섯 가지, 즉 판단 능력, 대인관계 역량, 자기감, 자기 조절 능력, 정서 조절 및 좌절인내력, 통제 소재 영역으로 분류한 후, 사회·정서 요인을 통한 자아강도의 평가준거로 다음과 같은 12개의 사회·정서 평가항목인 '인지 전략, 피드백에 대한 반응, 숙달 욕구, 유능감, 자기 조절, 주의력, 좌절에 대한 인내력, 경쟁 욕구, 규칙 준수 의지, 압박감을 다루는 능력, 승패에 대한 반응, 통제 소재'를 하위 범주로 재분류하였다(이영애, 2016, 재인용).

(1) 판단 능력

아동이 게임을 할 때 아동의 인식과 판단의 왜곡 정도, 결과에 지나치게 몰입하는 정도, 융통성, 문제해결 능력 정도를 관찰함으로써 판단 능력을 평가할 수 있다.

인지적 책략 평가

게임은 무엇보다도 인지 전략이 많이 요구되는 놀이이다. 그러므로 게임을 통해 인지 전략의 패턴을 잘 살펴보는 것은 아동의 자아강도 및 증상을 이해하는 데 도움이 된다. 게임에서의 시도와 실수 또는 통찰력 있는 문제해결 등은 아동이 게임을 하는 동안 과제에 접근함에 있어 인지적 책략의 사용이 요구되는 부분이다. 어떤 아동은 뚜렷한 계획 없이 닥치는 대로 여러 가지 전략을 시도하는 반면, 다른 아동들은 주의 깊게 분석하고 가능한 전략을 세운다. 특별한 접근 방법을 이용하는 것은 아동의 문제해결 능력과 사고력을 반영한다. 아동이 실수나 도전의 실패에서 배우는 능력은 인지적 책략을 나타낸다. 어렵고 쉽게 해결되지 않는 문제에 대해 아이들은 새로운 수정된 전략을 구사할 정도로 유연하고 능력이 있는가? 어떤 아동은 전략이 실패했더라도 같은 전략을 계속 반복해서 시도한다. 반면 어떤 아동들은 재빨리 조절하고 새로운 전술을 시도한다.

(2) 대인관계 능력

아동이 게임을 하면서 치료사 또는 타인으로부터 오는 아동의 행동에 대한 피드백에 어떻게 반응하는지, 비판이나 적대감을 느끼거나 거절당했다고 느낄 때 어떻게 대처하고 어떤 반응을 하는지 관찰함으로써 아동의 대인관계 능력을 파악할 수 있다.

치료사 또는 타인의 피드백에 대한 반응

치료사가 제공하는 것을 수용하는지 또는 거부하거나 무시하는지와 같은 피드백 반응은 중요한 평가 영역이다. 심한 품행장애 아동은 치료사의 개입을 무시하고, 자신이 알고 있는 것을 최고라고 생각한다. 대조적으로 의존적인 아동은 치료사의 말을 매우 주의 깊게 듣고 치료사의 어떤 제안이든 그대로 따른다. 또한, 칭찬에 대한 아동의 반응도 평가의 중요한 기준이 된다. 치료사는 아동이 칭찬을 선뜻 받아들이고 고맙게 생각하는지 아니면 가치가 없는 것처럼 무시하거나 거짓으로 생각하는지를 평가한다. 우울한 아동은 주로 칭찬에 무관심하게 반응하는 반면, 불안한 아동은 칭찬해 주면 다시 용기를 내기도 한다.

(3) 자기감

숙달 욕구

아동이 보이는 숙달 욕구는 게임에서의 탐구성투자 정도, 지속성 그리고 성취 욕구로 나눌 수 있고 아동이 기본적으로 자신의 능력에 대한 자신감이 있어야 발휘할 수 있는 것이다. 많은 아동은 성공에 대한 강한 욕구를 가지고 있고 남보다 더 잘하기 위해 계속 연습하려고 한다. 한편으로 어떤 아동은 충동과 욕망이 결핍되어 있고, 때때로 성공에 대한 두려움마저 가지고 있기도 한다.

유능감

아동이 자신감이 있고 자신의 능력에 대해 편안함을 느끼면 이기려고 하고 성취하려는 욕구가 크게 향상된다. 그러나 자기에 대한 의심, 열등감을 가지고 있는 아동들은 자기에 대한 확신이 부족하고 회피하게 되며 다소 불안해하여 성취동기가 저하될 수 있다.

(4) 자기 조절 능력

게임을 하면서 과도한 활동을 하는 정도, 집중하는 정도를 통해 관찰할 수 있다.

자기 조절

자기 조절 정도는 특히 소근육 관련 게임을 할 때 과도한 욕구와 충동성을 분석할 수 있는 중요한 영역이다(Bow & Quinnell, 2001). 아동이 게임을 할 때 충동적으로 조작하고 거칠게 하는 부분이 있다가도 반복적인 시행을 통해 회기가 지날수록 충동적이지 않고 게임을 적절하게 하며, 게임도구를 조심스럽게 다루는지를 살펴보는 것이 중요하다. 지나친 충동과 욕구를 가진 아동의 자기통제력은 소근육 게임에서 중요한 분석 영역이다. 치료사는 '아동이 행동하기 전에 잠시 멈추고 생각할 수 있는가? 아동이 충동적인 행동을 하지 않고 반응을 지연할 수 있는가? 아동은 공격적이고 파괴적일 수밖에 없는가?' 등을 관찰해야 한다. 충동에 지배당하는 아동은 자기통제에 큰 어려움을 가지고 있을 것이다. 대조적으로 강박적인 아동은 사전에 고려하고 조심하며 매우 신중한 방법으로 과제에 접근할 것이다.

주의력

자기 조절과 관련된 영역은 아동의 주의를 유지하는 능력과 주의집중 시간이다. 아동이 주어진 과제에 집중할 수 있는지, 주의가 흐트러지는 것이 외부 자극에 의해서인지, 어느 정도로 수행을 방해하는지에 대해 관찰하고 평가하는 것이 중요하다. ADHD, 우울, 불안장애를 가지고 있는 아동들 모두 주의력을 유지하는 것에 큰 어려움을 보인다(Bow & Quinnell, 2001). 주의력결핍 과잉행동장애 아동은 불안 또는 우울증을 가진 아동과 마찬가지로 주의집중에 큰 어려움을 갖는다.

규칙 준수 의지(규칙에 대한 자발적 참여 의지)

아동이 자발적으로 게임의 규칙에 따르는 것도 또 다른 중요한 평가 항목이다. 외현화 장애주의력결핍 과잉행동장애, 품행장애, 적대적 반항장애 아동은 순서를 어기고 한 번 더 하려고 하거나, 기본적인 규칙을 무시하고, 참여자의 점수를 빼거나 더하는 시도를 한다. 그들은 다른 참여자에게 손해를 끼치더라도 부당한 이익을 얻으려고 시도한다. 반면에 내면화 장애불안, 우울, 강박 아동은 규칙을 따르는 것과 승리의 가능성에 대해 지나치게 걱정한다.

(5) 정서 조절 및 좌절을 견디는 힘

아동이 게임에서 이기거나 질 때의 태도 불안에 대처하는 행동, 정서에 압도되는 정도, 좌절을 견디는 인내력이 어떠한지를 관찰하여 평가할 수 있다.

좌절에 대한 인내력

좌절에 대한 인내력은 아동의 심리적 힘을 알 수 있는 좋은 요소로 치료 과정에서 게임에서 지거나 질 것 같을 때 아동이 보이는 태도이다. 좌절에 대한 인내력이 부족한 아동은 게임을 하면서 잘 되지 않을 때 말을 거의 하지 않거나 질 것 같으면 그만두고 다른 게임으로 바꾸기도 하고, 게임이 자신의 의도와 다르게 될 때 혼자서 중얼거리고 부정적인 이야기를 하는 모습을 보이기도 한다.

경쟁 욕구

게임에서 보이는 아동의 경쟁 욕구는 승리에 대한 욕망을 반영한다. 어떤 아동은 대단히 경쟁적이고 승리에 대해 강한 욕구를 가지고 있다. 아동은 선취 득점, 승리의 횟수 그리고 승리한 득표 차에 대한 지속적인 확인, 경쟁 욕구는 있으나 경쟁 상황이 불안하여 회피하면서 혼자 하는 게임에 몰두, 치료사가 게임에서 지면 지속적으로 웃고 놀리는 행동을 하는 등 경쟁 욕구를 다양한 방식으로 드러내기도 한다.

압박을 다룰 수 있는 능력

소근육 관련 게임은 다른 게임 과정보다 아동을 쉽게 압박에 노출시킨다. 게임에서의 경쟁적인 과정을 견뎌야 하는데도 아동은 게임하는 동안 혼잣말로 '못할 것 같다, 겁난다, 질 것 같다' 등의 긴장되는 표현이 많아지는 행동을 보이기도 한다. 게임의 성공은 때로는 아동의 압박감을 조정하는 능력에 의존한다. 이것은 위기에 대처하는 극단적인 행동과 관련이 있을 수도 있다. 어떤 아동은 그러한 상황을 극복하고, 어떤 아동은 좌절하고 만다.

승패에 대한 반응

게임이 끝난 후에 성공과 실패에 대한 아동의 반응을 평가하는 것은 치료사에게 중요하다. 어떤 아동은 게임을 유지하거나 그만두는 것으로 승패에 대한 반응을 할 수도 있고, 어떤 아동은 성공에 대해 당당하고 무한한 힘을 가진 기분으로 반응하는 반면, 다른 아동들은 치료사가 보복할 거라는 두려움을 느끼기도 한다. 또한, 어떤 아동은 자신이 지속적으로 이기고 난 후 한 번만 져도 낙담하고 승패에 대해 극단적인 반응을 보이기도 한다.

(6) 통제 소재

게임에서의 통제 소재를 평가하는 것은 아동이 자신의 승패의 원인을 자신이 직접 다룰 수 있는 요인으로 귀인하는지, 자신이 조절할 수 없는 외적 요인으로 귀인하는지를 관찰하는 것을 통해 통제 소재를 통한 자아강도를 평가할 수 있다. 즉, 아동이 성공 또는 실패의 원인을 열심히 하거나 지적이거나 보다 나은 전략을 구사하는 것과 같은 직접 통제할 수 있는 내적 요인으로 돌리는지, 아동의 통제 밖에 있는 더 숙련된 게임 상대자치료사나 게임의 교묘함 또는 운과 같은 성공을 결정하는 외적 요인으로 돌리는지를 평가한다. 게임에서 승리한 아동에게 있어서 "네가 게임에서 무엇 때문에 이긴 것 같니?"와 같은 단순한 질문은 통제 소재를 다루는 것을 돕는다. 아동이 그들의 성공 또는 실패에 대한 원인을 어디로 귀인하는가는 자신의 동기에 크게 영향을 미친다.

앞에서 언급한 여섯 가지 게임태도에 따른 자아강도를 평가하고 구체적인 사례를 제시하면 다음과 같다표 II-3 참조.

〈표 Ⅱ-3〉 게임태도에 따른 자아강도 평가 항목

태도	자아강도	해당 내용
판단	인지 책략	[문제해결 방법(계획 사용)] • 시행착오 통해서 문제를 해결하는가? • 통찰력을 가지고 문제를 해결하는가? [전략 사용] • 계획 없이 무작정 다른 전략을 사용하는가? • 신중하게 분석하고 가능한 전략을 사용하는가? [융통성(변화 용이성)] • 새롭고 수정된 전략을 융통성 있게 사용할 수 있는가? • 경직되고 융통성이 없는가? • 빨리 조정하고 새로운 기술을 도전하는가? • 동일한 전략만을 계속 사용하는가?
대인관계 역량	피드백에 대한 반응	• 치료사 또는 타인에 대한 태도 및 반응을 수용하는가? • 치료사 또는 타인의 반응을 거부, 무시하는가?
자기감	숙달 욕구	[투자 정도] • 성공하고자 하는가? 혹은 욕구가 부족한가? [유지 정도] • 계속하려 하는가? 혹은 욕구가 부족한가? [성취 욕구] • 계속 뛰어나게 하고 싶은가? 혹은 욕구가 부족한가? • 때로는 이기는 것을 두려워하거나 눈치 보는가?
	유능감	• 자신의 능력에 대해 확신하는가? • 의심하거나 열등감을 느끼는가?

태도	자아강도	해당 내용
자기 조절 능력	자기 조절	• 과도하게 충동적으로 행동하는가? • 행동하기 전에 생각하고 멈출 수 있는가? • 충동적으로 움직이지 않으면서 반응을 지연시킬 수 있는가? • 공격적이거나 파괴적으로 행동하는가?
	주의력	• 게임 과제에 집중할 수 있는가? • 주변 자극으로 인해 얼마나 분산되어 수행에 방해를 받는가?
	규칙에 대한 자발적 참여	• 규칙을 따르는가? 혹은 규칙 준수를 지나치게 걱정하는가? • 기본 규칙을 바꾸거나 무시하는가?
정서 조절 및 좌절을 견디는 힘	좌절에 대한 인내력	실수, 지연, 실패, 실망과 같은 좌절감을 주는 상황을 • 잘 대처하고 견뎌낼 수 있는가? • 폭발하고 따지고 부정적으로 반응하는가?
	경쟁 욕구	게임을 즐기는가 혹은 이기고자 하는 강한 욕구를 가지고 • 매우 경쟁적으로 되는가? • 점수나 이긴 횟수에 지나치게 몰입하는가?
	압박을 다루는 능력	• 압박을 조절하는가 혹은 긴장해서 수행을 망치는가?
	승패에 대한 반응	• 승리에 대해 적절하게 반응하는가? • 승리에 과장되게 반응하거나 치료사에게 보복당할까 봐 걱정하거나, 실패한 것에 대해 열등감을 느끼고 화를 내는가?
통제 소재	통제 소재	승리와 실패에 대해 • 직접 다룰 수 있는 내적 요인으로 귀인하는가? • 자신이 조절할 수 없는 외적 요인으로 귀인하는가?

출처: 이영애(2016), 재인용.

2) 게임놀이 행동 특성 평가

게임놀이는 구조화된 명확한 규칙이 존재하고, 경쟁을 통해 승패가 결정된다는 특징이 있어, 아동은 게임놀이에서 심리적인 힘의 균형이 깨지는 경험(Sutton-Smith & Roberts, 1971)을 하게 된다. 벨린 그리고 카롤과 오크랜드(Berlin, 1986; Carroll & Oakland, 1997)에 따르면, 치료사가 이러한 부분을 통해 아동이 가진 증상과 저항의 의미를 알게 되고 전이를 다룰 수 있게 되어 치료가 진전된다(Swank, 2008). 대다수

이론과 게임놀이치료와 관련한 임상적 연구에서는 게임놀이가 가지고 있는 다양한 심리적 기능을 다음과 같이 제시하고 있다.

첫째, 아동은 치료사와 즐거운 감정을 경험하면서 치료적 관계를 증진시키며, 아동은 스스로 이완하고 게임놀이에 몰입함으로써 자신의 감정이나 생각을 자연스럽게 이야기하게 되고 카타르시스를 경험하며 부정적인 감정을 쉽게 표현하는 등 의사소통을 쉽게 할 수 있다(Schaefer & Drewes, 2013; Vanfleet et al., 2013).

둘째, 아동은 게임놀이를 하면서 충동을 조절하고 불안을 해소하여 공격성을 감소시키게 된다(Harris & Sherman, 1973; Smith, 1984).

셋째, 속임수나 규칙 위반과 같은 규칙과 승패에 대한 아동의 행동 양상이 드러나면서 아동은 자신과 현실에 대한 평가와 검증이 가능해지고 합리적인 사고가 가능해진다(Bellinson, 2008; Schaefer & Reid, 2010).

넷째, 아동은 게임놀이를 통해서 사회화를 발달시키고(Oren, 2008), 자신의 환상, 충동, 욕구를 자유롭게 표현하면서 창의력을 발휘하게 된다.

마지막으로, 게임놀이를 진행하는 동안 인지적 강점과 약점, 자기통제 결여 및 주의집중 능력 등 아동의 능력과 증상이 드러나고, 억제, 무시, 자기제한 등의 방어기제와 적응기제가 표현되므로 게임을 진단적인 도구로 활용하게 된다(Bellinson, 2008; Schaefer & Reid, 2010).

게임놀이가 가지고 있는 이러한 특징은 아동을 이해할 수 있는 준거가 된다.

치료실에서 보이는 아동의 게임놀이 행동 특성은 놀이치료실에서 만나는 아동을 이해하기 위해 안선정과 이영애(2018)는 인지 전략, 규칙 준수, 좌절인내력, 자아 제한, 대인관계기능이라는 다섯 가지 차원을 24개의 범주로 나누어 분석하였다. 게임놀이 행동 특성의 다섯 가지 차원은 아동이 게임놀이치료에서 보이는 부적절하고 부적합한 태도에 대한 평가로 부적응의 경우를 의미한다.

(1) 차원 1: 인지 전략

게임에는 목표에 도달하기 위한 규칙이 있고 게임에 참여하는 사람은 규칙을 준수하고 목표에 도달하기 위해 인지적인 능력을 발휘하게 된다. 즉, 게임에서는 현재 일어나는 상황을 이해하고 목표에 도달하기 위해 문제를 해결해 나가야 하는데, 이때 인지 전략이 요구된다. 아동이 게임놀이치료에서 게임방법을 잘 이해하고 각 게임의 규칙을 기억하고 있지만, 규칙을 언어화하지 못하거나 게임에 집중하지 못하면 인지적인 전략을 충분히 발휘하지 못하는 것이다.

게임놀이치료 과정에서 나타나는 게임놀이 행동 특성 중 인지 전략의 부적응적인 요소는 예측과 계획의 어려움, 융통성 부족, 주의 분산, 이해 부족, 언어 전달력 부족, 패배에 대한 외부 귀인 등 여섯 개의 범주로 나누어 볼 수 있다.

범주 1: 예측과 계획의 어려움

아동이 게임놀이치료에서 자신의 말이나 수에만 관심을 두고 상대방치료사의 말이나 수, 행동에 대해 예측하지 못하는 경우이다. 상대방의 행동을 예측하지 못하고 그로 인해 자신의 차례에 어떤 것을 계획하고 전략을 세워야 하는지를 알지 못한 채 게임을 하기도 한다. 또한, 아동은 자기 말에만 몰두하여 자기중심적으로 생각하므로, 치료사가 자신의 말을 잡거나 이기게 되면 치료사에게 화를 내거나 치료사 때문이라고 말하기도 한다.

사례 1　불안하고 긴장되어 있는 초등학교 5학년 아동

아　동　('블록커스' 게임에서 자신의 색깔 퍼즐을 연결할 곳만 보면서 게임판에 조각을 놓고, 자신의 퍼즐만 만지작거리며, 자신이 가려고 하는 곳만 계속 바라본다.)

치료사　모든 조각을 게임판에 두려면, ○○이가 내 쪽에 조각을 놓는 것도 보고, 내 조각이 ○○이가 있는 쪽으로 가는 것도 생각하면서 놓아야겠네.

치료사가 좀 더 상대방을 예측하고 계획하도록 언어로 표현하여도 아동은 자신의 조각만 보고 있다. 아동의 색깔 조각 자리에 치료사의 조각이 놓이자 더는 둘 곳이 없어졌고, 아동의 색깔 조각이 많이 남아서 결국 게임에서 졌다.

범주 2: 융통성 부족

아동이 게임에서 자주 지는 경우 게임의 전략이나 생각을 자신의 상황에 맞추어 수정하지 못하고 자신이 가지고 있는 생각이나 기본적인 전략을 계속 고수하는 경향을 보이는 경우이다.

사례 2　아스퍼거 성향을 가지고 있는 초등학교 3학년 아동

'딩고게임'은 여러 종류의 동물카드가 있는 것으로, 같은 동물카드 다섯 장을 모아서 '딩고'라고 외치면 게임에서 승리하는 카드게임놀이이며 집단상담에 자주 적용된다.

아동은 집단상담에서 딩고게임을 할 때 평소 고래를 좋아해서 고래가 있는 카드를 모으려고 한다. 딩고게임에서 승리하기 위해서는 자신이 좋아하는 카드를 모으는 것이 아니라, 같은 동물카드 다섯 장을 모으는 것이 중요하다. 사례아동은 네 장의 당나귀 카드와 한 장의 고래 카드를 가지고 있다. 이 아동이 승리하기 위해서는 고래 카드를 옆 사람에게 주고 당나귀 카드를 모아야 한다. 그러나 사례아동은 고래 카드를 주지 못하고 당나귀 카드만 다른 사람에게 주었고, 결국 다른 아동이 '딩고'라고 외쳤다. 사례아동은 승리와는 상관없이 다른 집단원이 가지고 있는 고래 카드들을 보면서 아쉬워하고 화를 낸다.

범주 3: 주의집중력 어려움

게임놀이치료에서 가장 많이 관찰되는 특성 중의 하나가 주의집중에 어려움이 있는 것이다. 아동은 부주의하게 말을 옮기거나 게임을 하면서도 다른 것에 관심을 두고, 치료사의 차례에 다른 것을 하거나 치료사가 게임 규칙에 대해 설명하는데 끝까지 듣지 않고 게임을 먼저 시작하는 것, 자신의 말을 찾지 못하거나 주사위를 던져놓고 어디에 있는지 한참 찾는 경우, 놀이실 밖의 소리에 매우 민감하게 반응하고 문을 열어 보려는 경우이다.

사례 3 주의산만한 초등학교 2학년 아동

아 동 ('부루마블' 게임은 주사위를 던진 후 자신의 말을 옮겨야 하는데 치료사의 말을 옮긴다.)
치료사 잠깐, 이건 내 말인데…, 너의 말을 찾아서 옮겨야 하는데.
아 동 (자신의 말을 두리번거리며 찾은 후 옮긴다.)
치료사 (주사위를 던져 말을 옮기고 있는 동안)
아 동 (주변의 것을 뒤적거리다가) 밖에 누가 왔나 봐요.
치료사 네 차례가 아닐 때는 자꾸 다른 것들에 관심이 가는구나.

범주 4: 이해 부족

게임놀이치료에서 아동은 게임의 규칙에 대해 잘 듣고 있고 알아듣는 듯이 자신감을 보이지만, 게임을 시작하면 규칙에 대해 잘 이해하지 못하여 게임을 놀이형식으로 바꿔 버리는 경우 또는 여러 회기 동안 같은 게임을 반복했음에도 불구하고 치료사가 게임 규칙을 새롭게 다시 설명해 주어야 하는 경우이다.

사례 4 경계선 지적 기능 초등학교 3학년 남아

아 동 ('체스' 게임을 가져와서) 이거 학교에서 봤어요. 지난번에 해 봤어요.
치료사 네가 해 본 이 게임을 선생님과 하고 싶구나. (게임 규칙을 설명한다.)
아 동 아하! 다 알아요. 빨리 해요. (게임을 시작하는데 말이 갈 수 있는 방법에 맞게 가지 않고 마음대로 움직인다.)
치료사 말이 가는 방법이 다른데, 나이트는 말을 한 칸 건너뛰고 가는 거야.
아 동 아하! 알았어요. (아동은 게임 규칙이 복잡하고 어렵다고 느꼈고, 치료사가 자신의 말을 잡는다.)
아 동 얘(비숍)와 얘(나이트)가 합체해서 왕을 공격하러 간대요. (비숍과 나이트를 하나로 뭉쳐서 합체시킨 후, 치료사의 왕의 말이 놓여 있는 곳으로 비행기 놀이하듯이 날아서 말을 옮긴다.)

범주 5: 언어 전달력 부족

아동이 게임 내용이나 규칙을 상대방이 이해하도록 설명하는 것이 부족한 경우이다. 또한, 게임 규칙을 변경해서 새로운 게임을 하려고 할 때 아동이 설명하는 그 규칙이 알아듣기 힘든 경우나 게임과 관련된 경험이나 생각을 표현할 때 매우 단순하고 미숙하며 표현이 거의 없는 경우이다.

사례 5　또래관계에 어려움이 있는 초등학교 4학년 아동

아　동　('할리갈리'를 하고 나서 치료사에게) 다른 방식으로 게임을 해 봐요.
치료사　이번엔 새롭게 게임을 해 보고 싶구나. 네가 하는 방식을 나에게 설명해 주겠니?
아　동　(과일의 숫자를 하나하나 세면서 게임 규칙을 설명하지만 알아들을 수 없이 설명한다.)
치료사　네가 지금 이야기하는 것은 같은 과일일 때만 종을 치는 거니?
아　동　그러니까, 으음, 그냥 해 봐요. (아동은 같은 색깔의 과일 중 2, 4, 6, 8개일 때 종을 친다.)
치료사　네가 말한 규칙은 같은 과일이 짝수일 때만 종을 치는 것 같네.
아　동　네, 맞아요. 그림을 보여 주고 바나나 1, 바나나 3이니까 네 개요.

범주 6: 패배에 대한 외부 귀인

아동이 게임 승패에 대한 이유를 통제할 수 없는 외부 요소에 돌리는 경우이다.

사례 6　분노조절에 어려움이 있는 초등학교 2학년 아동

'다트' 게임에서 아동은 빨간색 화살을 골라 던진다. 치료사는 노란색을 던졌고 치료사의 점수가 높게 나와 이겼다.

아　동　빨간색이라 재수가 없어서 점수가 나오지 않은 거예요.
치료사　네가 진 이유가 빨간색 다트 화살 때문이라고 생각하는구나.
아　동　(농구 보드게임을 골라 가져와서) 이거 해요.
(숫자 버튼을 누른다. 숫자 버튼을 눌렀으나 공이 들어가지 않고 점수를 받지 못하자)
숫자 버튼이 잘 눌리지 않아서 그래요. 바꿔서 해요.

(아동은 치료사와 숫자 버튼을 바꿨는데도 잘 되지 않자 숫자 버튼을 한꺼번에 누르며 두드린다.)
아 동 아이! 숫자 버튼이 바보 같잖아!
치료사 수가 잘 나오지 않으면 너는 게임의 숫자 버튼 때문이라고 생각이 되고 화가 나서 한꺼번에 누르고 싶구나.

앞에서 언급한 차원 1의 인지 전략 차원에 나타난 여섯 개 범주의 부적응적인 게임놀이 행동 특성을 정리하면 다음과 같다표 II-4 참조.

〈표 Ⅱ-4〉 인지 전략 차원의 부적응적인 게임놀이 행동 특성

범주	내용
예측과 계획의 어려움	• 게임놀이치료에서 아동은 치료사의 말을 고려하지 못하고 오로지 자신의 말을 움직이는 것만 생각하고 있거나 놀이치료사의 다음 행동을 예측하지 못하거나, 자신의 생각과 전략 없이 게임을 하는 경우
융통성 부족	• 게임에서 계속 지는 내담 아동의 경우 게임 전략이나 생각을 상황에 맞춰서 수정하지 못하고 자신이 기존에 사용한 전략을 계속 고수하는 경향을 보임
주의 분산	• 게임을 하는 중에 다른 곳으로 쉽게 주의가 환기되어 주의를 유지하지 못하는 경우, 게임 규칙에 대한 설명을 끝까지 듣지 않거나 건성으로 듣고, 놀이실 밖의 자극에 반응을 보이고 자기 차례가 아니면 다른 놀잇감을 만지는 등의 모습을 보임
이해 부족	• 게임 규칙을 설명해 주면 알아듣는 것처럼 보이나 막상 게임을 시작하면 잘 이해하지 못하여 게임수행이 어려우며, 여러 회기를 반복해도 여전히 게임 규칙을 잘 이해하지 못해 치료사가 다시 설명해 주어야 하는 경우
언어 전달력 부족	• 게임 내용이나 규칙에 대한 설명을 아동이 할 때 치료사가 이해할 수 있도록 설명하지 못하거나, 게임과 관련된 자신의 생각이나 경험을 이야기하는 것이 미숙하거나 거의 표현이 없는 경우는 게임에서 전반적으로 부적절한 태도를 보이는 아동임
패배에 대한 외부 귀인	• 게임 승패의 원인을 자신이 원하는 색깔의 말이 아니어서, 순서를 치료사가 먼저 했기 때문이라고 말하는 등 자신이 통제할 수 없는 외부 요인으로 귀인하는 경우

출처: 안선정 · 이영애(2018).

(2) 차원 2: 규칙 준수 차원

게임이 놀이와 구분되는 가장 두드러진 특징은 규칙에 기초하여 이기고 지는 등의 승패가 있다는 것이다. 따라서 게임에는 규칙이 있고 그것을 반드시 지켜야 한다. 이러한 점을 고려해 볼 때 게임놀이치료에서 부적응적인 아동은 게임을 할 때 규칙을 지키는 데 어려움이 있거나 다소 충동적인 면 등 부적절한 태도를 보일 수 있다. 게임놀이치료 과정에서 나타나는 게임놀이 행동 특성 중 규칙 준수의 부적응적인 요소는 규칙 준수의 의지 부족, 충동성 범주로 나누어 살펴볼 수 있다.

범주 7: 규칙 준수의 의지 부족

아동은 게임놀이치료 과정에서 게임을 할 때 자신이 원하는 숫자가 나오지 않거나 원하는 대로 진행되지 않을 때 게임하는 동안 자주 게임 규칙을 바꾸는 경우이다. 또한, 아동은 자신이 불리해졌다고 판단되고 질 것 같으면 규칙을 지키지 않고 여러 번 주사위를 던지거나 반복해서 하거나 자기 마음대로 원하는 만큼 자리를 이동하거나 미리 카드를 들춰보는 등 반칙을 하는 부적절한 태도를 보인다.

사례 7-1 짜증이 많고 자주 화를 내고 우는 초등학교 2학년 아동

아 동 ('할리갈리 익스트림'에서 돼지가 있는지 없는지를 먼저 보고 돼지를 중간에 끼워 넣은 후 종을 자기 앞으로 가져오고 돼지 카드를 확인하고 자신이 먼저 보고 종을 친다.)

치료사 (규칙에 대해 설명하고 제한한다.)

아 동 보지 않았어요. 그냥 돼지가 나온 거예요.

사례 7-2 부모 이혼 후 또래관계에서 자주 위축되는 초등학교 1학년 아동

아 동 ('텀블링 몽키'에서 주사위를 던져서 주황색이 나오면 주황색 스틱을 뽑아 원숭이가 많이 떨어져 자신이 원숭이를 많이 가져오게 되자 주사위를 던져서 자신의 손바닥에 놓고 본 후 돌아서 바꾼 후 초록색이라고 하며 초록색 스틱을 뽑는다.)

아 동 ('캔디랜드'에서 주사위를 던져서 자신이 원하는 색깔에 도달하려는데 원하는 색이 나오지 않자) 저는 두 번 해야 하는 거예요. (다시 던져도 나오지 않자) 다시 또 할 수 있어요.

범주 8: 충동성

아동은 게임에서 전후 상황을 고려하지 않고 순간적으로 자신이 하고 싶은 대로 하는 태도를 보이는 경우이다. 또한, 아동이 게임을 할 때 충분히 살펴보지 않고 매우 빠르고 즉각적으로 반응하고 충동적으로 행동하여 게임에서 점수를 얻지 못하거나 지는 경우이다.

사례 8 불안하고 틱이 있는 초등학교 5학년 아동

아 동 ('Set' 게임을 하는데, 자세히 보지 않고 먼저 '셋(set)'이라고 외친다.)

치료사 어떻게 set인지 선생님에게 이야기해 줄래?

아 동 색깔이 같고, 숫자가 같고 무늬가…, 아하! 아니잖아.
(다시 카드를 펼쳐 놓는다. 아동은 Set 게임을 하는 동안 먼저 '셋(set)'이라고 외친 후 여러 번 다른 카드를 가져온다.)

아 동 ('모자를 찾아라' 게임에서도 주사위를 던지고 모자의 테두리 색깔, 모양, 무늬가 다르게 나오면 그에 맞는 모자를 터치해서 가져와야 하는데 충동적으로 터치해 다른 모자를 가져와서 칩을 얻지 못한다.)

앞에서 언급한 차원 2의 규칙 준수 차원에서 나타난 두 개 범주의 부적응적인 게임놀이 행동 특성을 정리하면 다음과 같다표 II-5 참조.

〈표 Ⅱ-5〉 규칙 준수 차원의 부적응적인 게임놀이 행동 특성

범주	게임놀이 행동에서 보이는 내용
규칙 준수 의지 부족	• 자신이 원하는 대로 게임이 진행되지 않거나, 불리해졌다고 판단되거나, 질 것 같은 상황에서는 규칙을 지키려는 의지를 보이지 않고 반칙을 하는 경우
충동성	• 전후 상황을 고려하지 않고 순간적으로 자신이 하고 싶은 대로 게임을 수행하는 태도를 보임

출처: 안선정 · 이영애(2018).

(3) 차원 3: 좌절인내력 차원

좌절감은 하고자 했던 일이나 원하는 것을 얻지 못하게 될 때 느끼는 감정이다. 이러한 좌절감을 느끼는 정도 차이는 목표가 있고 목표가 얼마나 중요하고 얼마나 오랫동안 지속되는지에 따라 다르다. 좌절을 견디며 다시 시도하게 만드는 힘이 좌절인내력이다. 게임은 승패가 있어서 놀이와 다른 특징이 있다. 즉, 게임을 할 때는 패배라는 상실과 좌절을 견뎌내는 능력인 좌절인내력이 필요하다(Bjorklund, 2000; Bow & Quinnell, 2001). 아동은 좌절인내력을 통해 현실을 받아들이고 현실을 직면하는 힘을 얻게 된다(Figueiredo, 2006). 치료사는 게임을 하는 동안 치료사가 말을 움직이거나 게임에서 이겼을 때 아동이 어떻게 반응하는지를 보고 아동의 욕구좌절에 대한 인내력의 수준을 평가할 수 있다.

아동은 게임 과정에서 패배에 대한 긴장 때문에 할 수 있는 것조차 하기 어려워하거나 해내지 못하고, 게임 과정에서 생기는 좌절과 불안을 견디기 어려워하기도 한다. 또는 게임을 하면서도 자신이 이기는 상황에서 치료사의 눈치를 살피거나 이기고 지는 상황에서 좀 더 과장된 표현이나 행동을 하기도 한다. 어떤 아동은 게임에서 지는 좌절 상황에서 다소 공격적이거나 지나치게 위축되는 모습이나 행동을 하기도 한다. 어떤 아동은 결과를 뒤집고 지속적으로 점수를 확인하거나 반복적인 행동을 하며 다소 경직되고 생리적으로 각성되는 태도를 보이기도 한다.

좌절인내력 차원은 승리에 대한 불편감, 승패에 대해 과장되게 받아들이고 표현함, 좌절에 대해 부적절하게 표현함, 결과 뒤집기, 예민하게 점수 확인함, 의례적인 행동을 함, 신체 반응 보임의 일곱 개 범주로 나누어 볼 수 있다.

범주 9: 승리에 대한 불편감

아동은 게임놀이치료 과정에서 자신이 점수를 획득하여 승리하였을 경우 기뻐하기보다는 자주 치료사의 기분이나 표정 등 눈치를 살피는 태도를 보이기도 한다. 또한, 게임놀이치료 과정에서 자신의 점수나 카드가 많아지면 치료사에게 카드를 주거나 점수를 올려 주겠다고 하는 경우이다.

사례 9 잦은 수술로 인해 학교 적응에 어려움이 있는 소아암 초등학교 6학년 아동

아 동 ('서펜티나'에서 무지개 꼬리가 나와 길게 펼쳐진 뱀을 완성한다.)
치료사 와하! 엄청 긴 뱀이 되었네.
아 동 (긴 뱀이 완성된 것에서 카드를 모두 가져가면서 치료사의 눈치를 여러 번 본다.) 이것 선생님도 색깔을 연결했는데…, 어… 허…, 이거 왜 자꾸 나한테만 뱀이 완성되지…. (어색해하며 치료사를 한 번 더 쳐다본다.)

범주 10: 승패에 대한 과장된 표현

아동이 게임놀이치료 과정에서 승패에 대해 과도하게 인식하여 결과에 대해 극단적으로 행동하거나 언어적으로 표현하는 경우이다. 또한, 아동이 승패에 따라 표현이 극단적으로 변화되는 등 정서적인 기복이나 동요가 큰 경우이다.

사례 10 자주 울고 또래들과의 관계에서 어려움이 있는 초등학교 3학년 아동

아 동 '알까기'해요. (바둑판을 들고 온다.) 전 알까기의 신이에요.
치료사 넌 알까기를 잘하는가 보구나.
아 동 우리 반 애들 모두 이겨요.
아 동 (바둑알을 튕겼는데 밖으로 나간다.) 헉!
치료사 (치료사가 아동의 것을 맞혀 두 개가 밖으로 나가 아동의 바둑알을 획득하였다.)
아 동 (다시 튕기지만 바둑알이 밖으로 나간다.)
완전 망했네. 그만해요. (알까기 판을 정리한다.)

범주 11: 좌절에 대해 부적절하게 표현

아동이 게임을 하는 과정이나 결과에서 패배를 경험하게 될 때 공격적이거나 위축된 행동이나 언어를 표현하는 경우를 보인다.

사례 11-1 또래관계에 어려움이 있는 초등학교 2학년 아동

아 동 ('인생 게임'의 룰렛을 돌려 자신의 말이 도착한 곳에 세금을 내야 해서 자신의 돈을 은행에 지불하면서) 아-씨! 왜 세금을 내야 하냐고. 은행이고 나라고 모두 망해 버려!

사례 11-2 또래관계에 어려움이 있고 부주의한 초등학교 4학년 여아

'젠가'를 하는 동안 아동은 탑이 쌓여 있는 것을 자세히 보지 않고 젠가 블록 한 개를 잘못 뽑아서 탑이 무너져 게임에서 졌다.

아 동 아이, 몰라! 몰라요! (아동은 나무토막을 손으로 모두 흐트러뜨린다.)

범주 12: 결과 뒤집기

게임놀이치료 과정 중 자신이 불리하거나 지는 과정이 되면 게임을 무효화하거나 치료사의 점수를 0으로 만들거나 원점으로 돌리거나 치료사가 점수를 얻으면 아동 자신이 더 점수를 주고 자신이 이긴 것으로 하는 경우이다.

사례 12 부모의 이혼으로 불안정한 초등학교 1학년 여아

아 동 (자신이 정한 위치에 물건들을 두고 인형으로 맞히는 게임을 하면서 자신의 인형이 물건을 맞히지 못한다.)

치료사 (인형을 던져서 물건을 맞힌다.)

아 동 이 인형을 맞히면 점수가 없어지는 거예요. 그래서 선생님은 0점이에요.

범주 13: 예민하게 점수 확인

아동이 게임을 하는 중간 중간에 자신의 점수와 치료사의 점수를 확인하거나 승부에 대해서 자신이 몇 번 이겼는지를 반복하며 승부를 확인하는 경우이다.

사례 13 부모의 이혼으로 불안정한 초등학교 1학년 여아

아 동 ('고양이와 쥐' 게임을 가져와서 게임을 하면서) 선생님! 치즈가 몇 개예요? (자신이 가져온 치즈 개수와 치료사의 치즈 개수를 계속 세어 본다.)

아 동 ('축구 게임'에서도 아동은 자신이 넣은 점수와 치료사의 점수를 1대1, 1대2, 2대2라고 소리 내며 몇 대 몇인지를 반복하여 점수를 이야기한다.)

치료사 네 점수와 내 점수가 어떻게 되는지 계속 확인하는구나.

범주 14: 반복적인 의례 행동

게임놀이치료 과정에 게임을 할 때 아동이 긴장하거나 알 수 없는 상황에서 불안해질 때 반복적인 주문을 외우거나 행동을 하는 등 반복적인 의례 행동을 하는 경우이다.

사례 14 학대로 자신감이 부족하고 교실에서 무기력한 초등학교 3학년 아동

아 동 ('해적 룰렛'에서 칼이 거의 꽂혀 있고 긴장되어 해적이 튀어나올 것 같자) 제발, 산신령님! 하나님! 해적이 튀어나오지 않게 해 주세요. (자신의 노란색 칼을 두고 엎드려 절하고 기도한다.)

치료사 네 차례에 해적이 튀어나올까 봐 걱정되고 불안하구나.
(치료사가 꽂았으나 해적이 튀어나오지 않는다.)

아 동 제발, 제발, 제발요. (눈을 감고 기도한다.)

범주 15: 신체 반응 또는 각성된 모습 보임

아동은 게임하는 과정에서 지나치게 긴장하여 몸이 경직되거나 신체적인 반응을 보인다.

사례 15 불안하고 틱이 있는 초등학교 3학년 아동

아 동 ('게스후' 게임에서 치료사가 질문을 하고 아닌 사람들을 덮어서 사람이 몇 명 남지 않았다. 자신이 질문할 차례가 되었는데, 한참 자기 것을 보면서) 음음, 음음, 머리가 노란색인가요?
치료사 아니요.
아 동 음음, 음음. (노란색이 아닌 사람들을 덮는다. 아동은 손을 떨면서 덮는다.) 음음.

앞에서 언급한 차원 3의 좌절에 대한 인내력 차원에서 나타난 7개 범주의 부적응적인 게임놀이 행동 특성을 정리하면 다음과 같다표 II-6 참조.

〈표 Ⅱ-6〉 좌절에 대한 인내력 차원의 부적응적인 게임놀이 행동 특성

범주	게임놀이 행동에서 보이는 내용
승리에 대한 불편감	• 게임을 하는 과정에서 아동이 점수를 획득했거나 승리하는 경우 기뻐하기보다는 오히려 치료사의 눈치를 살피기도 하고, 놀이치료사에게 점수를 그냥 올려주겠다고 제안하는 경우
승패에 대해 과장되게 받아들이고 표현함	• 아동이 게임을 하는 과정이나 결과에서 이기고 지는 것에 대해 과도하게 인식하여 결과에 대해 극단적으로 행동하거나 언어적으로 표현하는 경우 • 승패에 따라 표현이 극단적으로 변화되는 등 심리적 동요가 심하게 보이는 경우
좌절에 대해 부적절하게 표현함	• 아동이 게임 과정이나 결과에서 패배를 경험할 때 공격적이거나 위축된 행동이나 언어 표현을 하는 경우
결과 뒤집기	• 아동이 게임에서 지는 상황이 되면 게임을 무효화시키거나 자신 및 치료사의 점수를 원점으로 돌려놓는다든지, 자신이 이긴 것으로 점수를 바꾸는 태도를 보이는 경우
예민하게 점수 확인함	• 게임을 하는 도중에 계속 자신과 놀이치료사의 점수를 확인하거나 한 회기가 끝나고 나면 전체는 몇 대 몇이었는지 이야기하면서 승부를 확인

범주	게임놀이 행동에서 보이는 내용
의례적인 행동함	• 게임을 할 때 지는 상황에 대한 긴장을 견디기 어려운 경우 이런 불안을 해소하기 위해 기도를 하거나 주문을 외우는 등의 반복적인 의례적 행동을 하는 경우
신체 반응 보임	• 게임 과정에서 지나치게 긴장하는 것이 신체 반응으로 표현되어 몸이 경직되어 있거나 입술을 빨고, 땀을 흘리는 경우

출처: 안선정 · 이영애(2018).

(4) 차원 4: 자아 제한 차원

자아는 기본적으로 본능의 요구를 충족하고자 하나, 현실적 제약을 고려하여 본능의 충동을 유보하거나 억압한다. 자아는 1차적으로 현실 원리에 따르고 현실과 타협하기 위해 이성적 사고나 인식, 계획 등을 포함하는 2차적 가정의 사고를 한다. 자아란 현실적으로 가능하지 않는 것을 깨달을 수 있게 되면서 발달하고 즉각적인 만족에 대한 지연이 때로는 바람직하다는 생각을 포함하는 이성 수준의 성격이다. 자아는 본능과 뒤에 발달하는 초자아 사이를 매개하고 현실 속에서 활동하는 성격의 한 부분이다. 자아는 불쾌하고 바람직하지 않는 내적 환경을 만들어 내는 고도의 불안을 경험했을 때 아동의 발달을 저해하고 자아기능을 제한하게 한다(Freud, 1993).

게임놀이치료 과정에서 자아 제한의 차원은 아동이 낯설거나 조금만 어렵다고 생각되면 시도조차 하지 않거나 중간에 포기해 버리는 경우, 게임에서 아슬아슬한 상황이나 지는 상황에서 다른 게임으로 전환하거나 가상놀이로 전환하는 경우 네 가지 범주로 볼 수 있다.

범주 16: 시도하지 않음

아동이 놀이실에 들어와서 게임에 관심을 보이지만, 보기와 다르게 게임 규칙이나 조작이 어렵고 복잡하다고 생각되면 게임을 하지 않거나 설명을 듣고 난 후 그냥 제자리에 정리해서 시도조차 하지 않으려는 경우이다.

사례 16 주의산만하고 자주 화를 내는 초등학교 1학년 남아

아 동 ('우봉고' 게임을 가져와서 열어 보고 보석에 관심을 가지고 만지작거리다가 치료사가 게임의 규칙을 설명하는데) 아하! 저 이 게임 어려워서 안 할래요. (게임의 소품들을 빠르게 덮고 제자리에 가져다 놓는다.)

범주 17: 쉽게 포기함

아동이 처음에는 게임을 시작하다가 지는 상황이 되거나 어렵다고 생각되면 곧바로 게임을 포기하는 경우이다.

사례 17 분리불안이 있는 7세 남아

'텀블링 몽키' 게임을 가져와서 원숭이를 적게 가진 사람이 게임에서 이기는 것이라고 설명하고 게임을 시작한다.

아 동 (아동이 주황색 막대기를 뽑았는데 원숭이가 하나도 떨어지지 않는다.)

치료사 (분홍색 막대기를 뽑았는데 원숭이 한 마리가 떨어진다.) 원숭이 하나가 떨어졌네.

아 동 ('텀블링 몽키' 게임을 하는 동안 초록색 주사위가 나와서 초록색 막대기를 뽑으니 원숭이 네 마리가 떨어진다.) 나 이거 그만 할래요.

범주 18: 다른 놀이로 전환

아동은 게임놀이치료 과정에서 게임에서 지고 있거나 생각대로 게임이 되지 않으면 갑자기 가장놀이로 바꾸어서 하거나 신체놀이를 하는 등 다른 놀이로 전환하는 태도를 보인다.

사례 18 분노 조절의 어려움이 있는 7세 남아

아 동 ('두더지 금삽 찾기' 게임을 하다가 자신의 살아남은 두더지가 몇 개 없어 불안해지면서 두더지를 꺼내서 모두 모래 속에 넣는다.) 얘네들(두더지)은 땅속에 숨어 있어요. (놀이실 선반에서 나무들을 가져와 숲을 꾸미고 사자와 호랑이를 두더지 숨겨 놓은 곳에 올려놓는다.) 사자와 호랑이에게 걸리면 두더지들은 죽어요.

범주 19: 능력에 비해 수행 저조

게임놀이치료 과정에 아동이 지닌 연령이나 인지적인 능력이 정상이거나 이 보다 더 우수함에도 불구하고 게임 조작이나 수행 능력이 저하되어 충분히 게임을 하지 못하는 경우이다.

사례 19 사회성에 어려움이 있는 초등학교 6학년 여아

아동은 전반적인 지능검사에서 지능지수가 130으로 최우수 수준으로 나오고 인지적인 능력은 좋으나, 학교에서 아이들과 소통에 어려움이 있다.

아동은 조작을 하거나 좀 더 복잡한 사고를 해야 하는 게임은 고르지 않는다. '사목' 게임이나 '치킨차차' 게임에서도 다소 부주의하고 기억하지 못하는 경우가 많다. 주로 아동은 우연의 결과로 인해서 나오는 게임을 선호하고 반복해서 하며 전략 게임은 선택하지 않는 경우가 많다.

앞에서 언급한 차원 4의 자아 제한 차원에서 나타난 네 개 범주의 부적응적인 게임놀이 행동 특성을 정리하면 다음과 같다표 II-7 참조.

〈표 Ⅱ-7〉 자아 제한 차원의 부적응적인 게임놀이 행동 특성

범주	게임놀이 행동에서 보이는 내용
시도조차 하지 않음	• 어떤 게임에 대해 관심은 기울이지만 게임 조작이나 규칙이 다소 복잡하거나 어렵다고 생각되면 게임을 꺼내지도 않음 • 꺼내서 본다 하더라도 설명을 듣고 조금 관찰한 후 그냥 정리해서 넣음
초기 또는 중반에 포기하기	• 처음에는 게임을 시작하지만 치료사에게 지는 상황이 되거나 어렵다고 느껴질 때 곧바로 게임을 포기함
쉽게 다른 놀이로 전환	• 지고 있거나 승패와 관련하여 자신이 생각한 대로 게임이 진행되지 않는 좌절상황에서는 가장놀이(pretend play)를 하거나 신체놀이를 하는 등 다른 종류의 놀이로 전환되는 경우
능력에 비해 저조한 수행	• 연령, 소근육 발달 및 인지 능력에 비해 게임 조작이나 수행 능력이 저하되어 게임을 충분히 해내지 못하는 경우

출처: 안선정 · 이영애(2018).

(5) 차원 5: 대인관계기능 차원

대인관계기능이란 사회적 관계를 잘 맺고, 정서적 안정감을 유지하고 가치감을 유지할 수 있는 능력(Milner, 1988)을 의미한다. 이러한 대인관계기능에 대한 평가는 아동이 게임에 어떻게 접근하고 상호작용하는지가 매우 유용한 정보가 된다. 이러한 기술들은 긍정적인 대인관계를 맺고 대인 간의 상호작용하는 데 필수적이다. 많은 아동은 만족스러운 상호작용을 하지 못하며, 이는 아동의 세계관, 자기 개념, 자존감, 그리고 아동이 사회에 적응할 때 어떻게 인지하는지에 영향을 준다. 게임놀이는 치료과정에서 아동이 어떠한 어려움을 느끼고, 게임하는 동안에 어떻게 문제를 해결하며 대인관계를 맺는지 알 수 있는 강력한 평가도구이다. 이뿐만 아니라 게임놀이치료 과정에서 게임은 놀이치료사와 내담 아동 간에 교환되는 의사소통 패턴을 보여 줄 수 있는 통로가 된다. 다음에 제시된 내용은 아동이 게임놀이치료 과정 중 대인관계기능 차원에서 성공적인 경험을 하지 못하거나 부적절하고 부적합한 태도로 인해 나타나는 혼자놀이, 의존적인 태도, 피드백을 수용하지 못함, 신뢰 부족, 상호성 부족과 같은 다섯 가지 범주의 부적응적인 행동 특성이다.

범주 20: 혼자놀이

아동이 게임놀이치료 과정에서 1인용 게임을 꺼내거나 게임을 꺼내지도 않거나 둘 이상이 하는 게임인데도 혼자서 게임을 조작하는 경우이다.

사례 20-1 불안이 높고 또래관계에서 자주 화를 내는 초등학교 3학년 아동

아 동 ('러시아워' 게임을 가지고 와서 혼자서 만져 보고 카드를 보고 혼자서 단계를 높이고 게임을 혼자 한다. 다시 '칼라팝' 게임을 가지고 와서 매뉴얼을 보고 세팅을 한 후 혼자서 같은 색깔의 구멍을 눌러 칩을 가져온다.)

치료사 이건 서로 같이하는 게임인데.

아 동 (아무런 반응을 하지 않고 게임을 혼자 하다가 정리한 후 '서펜타일' 게임을 가지고 와서 혼자놀이를 한다.)

사례 20-2 우울하고 감정 조절이 어려운 중학교 2학년 여아

아 동 (들어와서 누워서 있다가 시간이 어느 정도 지난 후 '젠가' 게임을 가져온다. 혼자서 게임을 쌓고 다시 무너트리더니 종이 블록으로 울타리를 만들고 젠가를 던져서 그 안에 넣기를 한다. 잘 들어가지 않으면) 아이 씨! 뭐야! (주변에 떨어진 젠가 블록을 가지고 와서 다시 던져서 넣는다.)

범주 21: 의존적 태도 보임

아동은 스스로 자신이 원하는 게임을 선택하지 못하거나 치료사에게 자주 묻거나 허락을 구하기도 하며 진행하는 과정에서 치료사에게 질문하고 확인하고 대신해 줄 것을 요청하는 태도를 보인다.

사례 21 등교 거부를 보이는 초등학교 2학년 남아

아 동 ('부루마블'을 하기 전에 말을 골라야 할 때) 선생님이 골라 주세요.
치료사 네가 원하는 것을 고를 수 있단다.
아 동 난 모르겠는데.
치료사 무엇을 골라야 할지 고민되는구나. 네가 할 수 있단다. 나는 빨간색 말을 고를게.
아 동 아! (한참 후에 파란색 말을 고른다. 게임이 진행되는데 아동에게서 황금열쇠 카드가 나와서 뽑는다.) 선생님이 읽어 주세요.

범주 22: 피드백 수용 못 함

게임놀이치료 과정 중 아동은 치료사의 공감, 격려, 피드백에 대해 받아들이지 못하고 다른 반응을 보이는 태도이다.

사례 22 불안정하고 자기표현에 어려움이 있는 초등학교 2학년 여아

아 동 ('할리갈리 링크' 게임에서 6장의 카드를 연속적으로 두고 있을 때 치료사가 먼저 7장을 모아 종을 치자 가만히 치료사와 자신의 카드를 쳐다본다.)

치료사 아이구! 네가 한 장만 더 했으면 종을 쳤을 텐데. 선생님이 먼저 쳐서 좀 속상하겠구나.

아 동 뭐래요? 그냥 다시 하자고요.

범주 23: 신뢰 부족

게임놀이치료 과정 중 아동이 치료사의 게임 결과를 믿지 못하고 치료사가 이기면 치료사가 반칙을 했다고 화를 내고, 자신이 이기면 치료사가 봐 주어서 이겼다고 하는 태도를 보인다. 또한, 게임놀이치료 과정에서 규칙대로 하는지 계속 의심하기도 하며 확인하는 행동이 많아진다.

사례 23 적대적이고 반항적이며 또래들과 어울리지 못하는 초등학교 3학년 남아

아 동 ('체스' 게임에서 치료사가 이기자) 선생님이 반칙했잖아요. 뭐예요! (화를 낸다.)

치료사 선생님이 게임에서 이겨서 너는 내가 반칙했다고 생각하는구나.

아 동 반칙했잖아요. 나이트를 이렇게 비숍처럼 했잖아요.

범주 24: 상호성 부족

게임놀이치료 과정에서 아동은 치료사와의 상호작용이나 교류를 거의 하지 않으며 게임하는 활동에만 과몰입하여 치료사가 소외되는 느낌을 갖게 한다.

사례 24 사회성에 어려움이 있으며 불안이 높은 초등학교 5학년 아동

아 동 ('인생 게임'을 하는 동안 규칙대로 움직이고 돈을 세는 데 집중한다.)

치료사 나는 보험에 가입해서 안전하게 가는 걸 해야겠네. 너는 어떠니?

아 동 제 차례죠. (아무 말 없이 자신의 돈만 세고 다시 룰렛을 돌리고 조용히 말을 움직인다.)

앞에서 언급한 차원 5의 대인관계기능 차원에서 나타난 다섯 개 범주의 부적응적인 게임놀이 행동 특성을 정리하면 다음과 같다표 II-8 참조.

〈표 Ⅱ-8〉 대인관계기능 차원의 부적응적인 게임놀이 행동 특성

범주	게임놀이 행동에서 보이는 내용
혼자 놀이	• 게임 선반 앞에서 서서 게임을 꺼내지도 않은 채 혼자서 게임을 하거나, 게임을 꺼낸 후에도 혼자서 게임을 조작하면서 놀이를 하는 경우
의존적 행동	• 게임을 선택하는 것부터 계속 치료사의 허락을 구하거나 대신 선택해 줄 것을 요청하거나, 게임을 조작하고 진행해 가는 과정에서 스스로 생각하고 판단하기보다는 계속 확인하는 질문을 하는 경우
피드백에 대한 거부	• 치료사의 공감, 격려 등의 피드백을 잘 이해하지 못하고 받아들이지 못하는 경우
신뢰 부족	• 치료사의 게임놀이 행동을 믿지 못하고 치료사가 이기면 반칙했다고 화를 내고, 자신이 이기면 치료사가 봐 주었다고 의심하는 경우
상호성 부족	• 치료사와 함께 게임은 하지만 치료사와 상호교류하기보다는 오로지 게임에만 몰입하여 치료사가 점점 소외감을 느끼게 되는 경우

출처: 안선정 · 이영애(2018).

3) 게임을 통한 발달 관찰평가

게임놀이치료에서 사용되는 게임은 다양한 연령대의 아동, 정서적·행동적 표현을 하는 아동에게 매우 유용하다. 아동이 게임놀이치료 과정에서 게임을 활용할 능력이 없다면 아동의 욕구 충족을 위해서 적절하게 수정하여 적용할 수 있다. 특히 게임놀이치료 과정에서 관찰을 통해 부모의 면접이나 심리평가에서 얻은 정보 외에 추가 정보를 얻을 수 있다. 또한, 게임은 좀 더 구조화된 활동으로 상호작용하려는 욕구가 있는 아동에게 활용하는 데 유용하다. 따라서 게임을 통해서 아동의 정서평가, 행동평가를 하여 아동의 현재 상태를 파악하고 그에 따른 치료적인 목표와 치료 과정의 변화를 알 수 있다. 또한, 게임 자체의 기능과 치료적인 영역

에 대한 평가를 통해 개인 및 집단 게임놀이치료를 실시하는 데 활용할 수 있다.

(1) 게임을 통한 정서평가

게임을 통한 정서평가는 아동의 심리적·정서적 발달 측면을 고려하여 게임놀이치료 과정에서 아동의 긍정적 변화를 알 수 있다. 게임놀이치료 진행 과정에서 아동의 긍정적 감정 변화를 이해하며 아동이 놀이에서 보이는 욕구, 협동, 타인을 대하는 태도를 평가할 수 있다(김윤희, 2010). 이에 대한 게임을 통한 긍정적 정서평가 척도는 '1점 정말 그렇지 않다, 2점 그렇지 않다, 3점 모르겠다, 4점 그렇다, 5점 정말 그렇다'로 14개의 문항을 합한 점수로 게임놀이치료 과정에서의 긍정적 정서의 변화를 이해할 수 있다표 II-9 참조.

〈표 Ⅱ-9〉 게임을 통한 긍정적 정서평가척도

긍정적 정서 평가 내용	1	2	3	4	5
1. 아동이 게임을 할 때 실수할까 봐 잘 나서지 않는다.					
2. 아동이 게임을 하고 난 후 기분이 즐거워 보인다.					
3. 아동이 다른 친구들에게도 같이 하자고 말하고 싶어 한다.					
4. 다른 사람이 졌을 때, 아동은 그들에게 위로의 박수를 쳐 주고 싶어 한다.					
5. 게임을 시작하기 바로 전에 아동은 틀릴까 봐 긴장한다.					
6. 아동은 게임을 할 때 먼저 하겠다고 나서는 편이다.					
7. 아동은 게임하는 동안 무척 지루해했다.					
8. 앞으로 어떤 게임이든지 하게 되면 아동은 열심히 할 것이다.					
9. 게임하는 동안 아동은 할 일 없이 우두커니 앉아 있는 편이었다.					
10. 아동은 다른 사람이 이겼을 때도 아낌없이 박수를 쳐 준다.					
11. 아동은 평소에 잘하는 것이 별로 없다는 생각에 게임하면서 잘 하지 못할까 봐 걱정했다.					
12. 게임할 때 아동은 종종 앞에 나가서 자기 편을 이끌어 나가는 편이다.					
13. 게임에서 자기 편이 이겼을 때, 우리 편 각자가 다 잘했기 때문이 아니고, 서로 많이 도와주었기 때문이라고 생각한다.					
14. 아동이 게임을 또 하고 싶어 한다.					

* 1, 5, 7, 9, 11: 역채점

(2) 게임을 통한 행동평가

게임놀이치료에서 아동이 보이는 행동에 대한 관찰과 행동변화는 게임이 갖는 구조화된 특성을 고려하여 평가할 수 있다. 정은정(2004)이 개발한 행동관찰척도를 게임놀이치료에 적용하여(김윤희, 2010), 치료사는 아동이 게임하는 과정에서 규칙을 통해 과제에 어떻게 접근하는지를 관찰하고, 얼마나 주의를 기울이며 활동적인지, 게임자극에 대해서 얼마나 자신감을 가지고 있으며 정서적으로 불안해하는지, 잦은 격려와 피드백이 제공되어야 하는지에 대한 행동관찰을 통해 치료적인 과정에서의 변화 및 아동의 행동 특성을 이해할 수 있다. 게임을 통한 행동관찰평가는 과제에 대한 접근, 주의력과 활동성, 개인적·정서적·사회적 측면에 대해 긍정적 내용과 부정적 내용을 5점의 점수로 평가한다. 점수가 높을수록 아동의 행동에 문제가 없으며 안정적인 발달을 보인다표 II-10 참조.

〈표 II-10〉 행동관찰 평가척도

회기 ________	날짜 ________	이름 ________

과제에 대한 접근	비조직적인 ← 1 2 3 4 5 → 체계적인
	충동적인 ← 1 2 3 4 5 → 신중한
	중단하기에 급한 ← 1 2 3 4 5 → 융통성 있는
	경직된 ← 1 2 3 4 5 → 계속하는

주의력과 활동성	명료하지 않은, 과도하게 명료한 ← 1 2 3 4 5 → 명료한
	주의가 분산되는 ← 1 2 3 4 5 → 주의를 기울이고 과제 지향적인
	저조한 운동 활동, 과도한 운동 활동 ← 1 2 3 4 5 → 연령에 적절한 운동 활동
개인적-정서적-사회적 측면	저항적인, 반항적인 ← 1 2 3 4 5 → 협조적인
	자신의 능력에 자신 없는 ← 1 2 3 4 5 → 자신감 있는
	불안한 ← 1 2 3 4 5 → 여유 있고 편한
	자주 자극하고 격려하는 것이 필요한 ← 1 2 3 4 5 → 좌절을 인내할 수 있는
	총점 ________________

출처: 정은정(2004).

(3) 게임 적용의 치료적 기능 영역 평가

게임놀이치료 과정에서 게임놀이는 아동과 청소년에게 자연스럽고 따뜻한 방식으로 치료적 관계를 맺을 수 있도록 돕는다. 각 게임놀이에서 경험한 활동은 아동에게 좀 더 중요한 의미를 가지고 각자의 개인적 세계관으로 들어갈 수 있는 통찰력을 갖도록 한다. 중요한 것은 모든 게임놀이 활동이 모든 아동과 청소년에게 적합하지 않기 때문에 게임놀이와 도구에서 주의 깊은 선택, 계속되는 관찰, 결과에 대한 평가가 상당히 요구된다. 특히 치료사는 초기에 게임의 규칙과 한계를 설명하고 놀이치료 시간과 구조를 조율하고 활동의 수위를 재정비하는 것 등 지시적 방법을 구체화하여 게임을 치료적으로 접근할 필요가 있다.

치료사는 게임을 치료적으로 적용하는 데 있어서 보드게임의 특성으로는 경쟁, 신체적 밀착도, 집중력, 인지 능력 욕구도, 언어적 상호작용, 대인 간 협력관계로 나누어 평가한다표 II-11 참조(이경옥, 2004).

또한, 치료사는 치료적 기능과 대상, 치료에 대한 초점을 어디에 두느냐에 따라 구분하여 게임을 평가해 보며표 II-12 참조, 치료에서 개인 및 집단의 치료 목표와 관련하여 게임놀이 역동성을 평가할 수 있다표 II-13, 14 참조(Cheung, 2006).

〈표 Ⅱ-11〉 보드게임의 치료적 기능 평가(rating 1~3)

보드게임의 특성 / 게임의 종류	경쟁	신체적 밀착도	집중력 요구도	인지적 능력 요구도	언어적 상호작용	대인 간 협력관계
코코너츠	3	3	3	1	2	1
로보77	3	1	3	3	2	1
인앤아웃	1	1	3	3	3	2
생각 주머니						

〈표 Ⅱ-12〉 게임의 기능과 치료적 목표에 초점을 둔 치료사의 평가

게임의 종류	치료적 기능				치료적 목표 및 초점
	집중/인식	성공의 표상	불안 조절	통찰력 습득	
할리갈리 컵스	✓				적합성 평가
		✓	✓	✓	사회적 금지
	✓		✓		걱정 배우기
	√	√			ADHD
			✓		만성 폭력에의 노출
			✓		의학적 절차, 통증 관리
	✓				외상, 사회적 탈퇴, 슬픔
			✓		수학 불안
		✓	✓		십 대 아버지, 주장
	✓			✓	학대하는 부모
		✓	✓		이별 불안
		✓	✓		시험 불안
	✓				외상, 가족 폭력
				✓	분노 조절

〈표 Ⅱ-13〉 치료실 안에서 게임놀이 역동 평가(개인)

이 름 ______________ 나 이 ______________

치료사 ______________

◈ 장소규칙

- 제한시간 (______ 분)
- 자신이나 다른 사람을 상처 입힐 수 없다.
- 게임도구 또는 장난감을 원래 장소에 둔다.
- 다른 특이사항

날짜	게임 또는 활동	참여자	보낸 시간	치료 목표 ※각 목표를 분리하여 목록을 만드세요	분위기 관찰	표현하는 감정	평가 ※1: 유용하지 않음, 5: 매우 유용함
5/6	딕싯	000	50분	타인 조망	다소 긴장	흥미롭다	1 2 3 4 5
							1 2 3 4 5
							1 2 3 4 5
							1 2 3 4 5
							1 2 3 4 5
							1 2 3 4 5
							1 2 3 4 5

〈표 Ⅱ-14〉 치료실 안에서 게임놀이 역동 평가(가족, 집단)

◈ 내담자 이름 (나이, 성별)
- 참여자 A ____________ (나이 ______, 성별: 남 / 여)
- 참여자 B ____________ (나이 ______, 성별: 남 / 여)
- 참여자 C ____________ (나이 ______, 성별: 남 / 여)
- 참여자 D ____________ (나이 ______, 성별: 남 / 여)
- 참여자 E ____________ (나이 ______, 성별: 남 / 여)

◈ 작 성 자 ____________

◈ 장소규칙

- 제한시간 (______ 분)
- 자신이나 다른 사람을 상처 입힐 수 없다.
- 게임도구 또는 장난감을 원래 장소에 둔다.
- 다른 특성

날짜	게임 또는 활동	참여자	보낸 시간	치료 목표 ※각 목표를 분리하여 목록을 만드세요	분위기 관찰	표현하는 감정	평가 ※1: 유용하지 않음, 5: 매우 유용함
							1 2 3 4 5
							1 2 3 4 5
							1 2 3 4 5
							1 2 3 4 5
							1 2 3 4 5

4 게임놀이치료 과정에서 유의할 사항

1) 아동의 문제점 다루기

(1) 자신의 순서를 기다리지 못하는 경우

자신의 순서를 기다리지 못하고 자기중심적으로 혼자 진행하는 아동의 경우, 치료사는 아동이 잠시 혼자 놀도록 두고 기다리면, 아동은 곧 상호작용이 없어서 재미가 없다는 것을 알게 된다. 교대로 순서를 지켜 가며 게임을 하면 자신의 차례를 기다린 것을 칭찬해 주고 상호작용의 진정한 즐거움을 경험하게 한다.

(2) 게임의 규칙을 바꾸고 싶어 하는 경우

게임의 규칙을 변경시키는 것은 게임 시작 전에는 허용이 가능하나, 게임 진행 중에는 어떤 규칙의 변화도 적용시킬 수 없다는 것을 확인시켜 준다. 그리고 게임 규칙 변경 시에 치료사는 무조건 아동의 요구를 들어주기보다는 바뀐 규칙이 치료사와 아동 모두에게 공정한 것인지 검토해 주어야 한다. 이렇게 할 때 아동은 속임수 없이 정정당당하게 이기는 경험을 하게 된다.

(3) 속임수를 사용하는 경우

믹(Meek, 1970)은 게임 시 나타나는 아동의 속임수에 대해 분석했는데, 속이는 행동의 핵심적 의미는 모든 것을 다 조종하려는 전능성에 대한 소망과 현실 상황에서 이기려는 노력 사이에 나타난 타협점이라고 하였다. 치료사는 아동의 속임수에 대해 칭찬, 격려하거나 모두 수용해서는 안 된다. 게임을 공정하게 진행하고 이기는 방법을 알려 주며, 아동 스스로 책임감 있는 행동을 하도록 유도해야 한다.

그리고 아동이 속임수를 사용할 때 게임 상대자로서 어떤 감정이 느껴지는지에 대해 언급해 주어 타인의 입장이나 감정을 이해할 수 있게 도와주는 것도 속임수 감소에 도움이 된다.

(4) 충동적이거나 자신의 방법만을 고집하려고 하는 경우

충동적으로 생각 없이 게임을 하는 경우, 치료사는 아동이 움직인 것을 다시 한 번 생각해 보도록 해야 한다. 또한, 충동적인 아동과 게임을 할 때 아동의 실수로 인해 게임을 더 이상할 수 없다는 것을 설명하여 게임을 중단할 수도 있어야 한다. 아동이 어린 경우에는 게임 방법을 여러 번 반복적으로 보여 줄 필요도 있고, 지금처럼 생각하지 않고 충동적으로 움직이면 어떤 손해가 있는지 알려주어야 한다.

2) 치료사의 주의점

(1) 자기만족의 경계

치료사 자신이 매우 경쟁적이거나 이기려는 욕구가 강할 때 자신의 힘과 능력을 확인하려고 하여 아동과의 게임에서도 이기려고 한다. 그러나 상담 과정에서는 아동의 행동을 이해하기 위한 노력이 먼저 고려되어야 하므로 치료사의 자기만족이 우선시되면 치료가 이루어질 수 없게 된다.

(2) 치료 목표를 향해 가는 방법으로 볼 것

치료사 자신이 형제자매나 부모와의 경쟁심을 해결하지 못했거나 놀이치료 과정에 대한 전반적인 안목과 확신이 없는 경우 게임 자체를 목적으로 보게 되어 게임의 승부에 집착하게 된다. 치료 상황에서 게임의 본질이 상호작용의 촉진이라는 것을 잊지 말아야 한다.

(3) 반드시 이기려고 하는 아동의 마음을 이해할 것

치료실에 오는 아동들은 자기 확신이 매우 부족하거나 부정적인 자아상을 가지고 있는 경우가 많다. 자신이 한 인간으로 소중하고 가치 있다는 경험을 하지 못했기 때문에 자신이 우수하다는 것을 증명하고 사랑받을 만하다는 것을 알리기 위해서는 게임에서 이겨야만 하는 것이다. 이때 치료사는 게임의 승패 여부를 떠나 공정하게 게임을 하는 그 자체를 즐길 수 있도록 격려해야 한다.

(4) 아동의 발달적 특징을 이해할 것

학령기 아동들은 규칙을 잘 알고 있고 게임에서 성인이 우월하다는 것을 알고 있으므로 치료사가 게임에서 불공평하게 허용적이거나 정당하지 않게 이기게 해주면 이것을 민감하게 알아차려 분노감과 무능감을 경험하게 된다. 반대로 치료사가 너무 규칙에 완고하면 무능감이 형성된다. 그러므로 치료사는 원칙을 지키지만 융통성을 가지고 아동에게 즐겁게 게임할 수 있는 방법을 알려 주어야 한다.

(5) 아동이 게임을 더 잘하기를 원하는 치료사의 마음을 알게 할 것

아동은 치료사가 게임을 통해 아동의 성취를 도와주려고 한다는 인식을 하게 되면 아동은 그 마음을 반복적으로 시험하면서 점점 관심을 확장시키게 된다.

(6) 승부와 관련된 감정 표현 방법을 보여 줄 것

치료사가 지고 있을 때는 아쉬워하기도 하고, 상대방을 비난하거나 자극하기도 하며, 게임에서 이겼을 때는 자신이 얼마나 훌륭한지 자랑하기도 하는 등 치료사의 기본적인 감정 표현을 보여 주면 아동도 곧 치료사의 모든 행동을 모방하게 된다. 이로 인해 아동도 게임의 승부와 관련된 자신의 감정을 자연스럽게 표현할 수 있게 된다.

브레인스토밍

게임놀이치료 과정에서 유의할 사항으로 다음 예시 외에 더 찾아봅시다.

- 게임에 대한 불안과 두려움을 줄일 수 있도록 편안한 환경 조성
- 경쟁적이지 않은 분위기 조성
- 승패에 지나치게 연연하지 않도록 배려
- 아이들마다의 능력을 고려한 교육환경
- 협상과 문제해결 경험을 제공
- 게임을 통해 생활적응력 확장으로서의 지원

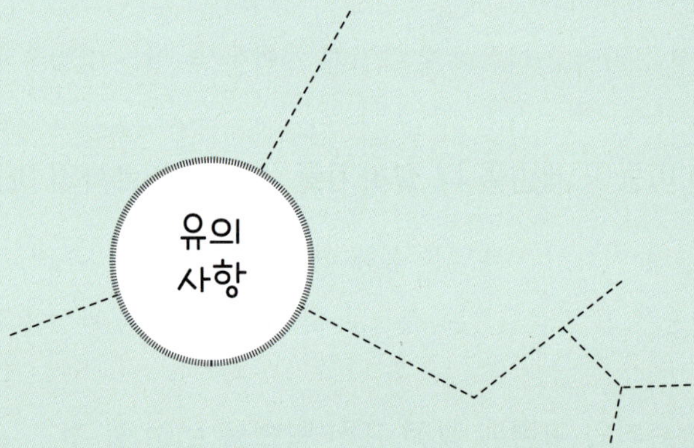

PART III

문제 유형에 따른 게임놀이치료

1 불안한 아동을 위한 게임놀이치료

1) 불안의 증상 및 발달

아동·청소년기는 신체적·정신적으로 매우 왕성한 성장과 발달을 보이는 시기이다. 또한, 이 시기는 인지적 측면, 정서 조절, 사회적 측면에서 급격한 발달을 보이기 때문에 역동이 활발하게 일어나는 시기이다. 아동의 불안 문제를 다룰 때 역동적인 발달 측면을 고려하는 것이 중요하다.

발달적 관점에서의 불안 특징

갓 태어난 신생아부터 성인에 이르기까지 모든 사람은 살아가면서 불안을 경험한다. 불안은 일종의 경고 신호이다. 모든 아동이 특정한 발달단계에서 두려움과 공포를 경험하는데 이는 정상적인 성장 과정에서 나타나는 특징이다. 두려움은 정상적인 것이고 자연스러운 삶의 일부가 되고 삶의 특정 시기에 출현하여 발전하게 된다.

(1) 초기 유아기

발달학적인 관점에서 초기 6개월은 생존과 관련된 불안에 직면하며, 10개월부터는 타인에 대한 불안이 생기면서, 낯선 사람에 대한 불안이 정상적으로 발생한다. 18개월 이후에는 자신을 돌보아 주는 1차양육자의 사랑을 잃어버릴까 봐 두려워하는 불안과 더불어 분리불안이 주로 나타난다. 물론 정확한 연령과 불안의 정도는 아동마다 다르겠지만, 모든 아동은 각 발달단계마다 무서움을 경험하며, 그 시기는 대개 비슷하다.

(2) 학령전기

만 3세 이후에는 1차양육자에 대한 표상을 완전히 내면화하고, 동시에 죄책감과 같은 고차원인 정서 상태를 경험할 수 있을 정도로 성숙해진다. 프로이트는 이 시기에 동성의 부모와 경쟁하고, 이 경쟁관계에서 심한 불안을 느낀다고 얘기하는데, 이것이 바로 거세불안이다. 그러나 최근에는 이를 보다 넓은 범위로 이해하여 신체 손상에 의한 불안으로 일반화하여 설명하고 있다. 즉, 이 시기에는 작은 신체 손상에도 몹시 불안해할 수 있는 시기로 개인적으로 상해를 입는 것에 대해 불안이 높아진다. 또한, 이 시기에는 상상력이 증가되고 언어 발달이 급격하게 이뤄지며 자기중심성이 발달한다. 불안과 두려움의 대상은 상상 속 존재, 괴물, 어둠, 동물에 대해 급격하게 증가하여 동물이나 곤충에 대한 공포, 물에 대한 공포, 초자연적인 대상에 대한 공포가 나타난다. 초등학교를 입학하기 전인 5세에서 7세 사이에는 내면화된 양심이 발달된다. 이에 아동은 자신의 양심에 비추어 잘못된 것이 없었는가 하는 초자아 불안도덕적 불안이 나타나게 되는데, 이것이 해결되지 않으면 자아감 손상이나 우울감으로 발전될 수 있다(김붕년, 2007).

(3) 학령기

학교에 입학하면서 아동은 인지 능력, 사회 기술 등에 대한 환경적 요구를 많이 받게 된다. 이는 아동에게 필연적으로 수행 불안을 갖게 하여, 자신이 제대로 기능할 수 있는가에 대한 불안이 생기게 된다. 또한, 또래 경쟁이 본격화되는 시기로 또래 사이에서의 우정도 배우지만, 또래에 비해 자신이 뒤처지지 않을까 하는 두려움과 불안이 자연스럽게 증폭된다. 이와 같이 아동기에는 생존의 문제부터 사랑하는 대상을 잃어버릴까 봐 두려워하는 부분의 외적 상황에 대한 불안-공포로부터 점차 양심의 문제와 사회적 인정에 대한 스트레스와 같은 내면화된 개념적-인지적 불안으로 옮겨가게 된다. 7세 이후에는 두려움이 감소하는 경향이 있지만(Muris, Luermans, Merckelbauch, & Mayer, 2000), 80%의 아동에게서 걱정은 점차 증가하게 되는데 걱정 대부분의 내용은 수행이나 사회 문제에 대한 것과 관련되어 있다(Laing et al., 2009). 사춘기가 시작되는 초등학교 고학년 이후부터는 다른 사람에 대해 인식하기 시작하고 자의식이 생기면서 그에 따라 행동하려는 욕구가 강해져 남과 비교해서 생기는 걱정이 연령이 증가하면서 증가되고 청소년 중기에 최고조에 이르게 된다(이정윤·박중규, 2014, 재인용).

2) 불안한 아동의 특징 및 임상적 양상

발달시기에 경험하는 불안은 정상적인 것이다. 각 발달단계마다 아동이 두려워하는 것은 매우 흔할 수 있으나 공포와 불안이 오랫동안 지속되지 않는 경우가 대부분이고 정상적인 범위에서 경험하는 경우가 많다.

(1) 불안한 아동의 특징

과도한 불안을 가진 아이들은 일상생활학업, 또래 관계 등이나 건강한 자아 발달에 부정적인 영향을 줄 만큼 지속적이며, 심한 불안을 경험한다. 이러한 불안에 대한 정확한 원인이 밝혀지지는 않았으나 외적 스트레스와 내적 기질 요인의 결합으로 발생하는 것으로 연구되고 있다. 불안장애의 원인 요소로는 다른 사람들로부터 불안한 행동을 배우는 것, 민감하고 부끄러워하는 경향, 불안장애의 가족력, 선천적인 아이의 기질 등이 있다. 불안한 아동이 보일 수 있는 특징 양상은 다음에서 제시되는 것과 같으며 이런 특징, 양상이 보이면 불안장애를 생각해 보아야 한다.

- 자신 또는 부모님의 안전에 대한 지속적인 공포
- 등교 거부
- 잦은 위통과 다른 신체적 증상 호소
- 부모와 떨어질 경우 공포상태를 경험하거나 짜증이 생길 때

- 낯선 사람들과 이야기하거나 만나는 것을 힘들어함
- 일어나지 않은 일에 대하여 과도하게 걱정
- 새로운 것을 시도하기 위해 많은 주변의 지지가 필요할 때
- 청결, 손 씻기에 열중
- 편안하게 수면을 취하는 것에 대한 어려움
- 언어 표현으로 제한이 많은 아동의 경우 다양한 신체적 증상 호소: 좌불안석, 수면 장애, 땀이 많이 나고 손발이 차고 끈끈한 것, 가슴 두근거림, 근육 긴장과 두통, 신체 원인이 없는 통증과 아픔

발달단계에서 보이는 불안의 증상에 대해 리빙스톤(Livingston, 1996)은 막연한 걱정과 함께 두통, 땀 흘림, 두근거림, 답답함, 손발 저림 등의 신체 증상을 동반한다고 말하며, 이와 관련된 내용은 〈표 Ⅲ-1〉과 같다.

〈표 Ⅲ-1〉 불안의 증상

영역	특징
심혈관 계통	두근거림, 빠른 맥박, 일시적인 혈압 상승, 얼굴 빨개짐 혹은 창백해짐
호흡기 계통	숨 가빠짐, 호흡 증가
피부	피부 반점, 발진, 피부 온도 변화, 땀 흘림, 손발 저림
근골격 계통	손발 떨림, 몸 떨림, 근육 긴장, 근육 저림
소화기 계통	설사, 메스꺼움, 복통
다른 신체 기관	두통, 흉통, 지나친 걱정, 쉽게 놀람, 불면, 악몽, 어지러움, 졸도, 빈뇨
심리적-내적	공포, 긴장, 신경질, 흥분, 초조, 안절부절못함, 골똘히 생각함, 죽을 것 같음, 공황, 생각할 수 없음, 비현실감, 악몽
사회-행동적	매달리는 행동, 의존적, 소심, 위축, 사회적 상황에서 불편함, 반응이 적거나 지나치게 행동함, 조금이라도 위험한 일은 하려 하지 않음 혹은 지나치게 위험한 활동을 함

출처: 안동현(2018).

(2) 불안장애의 임상적 양상

아동에게는 분리불안장애, 선택적 함구증 그리고 특정공포증이 발달적으로 이른 시기에 나타나는 불안장애이다. 일반화된 불안장애는 8세에서 10세에 발병되는 경향이 있고 청소년기에는 사회불안장애, 공황장애가 가장 많이 발병하는 경향이 보인다(Saaverdra & Silverman, 2002). 아동기 불안장애의 유병률은 2~4%로 현재 추정되고 있다(안동현, 2018). 아동기 불안장애anxiety disorder란 불안을 일으키는 요소가 뚜렷하지 않은 상황에서도 과도한 불안을 경험함으로 인해 학업 성취 부진, 자신감 저하, 대인관계에서의 수줍음, 사회 기술 부족 등과 같이 아동의 기능 전반에 영향을 미치는 정서적인 어려움을 가리킨다(APA, 2000).

불안장애 아동은 두려운 일이 일어날 가능성 혹은 사건이 발생했을 때 초래되는 결과의 심각성을 과대평가하는 반면, 자신의 대처 능력 자원은 과소평가하는 경향을 나타낸다(Bailey, 2001). 즉, 불안장애 아동은 빈번하게 최악의 상황을 예측하며, 모호한 상황으로 지각하는 인지적인 특성을 가진다. 코박스와 데빈(Kovacs & Devin)은 불안과 우울이 함께 나타나는 공존율은 60~70%까지 높게 나타나고, 발달적으로 불안이 발병하게 되면 우울이 뒤따라 나타나게 된다고 하였다(Kovacs & Devin, 1998). 불안장애는 DSM-5에 분리불안장애, 특정공포증, 일반화된 불안, 사회공포증, 선택적 함구증, 공황장애로 분류되며, 불안과 관련된 강박장애, 외상 후 스트레스가 있다(APA, 2013).

❶ 분리불안장애

'분리불안장애'는 집이나 애착대상과 분리되는 것에 대해 과도하게 공포와 걱정을 보이는 경우이다. 부모들은 자녀들이 자주 아프다고 하고 너무 지나치게 집에 있기 좋아하는 것에 대해서 관심을 가지고 살펴보아야 한다.

분리불안장애를 보이는 아동은 학교나 유치원을 가야 할 때에 복통과 두통을 호소하기도 하다가 집에 있는 것을 허락하면 이러한 증상은 마법처럼 사라지는 것이 특징이다. 극단적인 경우 학교에 가는 것을 완전히 거부하는 경우도 있으며, 가족의 죽음이나 충격적인 사건, 가족과의 분리 등의 결과로 나타날 수 있다. 분리불안장애를 보이는 아동의 양상은 혼자 남겨질 때 떨어지지 않으려 함, 가족이나 친구들에게 나쁜 일이 벌어질 수 있다는 걱정, 부모나 가족이 돌아오지 않을지도 모른다고 두려워함, 혼자서 잠을 자거나 침대에서 자는 것을 무서워함, 학교 가는 것을 거부하는 것 등이다. 분리불안장애의 유병률은 4% 정도이나 불안장애 임상군에서는 거의 10%로 높게 나타나며 여자가 남자에 비해 더 자주 나타난다.

❷ 공포증

'공포증'은 사물이나 상황에 의해 유발된 특정 불안과 두려움, 결과적으로 회피행동을 나타내는 것이다유병률 5%(APA, 2013). 아동에게서 보이는 가장 흔한 예는 벌레, 개 등을 무서워하는 동물공포, 높은 곳에 못 가는 고소공포, 특정 소리를 무서워하는 소리공포, 좁은 공간을 두려워하는 폐쇄공포증이다. 좀 더 나이든 아동이나 청소년에서 흔한 공포의 하나가 사회공포증인데, 이는 남 앞에서 말하기 등의 타인의 응시나 주시에 대한 심한 공포증을 갖는 경우로 수행 불안으로 이어져 대인관계의 손상이 흔하게 나타난다. 어린 아동에게는 이런 사회공포가 선택적 함구증으로 나타나기도 한다유병률 0.3에서 1% 추정(APA, 2013). 아동은 대부분 정상적인 언어능력을 갖추고 있지만 먼저 말을 꺼내지 못하거나 사람들이 질문해도 대답을 하지 않는 등 부모 이외의 어른에게는 대화를 회피하는 경우이다. 이러한 경우는 체계적 둔감법 및 긴장이완을 위한 행동치료가 유용하다.

❸ 공황장애

'공황장애'는 아동·청소년에게서 발병되는 경우는 드물지만, 스트레스에 민감한 아동은 다양한 신체적 증상과 더불어 예측할 수 없는 공포와 죽음에 대한 불안의 느낌을 반복해서 경험한다유병률 0.5~6%(APA, 2013). 특징적 증상으로 빠른 맥박, 호흡곤란, 발한/오한, 몸을 떠는 것, 위 또는 가슴의 통증, 어지러움 등이 심한 심리적 공포반응과 함께 나타난다.

❹ 강박증

'강박증'은 성인처럼 강박적인 사고나 행동을 자연스럽게 받아들이고 여기에 저항하지 않는다. 피할 수 없는 느낌을 다루기 위해 아이들은 어떤 행동이나 생각을 반복할 수 있는 것을 말한다유병률 1%(APA, 2013). 대부분의 아이는 자신만의 비밀스러운 걱정거리나 의심 또는 기묘한 습관을 가지고 있다. 예로 6~7세 된 아이가 금을 밟지 않고 걷는 것 같은 게임을 하기도 한다. 하지만 몇몇 아동은 이러한 느낌, 걱정, 습관에 생활이 지배당할 만큼 강하게 영향을 받는다면 강박증을 의심해 볼 필요가 있다. 대표적인 강박 증상으로는 손 씻기, 반복적으로 정리하기 등이 있으며 치료 방법으로 인지행동치료와 약물치료를 병행한다.

❺ 외상 후 스트레스 장애

'외상 후 스트레스 장애'는 외상을 심하게 받은 아동이 다양한 후유증을 경험하면서 증상이 나타난다. 아동의 경우는 외상 후 스트레스 장애가 성인보다 매우 심각하다. 외상 후 스트레스 장애는 외상 사건에 대한 반복적이고 침습적인 기억이 그림, 놀이, 이야기 속에 외상적 기억이 재활성화되어 재경험되면서 불안공포 회피 반응과 더불어 과각성 상태에 빠지는 장애이다. 재경험 증상으로는 외상 후 놀이, 외상놀이 재현, 악몽, 양적 · 질적으로 현저하게 감소된 놀이 양상 등이 있고, 회피 증상에는 사회적 위축, 제한된 정서, 언어와 대 · 소변 가리기 같은 이미 획득한 발달적 과제의 상실 등이 있을 수 있다. 과각성 증상으로는 야경증, 집중력 감소, 과도한 경계심, 놀람 반응의 과정 등이 나타나고 공격성, 분리불안, 어둠에 대한 공포증이 함께 나타날 수 있다. 치료는 통합적 치료가 필요하며 부모교육, 놀이치료, 약물치료가 함께 시행되기도 한다.

3) 게임놀이치료 과정

(1) 게임놀이치료 과정에서의 평가

불안한 아동은 게임놀이치료실에 들어와 치료사와 상호작용을 거의 하지 않고 주변을 탐색하거나 긴장감이 높거나 어떤 경우는 등을 돌린 채 혼자 하는 놀이 활동 및 게임을 선택하고 혼잣말을 한다. 강박적인 아동의 경우 게임의 규칙을 자세히 읽고 그대로 세팅하려는 경향이 높아 세팅하는 데 놀이 시간을 소모하는 경향이 있어 충분히 게임놀이를 하지 못하기도 한다. 이때 치료사가 남은 시간을 알리면 매우 급해져 충동적인 모습을 보이기도 한다. 불안한 아동이 게임놀이치료 과정에서 게임을 할 때 쉽게 포기하거나 게임을 하는 동안 침묵을 견디지 못하고 혼잣말하고, 자기 차례를 지키기 못하고 충동적인 모습을 보이는 경우는 공격적인 성향 때문이 아니다. 이러한 특성은 불안한 아동이 보이는 신체적·생리적 각성과 긴장으로 인해 흥분되고 지나치게 정서와 행동을 억제하는 경향으로 자극을 회피하고 타인을 거부하거나(Fox & Pine, 2012), 경계 증가 및 위협에 대해 더 주의를 기울여 과잉 활성화되는 것이다(Pine, Helfinstein, BarHaim, Nelson, & Fox, 1999).

아동은 게임의 매뉴얼을 꼼꼼하게 검토하고 매뉴얼에서 보이는 모습으로 세팅하려는 특성을 보인다. 충분히 말을 움직이지 못하고 다시 리셋하는 모습을 보이기도 하고, 치료사의 말에 매우 민감하게 반응하며 주변의 것에 시간과 에너지를 쏟는 경우가 많다.

(2) 게임놀이치료의 목표와 치료사의 역할

불안한 아동은 불안과 관련된 부정적 사고, 인지적인 오류가 많고 생리적으로 각성되는 특성이 높다. 특히 불안한 아동은 비합리적인 사고를 합리적 대안으로 변화하는 데 요구되는 인지적 유연성 및 전략, 메타인지가 부족하며, 생리적인 각성과 긴장으로 인해 주의집중이 어렵고 이해 속도가 느려서 정보처리 과정이 미숙하여 인지적인 재구성 작업이 어려울 수 있다. 이에 비해 게임은 놀이의 유형으로 받아들여 아동의 생각, 감정 및 행동에 대한 방어를 해소하는 데 도움이 된다(Schaefer & Reid, 2001). 따라서 불안한 아동을 위한 게임놀이치료의 목표와 치료사의 역할은 다음과 같다.

❶ 안정적 분위기 제공하기

우선, 게임놀이치료에서 치료사가 안정적인 분위기를 제공하고 아동이 치료실에서 편안함과 이완을 경험할 수 있도록 한다. 이를 통해 치료실에서 느끼는 긴장감과 각성에서 편안함을 경험하게 되면, 아동은 외부 환경이나 타인에 대한 불안을 극복하기 위해 치료실에서 적극적인 탐색과 게임 선택을 통해 자기 경험을 하게 된다.

❷ 게임놀이 과정에 모델링 보여 주기

게임놀이치료 과정을 통해 아동이 자신의 행동 변화를 바꿀 수 있도록 돕는다. 치료사는 아동이 게임을 하는 동안 주변 및 외부에 대한 평가와 의식과 관계없이 자신의 생각, 감정, 행동, 신체·생리적 증상을 스스로 경험하면서 모니터링하는 등 자기 감찰을 증진시킨다. 게임 과정에서 긴장을 이완하고 불안을 감소시키고 신체·생리적 각성을 조절하려면 자극에 대한 주의집중과 반복적인 연습이 중요하다. 특히 게임은 아동의 흥미를 유발시키고 주의집중과 게임 과정의 반복을 통해 이완 기술 습득에 매우 효과적인 도구가 된다. 이를 위해 치료사는 게임놀이치료 과정에서 모델링을 보여 주는 것이 중요하다. 따라서 치료사가 지금–현재를 강조하며 스스로 모델링을 보일 때 이 과정을 통해 아동은 부분적 일치를 이루고 발달이 촉진되며 교정적인 정서 경험을 이루게 된다(김윤희, 2001).

❸ 전략적 사고 및 대안을 찾도록 촉진 반응하기

게임놀이치료 과정을 통해 아동은 다양한 관점을 취하고 문제를 해결하고 대안적인 사고를 찾아내는 인지적 재구성 작업을 활성화하여 다양한 인지적 전략을 획득할 수 있도록 한다. 즉, 게임에 몰두함으로써 반복적으로 불안과 관련된 사고를 반추하는 불필요한 주의 과정의 손상을 줄일 수 있다(Friedberg & McClure, 2007). 따라서 치료사는 게임놀이치료 과정에서 아동이 충분히 게임에 몰두하고 전략을 세우고 대인적인 사고를 할 수 있도록 촉진하고 반응해 주는 것이 필요하다.

❹ 불안을 최소화하는 기법을 시도하도록 돕기

게임놀이치료 과정에서 아동은 불안을 일으키는 상호작용 상황이나 수행 상황에 노출될 때 이를 실제 사건이 아닌 놀이 사건인 가상 사건으로 인식하므로, 불안을 최소화하면서도 게임 과정에서 일어나는 자극에 직면하여 불안을 다룰 수 있도록 한다. 즉, 치료사는 아동이 게임놀이치료의 놀이적 특성을 살려 반복적으로 다루고 지속적으로 학습한 기법을 쉽게 시도해 볼 수 있도록 한다.

4) 게임놀이치료 기법

게임놀이치료에서 심리적으로 불안하고 경쟁적인 부분을 견디기 힘들어하는 아동은 전략 게임을 선택하는 것을 매우 어려워한다. 즉, 불안한 아동은 자아기능이 약하여 경쟁적인 상황에서 일어나는 현실적 정서인 불안을 조절하여 인지적인 능력을 발휘하기가 어렵다. 따라서 치료사는 게임놀이를 통해서 불안한 상황을 견디고 힘을 키워 자아가 강화되고 불안이 감소될 수 있는 치료 기법을 고려해야 할 것이다.

(1) 체계적 둔감화를 위한 게임놀이치료 기법

울프(Wolpe, 1969)는 긴장이나 불안, 공포반응에 대한 역조건화로 이완을 폭넓게 활용할 수 있다고 하였다. 하지만 어린 아동의 경우 이완 활동을 배우고 기억하는 것이 어렵기 때문에 아동에게 자연스럽고 매력적이며 흥미를 끌 수 있는 놀이로 대립반응(이완과 공포)을 제공하는 것이 중요하다. 놀이행동은 아동에게 유쾌함, 즐거움, 유능감, 신남, 몰입감 등 다양한 긍정적 감정을 유발하기 때문에 이 모든 정서는 공포나 불안과는 상충된다.

치료사는 아동의 두려움과 공포증 극복을 위해 게임놀이치료 기법을 활용한다. 특히 게임놀이치료는 반복적인 절차를 통해 아동의 두려움과 불안을 감소시키고 반복하는 동안 아동에게 긍정적인 영향을 주게 되며, 이를 통해 익살스러운 소리, 두려움에 대한 감정 표현 등을 과장되게 표현하기도 한다.

이러한 과정이 반복되면 아동은 현실에서 사용할 수 있는 적응적인 대처 기술을 치료사를 보면서 모델링하고, 치료사는 게임 상황에서 좀 더 어려운 난이도를 제공하여 스트레스에 노출시키는 강도를 높여 간다. 이런 반복 기술을 통해 실제적 둔감화가 이루어질 수 있다.

'퍼펙션' 게임을 통한 체계적 둔감화 게임놀이치료 기법과 사례

실습

퍼펙션

게임 연령 5세 이상
게임 분류 소근육 및 전략 게임
인원/시간 1명 이상/5분 이내

게임 방법

- 타이머가 작동하면 재빨리 모형 조각을 가져와 모형 틀에 끼운다.
- 타이머가 모두 돌아가면 눌려 있던 틀이 큰 소리와 함께 위로 솟아오르고, 동시에 꽂혀 있던 블록이 모두 흩어진다.
- 시간 안에 도형 블록을 모두 맞춰 끼운 사람은 스위치의 정지(stop) 부분을 눌러 작동을 멈춘다.
- 가장 짧은 시간에 도형을 모두 맞춰 끼운 사람이 이긴다.

게임 효과

- 시각적 주의력을 향상시킨다.
- 시간에 대한 인식을 통해 시간 조절 및 자기 조절력을 키운다.
- 불안 극복을 통해 자아기능을 강화한다.
- 긍정적 정서와 함께 게임 규칙을 습득하고 시행하여 두려움을 다루는 두려움의 역조건화를 증진시킨다.

게임놀이치료 적용에 있어서 고려사항

- 치료사는 아동의 연령과 수준에 맞게 선택할 수 있도록 촉진하다.
- 치료사는 게임하는 과정 동안 긴장감을 다루는 방법(예: 호흡하기, 자신에게 긍정적으로 강화하는 말을 소리 내서 하기, 행하는 과정을 모니터링하기)을 보여 주면서 모델링하도록 하며, 이완 기술 훈련을 습득하도록 한다.
- 아동의 선택과 성공을 격려하고 정서적으로 지지한다.

사례

아동은 '퍼펙션'에서 나는 시계가 돌아가는 소리에 매우 긴장하고 놀란다. 소리를 끄고 한참 쳐다본다.

치료사 소리가 나서 하고 싶지 않구나. ☞ 아동의 정서 반영하기

아 동 (조각을 찾아서 소리 없이 맞춰 본다.)

치료사 ○○이는 시계소리가 들리지 않게 해 놓고 조각을 맞춰 보고 있구나.

일주일 후

아 동 (퍼펙션 게임을 가지고 와서 시계를 돌려보고 눌러서 조각을 맞춰 보는데 시계 초침 소리가 나자 아동은 다시 시계를 돌려서 60초에 맞춘다.)

아 동 아하! 자꾸 소리가 나니까. 으흐흐흐.

치료사 시계 소리가 나면서 초침이 돌아가니까 긴장되고 다시 하고 싶어져서 초침을 원래대로 돌리네.

아 동 선생님이 한번 해 봐요.

치료사 그래? 내가 먼저 하는 걸 보고 싶구나. (퍼펙션을 가지고 온다.)
나도 한 번에 하기 어려울 수 있으니까 20개만 골라서 해야겠다.
(고른 후) 선생님도 소리가 나면 떨리고 긴장되니까 잠깐만!
(심호흡한다.) ☞ 긴장감을 조절하기 위한 이완 훈련 모델링 보여 주기
천천히 하자. 나는 할 수 있어. ☞ 자기 강화를 위한 자기 진술 모델링 보여 주기
(게임을 시작한다.)

아 동 (갑자기 놀이실 구석에 달려가서 쳐다본다.) 와! 터지면 어떡하지?

치료사 (성공한다.) 터질까 봐 겁나서 저기 구석에 있었구나. ☞ 아동의 정서와 행동을 언어로 전달

아 동 제가 해 볼래요. 5개만 할게요. (아동은 조각을 5개만 고르고 심호흡을 하고 성공한다. 시간이 많이 남아서 계속 시계바늘이 돌아가는 소리가 난다.)

아 동 와하!

치료사 5개 선택했는데 성공하고도 시간이 많이 남았네. 네가 좀 더 많은 조각을 선택해도 성공할 수 있을 것 같다. ☞ 성취감을 경험하기 위한 격려와 촉진

아 동 그럼 이번엔 15개 도전!

치료사 15개에 도전할 수 있구나.

아동은 반복하여 25개까지 도전하고 성공한다. 이후 아동은 퍼펙션이 완성되고 시간이 남아 터지려고 할 때 이전에는 리셋하였으나 옆에서 놀이처럼 웃는다. ☞ 반복 놀이를 통한 성공 경험, 불안 극복 및 자기 강화

아 동 와하! 다섯, 넷, 셋, 둘, 하나! 폭탄 터진다! (큰 소리를 내며 퍼펙션이 '펑' 하고 올라가자 아동은 신나하며 즐거워한다.) ☞ 정서에 대한 자기표현 증진

(2) 인지적 재구성화를 위한 게임놀이치료 기법

인지와 관련된 행동적 적응을 강조하는 인지적 재구조화는 문제 상황에서 인지하고 대안을 창출하며 창출된 대안을 행동하고 연습하도록 하여 인지를 변화시키고, 변화된 인지가 행동의 변화를 가져오고, 변화된 행동은 다시 인지를 긍정적으로 강화시킨다. 크넬(Knell, 1993)은 인지적 재구조화를 아동에게 적용하기 위해서 아동의 흥미와 동기를 유발시키고 치료의 저항을 감소시키며 아동의 수준에 적합한 놀이의 치료적 요인을 통합시킨 인지적 재구조화를 대안으로 제시하였다.

첫째, 인지적 재구조화를 위해서는 재미와 즐거움을 주는 게임놀이를 통해 불안한 아동에게 감정을 활성화하여 치료적인 동맹관계를 발전시키고(Schaefer, 1993), 신뢰감과 친밀감을 형성하도록 한다(Kottman, 1995).

둘째, 아동이 문제 상황에 대해 인식하고 목표를 수립하는 문제 지향 및 정의 단계에서는 충분한 감정의 정화를 이루게 한다. 즉, 불안한 아동은 정서를 억제하고 부정적인 자기 평가, 자기 비난을 하면서 서툰 감정 표현을 했기 때문에 게임놀이치료 과정에서 게임놀이를 통해 말로 표현하지 못했던 생각과 느낌을 솔직하게 표현할 수 있게 한다.

셋째, 문제 상황에 대한 효과적인 대안을 결정하는 대안 창출 및 의사결정 단계에서는 게임놀이치료 과정에서 자기 행동에 대한 자율성을 갖도록 한다. 즉, 게임놀이 과정 동안 아동은 자신이 직접 말이나 카드를 선택하면서 자신감을 갖게 되고, 자기 자신에 대한 이해, 타인과 의사소통을 하면서 자신의 취약점을 극복하게 된다.

마지막으로, 최적의 대안을 실행하고 평가하는 단계에서는 감정, 행동 및 자기 조절을 하게 되는데 게임놀이를 통해 좌절, 인내, 자기 행동에 대한 제한을 받아들이고 내적 통제감이 발달된다(Peller, 1954: 백선임, 2006, 재인용).

'서펜티나'를 통해 친밀감 형성 게임놀이치료 기법과 사례

사례 불안하고 부주의한 7세 남아

아동은 엄마와 함께 들어와서 엄마 얼굴을 한 번 보고 치료사의 얼굴을 한 번 보는 등 다소 긴장되며 위축된 모습이다.

엄 마 ○○이가 어려운 것을 하면 어떡하나 하고 왔어요.

치료사 많이 걱정하면서 놀이실에 왔구나. 오늘은 엄마와 ○○이, 선생님이랑 함께 게임놀이를 할 건데, 어떠니?

아 동 (엄마를 쳐다보고 웃는다.)

치료사 (치료사가 가져온 게임 3개를 보여 주며) 이 중에서 네가 하고 싶은 게임을 고를 수 있어. 어떤 게임인지 간단하게 말해 줄 테니 듣고 나서 어떤 걸 함께 하고 싶은지 골라 봐.

아 동 (치료사가 게임에 대해 설명해 주자 '서펜티나'를 선택한다.)

엄 마 와하! 이거 할 거야. 순서는 어떻게 할까?

아 동 (손가락으로 자신, 엄마, 치료사를 가리킨다.)

치료사 네가 먼저 하기로 했구나.

아동은 서펜티나 게임을 하는 동안 자리에 앉았다가 일어나면서 자신이 원하는 카드가 나오면 활짝 웃으며 치료사, 엄마와 눈 마주침이 많아진다.

실습

서펜티나

게임 연령 4세 이상
게임 분류 우연 게임
인원/시간 2명 이상/5분 이내

게임 방법

- 카드를 잘 섞은 뒤 앞면이 보이지 않게 뒤집어 바닥에 늘어놓는다.
- 뒤집어 놓은 카드 중 한 장을 뽑아 가운데에 앞면이 보이게 펼쳐 놓는다.
- 차례가 되면 부채꼴로 펼쳐 놓은 카드더미에서 카드 한 장을 가져온다.
- 가져온 카드가 바닥에 놓인 카드와 같은 색깔로 연결되면 바로 연결시킨다. 가져온 카드가 바닥에 놓인 카드와 연결되지 않으면 이미 놓인 카드와는 떨어뜨려서 따로 펼쳐 놓는다.
- 새로 뽑은 카드를 뱀에 연결해 뱀의 길이를 늘일 수 있다. 양쪽 어디든 늘일 수 있지만 머리나 꼬리가 이미 놓인 쪽은 늘일 수 없다.
- 하나 이상의 몸통과 머리, 꼬리를 모두 가지고 있으면 뱀이 완성된다. 머리나 꼬리를 연결해 뱀을 완성한 사람이 완성된 뱀 카드를 가져온다.
- 무지개 색 머리와 꼬리는 색깔과 관계없이 몸통에 연결할 수 있다. 완성되지 않은 뱀이 여러 마리가 있는 상황에서, 참여자 중 한 명이 떨어져 있는 뱀 두 마리를 이어서 완성할 수 있는 색깔의 카드를 뽑았다면 뱀을 합칠 수 있다. 뱀을 최종적으로 완성한 사람이 가져온다.
- 카드를 많이 모은 사람이 게임에서 승리한다.

게임 효과

- 시각적 변별 능력을 향상시킨다.
- 우연적인 카드에 따르기 때문에 게임에 대한 부담감을 줄이고 친밀감을 형성시킨다.

'인앤아웃'을 활용한 감정 표현 놀이치료 기법 및 사례

불안한 아동은 감정 표현을 어려워하기 때문에 더욱더 부정적인 정서를 행동으로 표출할 수 있다. '인앤아웃' 게임을 활용하기 전에 워밍업 활동으로 '내 마음에 색칠하기'를 먼저 실시한다. 이때 치료사는 아동에게 감정의 색을 명명해 주고(빨간색 – 화 또는 분노, 노란색 – 행복 또는 기쁨, 파란색 – 슬픔 또는 우울, 초록색 – 걱정 또는 불안), 일상생활에서 경험하면서 표현하지 못했던 감정을 신체가 표시된 사람 그림에 마음껏 색을 칠하게 한다그림 Ⅲ-1 참조. 이 활동이 끝나면 인앤아웃 게임을 실시하여 좀 더 자기표현을 활성화하도록 한다.

그림 Ⅲ-1 내 마음 색칠하기

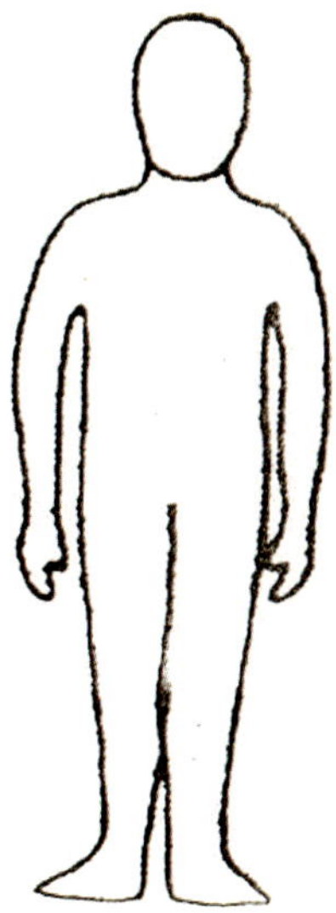

사례 불안하고 분노조절이 어려운 초등학교 2학년 남아

아동은 자신의 감정을 표현하지 못하고 교실에서는 참고 있거나, 누가 자신의 의견과 다르게 말하면 긴장하고 자신의 물건을 부수거나 갑자기 화를 내는 아동이다. 자신의 이야기를 잘 표현하지 못하고 감정에 대해서 모른다고 자주 말을 하여 내 마음에 색칠하기를 설명해 주고 색을 칠하였다.

아 동 (손과 발을 빨간색으로 칠하고 얼굴에 빨간색으로 표정을 그려 넣는다. 노란색으로 몸통과 다리를 칠하고, 머리와 얼굴은 초록색으로 덧칠한다.)

치료사 얼굴에 상처가 났네. 무슨 일이 있었니?

아 동 동생이랑 싸웠어요. 동생이 옷걸이를 던졌는데, (빨간색으로 칠하며) 화가 많이 났어요. 주먹으로 때리고 발로 차고 그래서 빨간색이에요.

치료사 많이 아팠겠네. 무슨 일이 있었길래?

아 동 내가 숨겨둔 과자를 모두 먹었어요, 누나와 동생이.

치료사 속상했겠네. 그런데 누나와는 싸우지 않았어?

아 동 누나는 자기 먹으라고 한 줄 알고 먹었다고 미안하다고 했는데 동생은 메롱거리고 어쩔건데 해서….

치료사 너는 누나가 미안하다고 말해서 화가 풀렸구나. 그런데 동생은 미안하다는 말보다는 장난하고 놀려서 더 화가 났구나.

아 동 네. 그래서 괜찮은데, 동생은 얄미워요.

치료사 넌 사과를 받으면 금방 기분이 풀리는구나. 그런데 동생에게는 화가 나서 싸웠구나.

실습

인앤아웃

출처: 박성옥(2019). 한국임상게임놀이학회.

게임 연령 5세 이상

게임 분류 우연 게임/감정 표현

인원/시간 2명 이상/20분 이내

게임 방법

- 빨간색(화와 관련된 감정), 파란색(슬픔과 관련된 감정), 노란색(기쁨과 관련된 감정)에 감정단어가 기록된 카드를 테이블 위에 엎어 놓는다.
- 참여자는 차례대로 한 장씩 선택하여 선택한 감정단어를 혼자 보고 그 감정을 불러일으키는 일이 자신에게 언제, 어떻게 일어났는지를 설명한다.
- 치료사나 다른 아동은 설명하는 것을 잘 듣고 공감한 후 그 경험에 맞을 것 같은 감정을 추측하고 이야기하여 맞힌다.
- 감정단어카드를 많이 가진 사람이 승리한다.

게임 효과

- 감정에 대한 인식을 돕는다.
- 자신의 감정을 표현하는 기회가 된다.
- 공감 능력을 향상시킨다.
- 과거 회상을 통해 재경험하여 교정적인 정서 경험을 하도록 한다.

적용 시 고려사항

- 감정 표현에 익숙하지 않는 대상, 감정에 민감하지 못한 대상에게 활용할 수 있다.
- 감정단어카드를 모두 보고 자주 느끼는 감정과 느끼고 싶지 않은 감정, 느끼고 싶은 감정을 골라 보게 한다. 느끼고 싶지 않을 때 나타나는 행동 특성에 대해서 인식하고 살펴보게 한다.
- 발달 연령에 맞는 감정단어카드를 준비하는 것이 중요하다.

2 우울한 아동을 위한 게임놀이치료

1) 발달에 따른 우울의 증상

아동은 언어적인 능력의 한계로 자신의 감정을 표현하는 데 한계가 있고 인지기능이나 사회화도 성인과 다르기 때문에 아동기 우울증은 성인의 양상과 다르다. 성인과 아동의 발달상의 차이를 보면, 첫째, 아동은 자신이 재미있다고 생각하는 것은 끝없이 계속하려 하는 반면 실망 또한 쉽게 잊지 못하고 계속되는 경향이 있다. 둘째, 자신의 감정이나 불편함을 언어로 표현하는 데 한계가 있어서 이를 신체적 호소나 행동으로 표현하기 쉽다. 셋째, 정서가 불안정하고 감정이 쉽게 드러나는 특징이 있다. 넷째, 현실 판단 능력이 부족하여 주로 부정과 무관심, 책임 회피의 방법을 쓰고 자기중심적이어서 현실적 사건을 구분하여 처리하지 못한다. 마지막으로, 후기 아동기에는 죄책감을 느낄 수 있어 그 이전까지는 뭔가 나쁜 일이 있을 때 자신을 비난하기보다는 환경을 탓하는 경향이 많다(강경미, 1994).

(1) 걸음마기와 학령전기

발달단계에 따른 우울 증상을 살펴보면 유아기 우울은 유아가 어머니와 분리되었을 때의 반응으로 저항, 절망, 분리의 3단계로 나타난다. 이때 유아에게는 발달지연 및 어머니와의 관계에서 무표정하고 사회적 철회 및 활동성의 감소 등 의존성 우울을 보인다(Bowlby, 1980). 학령전기 우울증은 흔하지 않지만, 주로 슬픈 표정, 무가치감, 수면 또는 섭식 문제, 피곤함, 자해, 짜증, 무표정, 반항적 행동 및 두통, 복통 등 신체적 호소로 나타나기도 한다. 구체적으로 보면 걸음마기 아동은 식욕 저하, 수면 부족생장 증상, 발달 이정표 습득 지연걷기, 말하기, 배변훈련, 악몽과 야경증 등이 우울증의 증상으로 나타날 수 있다. 이러한 연령에서는 과도한 헤드뱅잉 또는 흔드는 행동으로 동요된 표현을 나타낼 수도 있다(최은실, 2015). 루비 외 연구자들(Luby et al., 2003, 2006)은 DSM-5 기준을 어린 아동에게 적용하는 데 있어 현재 기준이 아동에게 지나치게 엄격하기 때문에 과소 진단될 가능성이 있다고 지적하였다.

(2) 아동기

아동기의 우울은 유전적이라기보다 환경적일 수 있다(Thapar, Harold, & McGuffin, 1998). 이 연령 단계의 환경적 스트레스 요인에는 가족 갈등, 양육 방식의 문제, 또래 거부가 포함된다. 아동기 우울증의 증상은 신체적 호소, 과민함, 사회적 위축으로 나타날 수 있다. 아동에게 두드러지게 나타나는 특성은 자주 성냄, 불안, 놀이를 하는 데 흥미가 없음, 자주 접촉하려는 것, 학습의 어려움, 피로감, 조용한 아동, 과잉 불안이다. 정신·신체적 양상으로는 유뇨증, 유분증이 있을 수 있고, 야경증 및 성기 만지기, 울음, 소리치며 발작, 자기 고립적 경향을 보인다(김경희, 2009).

이 연령 범위의 일반적인 공존 질환으로는 행동장애, ADHD, 불안장애가 있다(APA, 2013). 우울한 아동은 종종 낮은 자존감을 가지며, 자기 비판적일 수 있다. 이 연령 단계의 우울증은 아마 저조한 학업 성취와 사회적 관계의 문제로 나타날 수 있다. 행동적 측면으로는 행동화분노, 위축슬픔 사이에서 다양하게 나타날 수 있으며 낮은 좌절인내성도 나타난다.

(3) 청소년기

사춘기 이후 청소년기는 다양한 신체적 또는 정신적 징후를 갖는다. 여기에는 수면과다증, 불면증, 체중 감소나 체중 증가, 식욕의 변화 및 피로 등이 포함된다. 이뿐만 아니라 기분이 매일 변해서 환경에 적절하게 반응할 수 없는 내인성 징후가 증가한다(Ulloa, 2000). 리안 외 연구자(Ryan et al., 1987)에 의하면, 청소년기에는 신체상에 대한 높은 민감성 때문에 못생겼다거나 매력적이지 않게 여기는 신체적 특징이 신체 유형에 기반한 부정적 자기 평가로 바뀔 수 있다고 한다. 부정적 사고 패턴들은 낮은 자존감, 저조한 학교 성취, 사회적 위축 또는 비행 행동, 성적인 행동화 또는 물질 남용에서 나타나는 위험 감수 행동의 증가로 일반화될 수 있다.

청소년기에 흔히 나타나는 증상으로는 정신운동 지연/과다수면과 망상특히, 환청이 있다. 이 연령 범위에 흔한 공존 질환으로는 행동장애, ADHD, 불안장애, 물질장애 그리고 섭식장애가 포함된다(APA, 2013).

2) 우울의 임상적 양상

주요우울장애의 핵심적인 임상 특징은 아동, 청소년, 성인 간에 비슷하지만, 이러한 증상들은 연령 수준에 따라 다르게 나타난다. 또한, 발달단계에 따른 환경적인 스트레스 요인에 의한 변화를 예측해 볼 수 있다예: 과민함은 아동 증상에서 흔한 것으로 아동의 '슬픔'을 대체함. DSM-5는 아동의 증상 출현에 있어 진단에 필요한 기간을 구별하여 명시하였으며지속성 우울장애 아동의 경우 1년, 성인의 경우 2년, 발달 수준에 따라 나타나는 전형적 증상의 다양한 특징에 대한 정보를 제공한다. 주요우울장애의 진단기준은 매일 우울한 기분, 흥미 또는 즐거움이나 활동이 뚜렷하게 떨어짐, 체중 감소와 식욕 저하이며, 아동의 경우 체중 미달, 거의 잠을 자기 어려워함, 안절부절못하거나 이와는 반대로 꼼짝하지 않는 것, 피곤, 허무하고 지나친 죄책감, 생각이 잘 나지 않고 집중이 어려움, 결정을 못 내림, 계속해서 죽는 생각이나 자살 시도가 있을 때이다(APA, 2014).

아동·청소년의 우울장애 지속 기간은 평균 7~9개월로 알려져 있고 90% 정도는 1.5~2년이 지나면 호전되고 약 6~10%만이 지속된다. 아동의 성별에 따른 유병률은 거의 같으며 주요우울장애 아동은 0.4~2.5%, 청소년은 0.4~8.3%의 발생빈도를 보인다(안동현, 2018). 정서조절장애로 구분되는 파탄적 기분조절장애는 지속적인 자극 과민성이 핵심으로 DSM-5에서 새롭게 등장한 병명이다. 심한 자극과민성이란 잦은 분노 발작으로 대개 좌절 상황에서 자기 발달 수준에 맞지 않는 언어적 혹은 행동적재물, 타인 및 자신에 대한 공격적 형태 형태로 나타난다. 또한, 심한 분노발작 사이에 존재하는 만성적이고 지속적인 과민하거나 분노에 찬 기분을 특징으로 하고 이러한 기분은 거의 온종일 매일 나타난다. 파탄적 기분조절장애는 우울장애의 하위 유형으로 불안장애가 함께 진단될 가능성이 높다. 이러한 아동은 낮은 좌절인내력으로 인해 학교 적응, 가족관계 혹은 또래관계에서 많은 곤란을 겪게 된다(안동현, 2018).

3) 게임놀이치료 과정

(1) 게임놀이치료에서의 특성

시테트와 토스(Cicchetti & Toth)는 양육자의 민감한 양육에 대한 반응으로 안정애착관계가 나타나며, 생물학적, 사회·정서적, 인지적 체계에 걸쳐 정서 조절이 발달된다고 한다. 즉, 안정애착관계에서 양육자가 아동에게 민감하게 반응하면 아동은 자기를 진정시키고, 체계 안에서 긴장을 줄이고 평정심을 배우게 된다. 만일 부모가 아동에게 민감하지 않고 반응적이지 않다면 아동은 부모에 대해 불안정 애착을 형성하게 되고, 아동의 정서 조절 체계는 적절하게 발달하지 못하게 된다. 정서에 대한 조절은 사회적 상호작용과 자기의 긍정적인 표상 모델을 발달하는 데 있어서 성공적으로 적응하기 위한 필수적인 기술이다(Macklem, 2008). 정상적이고 안전한 정서 조절 체계가 이루어지지 못하면, 외부 자극에 부정적 정서가 활성화된다. 이러한 경우 아동은 자극을 회피하거나 과민하게 반응하며 싸우거나 위협적으로 느껴져 얼어붙어 멍해진다. 이러한 정서적·역기능적 반응은 우울의 증가 및 위축, 불안 등 내재화 문제 발달과 연관된다(Ciccheti & Toth, 1998).

우울한 아동의 두드러진 정서 조절 체계의 어려움은 게임놀이치료 과정 중 좌절인내력, 자아기능에서 두드러지게 나타난다. 즉, 우울한 아동은 좌절인내력 차원 중 승리에 대해 받아들일 때, 승리에 대한 결과를 기쁘게 표현하지 못하며 불편해 하는 경우가 많다. 우울한 아동은 게임이 조금만 낯설거나 어렵다고 생각되면 시도조차 하지 않으려고 하거나 처음에 시작하다가도 쉽게 포기하거나 다른 놀이로 전환하는 경우가 많다. 또한, 우울한 아동 중 과민하고 짜증이 많은 경우는 자신이 던진 주사위나 자신의 말을 잘 찾지 못하고 부주의한 모습을 보이기도 한다. 게임놀이치료를 실시하기 전에 부모면담이나 아동을 통해 아동의 우울한 정도를 우울검사로 평가할 수 있으며 이후 게임놀이치료에서 아동의 변화 과정을 우울검사로 파악할 수 있다부록 A의 2. '아동우울척도' 참조. 게임놀이치료 과정에서 아동이 보이는 게임놀이 행동 특성은 자신에 대한 낮은 긍정적 정서성과 자아존중감을 나타내고 있다.

(2) 게임놀이치료 목표와 치료사의 역할

우울한 아동을 위한 게임놀이치료의 목표는 긍정적인 정서성 경험, 자기 경험을 통한 긍정적인 자기표상을 높이고, 자아존중감을 강화하여 정서적인 조절이 이루어질 수 있도록 하는 것이다. 치료 목표와 치료사의 역할은 다음과 같다.

❶ 긍정적인 정서 경험

'긍정적인 정서 경험'을 위해서는 먼저 안전을 기반으로 치료적 동맹을 맺어 자기 위로 능력을 형성하여 정서적인 조절력을 갖도록 하는 것이 중요하다. 만약 아동이 치료 상황에서 안전하다고 느끼기 못한다면 긍정적인 정서가 나타날 수 없기 때문에 치료적인 동맹이 발생할 수 없다.

따라서 치료사는 놀이실이 안전한 환경인지를 확인하는 작업을 해야 한다. 안전하게 만드는 것은 비밀보장예외사항 포함에 대한 설명, 아동과 치료사 모두의 신체적 안전과 관련된 제한을 확인하는 것, 아동에 대한 진실성, 예측 가능하고 일관된 놀이실, 시간, 게임도구를 제자리에 두는 것, 온전히 아동과 함께 그리고 아동을 위해 있다는 것을 느끼도록 하는 것이다.

이뿐만 아니라 치료사는 재미있고 즐거운 놀이와 유머를 사용하여 아동이 게임놀이치료 과정을 즐겁게 느끼도록 하는 것이 중요하다. 게임놀이치료 회기 과정에서 치료사는 분별력을 가지고 아동의 전반적인 감정에 일치하고 치료사 역시 자신이 경험한 감정에 대한 분명한 자기노출을 한다. 주의해야 할 점은 치료사가 아동에게 반감이나 화를 전달하지 않고 표현하는 것, 감정 표현에서 언어적·비언어적 방법을 둘 다 모델링하는 것이 매우 중요하다(유미숙 외, 2015).

❷ 긍정적인 자기표상

우울한 아동의 치료적 목표는 자기 경험을 통한 '긍정적인 자기표상'이 형성되어 자아존중감을 강화하는 것이다. 게임놀이치료는 아동에게 비언어적 의사소통의 통로를 제공하고 긴장을 방출하고 놀이를 통해 감정을 표현할 수 있는 감정 배출의 창구가 되며 놀이 활동을 통해 자신감을 회복할 수 있다.

치료사의 역할로 중요한 것은 아동이 자기 능력에 대한 지각을 평가하고, 왜곡된 지각에 초점을 맞춰 현실 감각을 높여 주고, 자기 능력 부족 시 대인관계 기술을 높여 주며 아동에게 건강한 동일시를 할 수 있도록 모델이 되는 것이다(김윤희, 2001).

❸ 자아존중감 강화

치료사는 아동이 자신을 자유롭게 표현할 수 있는 환경을 조성하고, 있는 그대로의 아동을 수용한다. 치료사의 있는 그대로의 수용은 아동에게 스스로 가치 있는 사람이라는 것을 보여 주는 것으로 자아존중감 강화의 핵심 요소이다. 특히 치료사는 수용, 공감, 끊임없는 관심, 일치성을 게임놀이치료의 기반으로 두고, 제한은 현실 세계의 환경 속에서 제공한다. 아동이 치료사에게 인정받는다고 느끼게 되면, 아동은 결국 자기 수용을 갖게 된다. 따라서 치료사의 무조건적인 수용은 아동의 자아존중감 강화의 중요한 요소가 된다(Mruk, 2006).

4) 게임놀이치료 기법

치료적 동맹은 게임놀이치료사와 아동 간에 일어나는 다양한 치료사-아동 간의 상호작용 요인과 관계 요인을 설명하는 포괄적인 용어이다(Green, 2006). 보딘(Bordin, 1970)에 의하면, 건강한 치료적 동맹은 아동이 치료사와 같은 목적을 가질 때, 치료적 과정에서 안정감과 신뢰감을 경험할 때, 치료사와 편안함을 경험할 때 분명해진다고 하였다. 게임놀이치료는 즉흥적으로 선택해서 정서적으로 연결되며 활동적인 경험을 통해 치료적 동맹을 맺는 데 유용하다. 아동의 감정에 정확하게 공명하도록 치료사를 돕는 거울 뉴런을 활성화시켜 새로운 신경 패턴의 창조를 촉진시킴으로써 신경가소성을 촉진한다(Cozolino, 2010). 이러한 놀이 경험은 치료적 동맹을 향상시킨다.

게임놀이로 촉발되는 긍정적 효과는 다른 사람과 연결하는 접속 감정으로, 게임 활동은 두 사람 간의 관계를 즐거운 유대감으로 창조한다. 즐거움을 함께 경험한 아동은 치료사를 신뢰하고 배려심 있고 가까워지기 쉽게 여기고, 놀이에 의해 촉발된 활력과 신남은 동맹을 더 재미있고 열정 넘치게 만들며 관계를 구축하게 한다(Masselos, 2003).

(1) 치료적 동맹으로 관계형성을 높이기 위한 게임놀이치료 기법

게임놀이치료 과정에서 놀이의 영향력은 의사소통을 촉진한다. 의사소통은 언어적이면서 동시에 비언어적이고, 정보 제공을 하기도 하며 정서적이기도 하다. 치료사는 게임놀이치료 과정에서 아동의 단어와 몸짓, 목소리 톤, 자세, 표정에 주의를 집중한다. 또한, 치료사는 게임놀이를 통해 지금-여기에서 역동적인 과정의 리듬과 분위기에 대해 반응하며 아동과 호흡을 맞춰 놀이에 함께 머무른다. 칙센미하이(Cikszenmihalyi, 1990)는 아동이 놀이 활동에 몰두하고 자아에 대한 인식이 사라지면서 몰입감을 경험하는데 이러한 즐거운 몰입 경험은 치료적 관계를 온전히 깊어지게 하고 관계의 질을 높인다고 하였다.

프레드릭슨(Fredrickson, 2003)의 확장과 수립이론에 따르면 긍정적 정서는 개인의 사고행동 레퍼토리를 확장해 준다. 이를 통해 놀이하기, 탐색하기, 즐기기, 통합하기와 같은 전형적인 것에서 보다 폭넓은 범위의 사고와 행동을 가능하게 해 준다. 기쁨은 놀이하려는 욕구와 동기를 이끌고 한계를 밀어붙이고 창조적이게 함으로써 확장을 일으킨다. 만족감은 현재 삶의 환경을 즐기려는 추동을 이끌고 자기와 세계에 대한 새로운 관점을 환경에 통합하도록 함으로써 확장을 일으킨다. 자부심은 타인과 성취경험을 공유하고 보다 큰 미래의 성취를 그리도록 추동을 갖게 함으로써 확장을 일으킨다. 그러므로 사고행동 레퍼토리를 확장하는 긍정 정서를 경험한 사람은 생애 동안 그들을 도울 수 있는 인적 자원의 토대를 쌓게 된다. 확장과 수립이론에서 설명한 긍정적 정서는 게임놀이를 통해 충분히 확보될 수 있다. 따라서 게임놀이치료가 우울한 아동의 주된 특성인 낮은 긍정적인 정서를 높이는 데 효과적일 수 있다.

치료사는 아동의 현재 심리적 수준, 나이, 현재 나타내는 어려움, 치료적 목표를 고려하여 공감적으로 조율하고, 반영하고, 감정과 생각을 통합하고 집단 안에서는 서로의 마음을 추측하기 등의 기술을 사용하기도 한다.

❶ 공감적 조율

치료사가 필요한 시점에 지지적인 말을 해 주고 언어적·비언어적 관심을 표현하며 따뜻함을 전달하고 제한을 설정하면서 민감하게 아동의 놀이에 반응하는 것이다. 치료사는 공감적 조율을 관계의 불화를 회복하거나 안전과 안정감을 재건하는 데 사용한다. 치료사는 게임놀이치료에서 성공적인 관계의 기초가 되는 보고 듣기Look & Listen, 이해하기Understand, 입증하기Validate를 통한 LUV 개입으로 치료적 동맹에 주의를 기울이게 된다. LUV를 제공할 때 치료사는 아동의 언어적·비언어적 메시지에 반응하고 생각과 감정에 대한 공감적 이해를 전달하며 절대적 인간에 대한 가치를 인정한다(Echterling, Presbury, & Mckee, 2005). LUV는 치료적 관계의 핵심이다.

❷ 반영

조율을 보여 줄 수 있는 즐겁고 직접적인 방법은 아동의 행동을 흉내 내는 것인데, 이 활동을 할 때 치료사는 아동을 반영하는 거울처럼 행동할 것이며 아동의 행동을 따라할 것이라고 말한다. 이것은 둘이서 함께 가능하고 친밀한 관계를 맺기 위해 집단 안에서도 적용할 수 있다. 예를 들어, 게임놀이치료에서 상대방을 부를 때 "○○는 따뜻한 사람이고 싶은 초록이입니다."라고 하면 치료사는 "따뜻한 사람인 ○○ 옆에 있는 들꽃입니다."라고 말하며 돌아가면서 이야기한다. 서로 자신을 알아가고 관계를 형성하기 위해 다른 사람이 한 행동을 그대로 하는 기법이다.

❸ 감정과 생각 통합하기

게임놀이는 긍정적 정서를 가져다주고 창조적인 생각을 높이며 여기서 일어나는 생각과 감정을 통합하여 새로운 해결책의 조건을 마련하게 한다. 치료사로부터 지지와 안내를 받으며 아동은 정서와 인지적 경험을 통합함으로써 극심한 불안, 두려움, 슬픔 등 부정적인 정서를 극복하고 표현과 이해, 숙달감을 얻는 새롭고 안전한 방법을 탐색하게 한다.

사례 등교 거부하는 우울한 초등학교 3학년 여아

아동이 '인생 게임'을 가져온다. 한참 진행하다가 '행복한 결혼식' 카드가 적힌 곳에 말이 멈춘다.

아 동 행복하긴 무슨.

치료사 결혼은 행복한 게 아니라고 생각하나 봐. ☞ 감정에 대해 듣고 이해하기

아 동 네.

치료사 왜 그런 생각이 들었어?

아 동 우리 엄마, 아빠는 결혼했는데 지금 만날 싸워요.

치료사 엄마, 아빠가 싸우는 걸 보고 행복한 결혼이 아니라고 생각하는구나. ☞ 아동의 생각을 듣고 이해하고 전달함

게임을 계속한다. '딸 출산, 인생 게임'이라고 적힌 곳에서 말이 멈춘다.

아 동 아이는 필요 없어요. 아이는 부모를 힘들게 하는 거예요.

치료사 너는 아이를 원치 않는구나. 아이는 부모를 힘들게 한다고 생각하는구나. ☞ 듣고 이해해서 공감적으로 전달하기

아 동 결혼도 필요 없고, 아이도 필요 없어요.

치료사 결혼도 안 하고 아이도 낳고 싶지 않아. 왜 그런 생각을 했어? ☞ 반영, 자기표현을 촉진하도록 질문

아 동 엄마는 저한테 결혼하지 말하고 해요. 결혼하려면 사람을 잘 만나야 하는데, 아빠는 그렇고, 저도….

치료사 엄마가 그런 말을 했구나. 아빠와 네가 어떤데?

아 동 아빠는 주식해서 망하고 만날 컴퓨터하고, 엄마는 저 때문에 이혼도 못 하고 누워 있고….

치료사 엄마가 힘들어서 아빠와 헤어지고 싶은데, 네가 있어서 헤어지지 못한다는 생각이 드는구나. ☞ 아동의 표현과 생각을 안전하게 전달

아 동 그러니까 결혼해도 아이는 없어야 해요. 힘들게 하니까.

치료사 엄마가 힘든 건 다른 것 때문인데 넌 아이 때문이라고 자꾸 생각하게 되네. ☞ 타인의 감정에 대해 자신의 혼란된 생각 알아차리게 하기

아 동 맞아요. 그런데 난 엄마가 싫고 화날 때가 있어요. 엄마는 결혼하지 말라고 나에게 말하고, 아기도 낳지 말라고 하고, 공부만 열심히 하라고 해요. 칫! ☞ 자신의 부정적인 감정을 표현한다.

치료사 너는 엄마가 힘들다고 하는 것도 싫고, 엄마가 네게 '이렇게 해라, 저렇게 해라.' 할 때 화가 많이 나는구나. ☞ 감정에 대해 이해하고 반영하기

아 동 예, 전 아빠랑 게임하는 것도 좋고 아빠가 집에 있어도 좋은데…. ☞ 아빠에 대한 긍정적인 감정 표현

치료사 너는 아빠와 있을 때 기분이 좋고 편안하구나. 그런데 엄마가 아빠에 대해서 힘든 이야기를 하면 넌 불편하고 힘들구나. ☞ 아동의 감정에 대해 이해하도록 공감적 조율하기

실습 자아 강화 향상을 위한 '인생 게임'

인생 게임

게임 연령 8세 이상
게임 분류 우연 게임
인원/시간 2명 이상/20분 이상

게임 방법

- 각자 게임판에서 말로 사용할 자동차 한 개를 정해 '사람' 말 한 개를 꽂는다.
- 자동차를 게임판의 '대학생활부터 시작' 또는 '직장 생활부터 시작' 칸 중 원하는 곳에 놓는다. 한 사람이 직업 카드를 잘 섞어 부채꼴로 펼쳐 들면 그중 한 장을 뽑는다. 카드에 '학위 필수'가 적혀 있으면 적히지 않은 카드가 나올 때까지 뽑는다.
- 직업을 고른 다음에는 월급을 마찬가지 방법으로 고른다. 단, 숫자의 색깔이 직업 카드 중간에 있는 띠의 두 가지 색깔 중 하나와 같아야 한다. 월급 카드를 뽑은 뒤 회전판을 돌려 이동한다.
- 직업 선택, 월급 결정, 은행 대출 등 준비가 모두 끝나면 본격적으로 게임을 시작한다.
- 모두가 은퇴하면 백만장자의 사유지로 은퇴한 사람들끼리 가진 돈을 세어 비교한다.
- 가장 돈이 많은 사람이 백만장자의 사유지에 놓인 인생 게임 토큰 네 개를 모두 가진다. (동점이면 나누어 가진다.)
- 모두 인생 게임 토큰까지 뒤집어 자기가 가진 모든 재산을 더한다. 돈을 가장 많이 모은 사람이 이긴다.

게임 효과

- 인생 게임에서 다양한 직업을 스스로 선택하여 자기 경험을 촉진한다.
- 인생 게임을 통해 다양한 경험을 미리 하여 자기 경험의 폭을 넓히고 무의식적 욕구를 충족한다.
- 상호 의사소통을 통해 긍정적인 정서 경험을 하도록 하여 자아존중감을 높인다.
- 선택과 책임의 폭을 넓혀 자기 개념을 평가하고 다양한 자기가치감을 갖는다.

적용 시 고려사항

- 인생 게임을 하는 동안 선택하는 과정에서 아동의 태도와 욕구를 관찰하고 확인해 보는 것이 중요하다.
- 진로 및 삶에 대한 혼란스러운 아동, 청소년에게 적용할 때 충분한 자기 경험을 촉진할 수 있도록 수용·격려한다.

④ 서로의 마음 추측하기

스트레스가 있는 시기에 다른 사람의 관점을 취하는 능력을 사용하기는 어렵다. 그러나 구조화된 게임은 즐겁고 의미 있는 주제에 대해 위협적이지 않는 방식으로 다른 사람의 관점을 상상할 수 있도록 돕는다. 특히 '나는 누구일까요?'라는 게임놀이는 다른 사람의 추측하고 마음을 맞혀 봄으로써 관계를 형성하기도 하며, '내 마음을 맞혀 봐' 등은 가족, 집단에 활용하여 관계를 맺게 하며 치료적 참여를 더 잘 이끌 수 있게 한다.

'딕싯' 게임을 통한 경제적 파산으로 불안정한 가정의 게임놀이치료

사례 중학교 1 큰아들, 초등학교 6 작은아들, 우울한 어머니

평소 어머니는 중학교 1학년이 된 첫째 아들의 생각과 마음을 잘 알며 아이가 든든해서 걱정이 없다고 하였고, 둘째 아들은 불안정하고 아이 자신이 우울한 것을 잘 모르며 행동 문제를 많이 보인다고 말씀하면서 걱정하였다.

치료사 여기 있는 카드를 보고 엄마에게 해당하는 카드, 자신에 해당하는 카드, 동생이나 형에 해당하는 카드를 각자 골라 보세요.

어머니, 큰아들, 작은아들이 각자 카드를 고른 후 자기 앞에 카드를 펼쳐 놓는다.

치료사 다른 사람 앞에 펼쳐진 카드를 보고 누구를 생각하고 카드를 골랐는지 맞혀 볼까요?
작은아들 (엄마가 고른 카드를 보고) 이건 나, 이건 형, 이건 엄마.
큰아들 이건 동생, 이건 나, 이건 엄마.
어머니 (웃으면서) 다 맞혔네.
치료사 어떻게 맞혔어?
작은아들 (엄마가 고른 카드를 보면서) 엄마는 항상 걱정이 많으니까 이것을 자기 카드로 했을 것 같아요. 그리고 제가 아기 같다며 항상 걱정하시니까 이 카드를 저로 골랐을 것 같고, 형은 항상 잘한다고 하니까 형 카드로 이것을 골랐다고 생각했어요.
어머니 정말 신기하네요. ◇◇가(작은아들) 내 마음속에 '쏙' 하고 들어온 것 같아요.

같은 방식으로 어머니는 첫째 아이와 둘째 아이의 카드도 맞혀 보는데 첫째 아이의 카드는 하나도 맞히지 못했다. 어땠는지 묻고 서로에 대해 이야기를 나누고 부모상담 시간을 갖는다.

치료사 어머니! 오늘 아이들과 게임놀이를 하면서 어떠셨나요?
어머니 전 ○○이(큰아들)를 잘 안다고 생각했는데 그러지 못하네요. 그래서 미안하기도 하고…. 둘째 아이에 대해 많이 걱정하고 있다고 생각했는데 오히려 둘째가 저에 대해서 많이 생각하고 있었네요. 제가 우울하니까 걱정해서 불안해했던 것 같기도 하고, 아이들에게 미안하네요.

실습 '내 마음을 맞혀 봐(딕싯)' 보드게임

딕싯

게임 연령 6세 이상

게임 분류 우연 게임/의사소통

인원/시간 3명 이상/20분 이상

게임 방법

- 자기가 고른 토끼와 같은 색깔 숫자 타일을 게임에 참가하는 인원수만큼 가져온다(4명일 때 1~4번, 5명일 때 1~5번, 6명일 때 1~6번).
- 그림카드를 잘 섞은 뒤, 모두에게 앞면이 보이지 않게 여섯 장씩 나누고, 남은 카드는 더미를 만들어 앞면이 보이지 않게 가운데에 둔다.
- 한 명을 이야기꾼으로 정한다(차례는 왼쪽으로 돌아간다).
- 이야기꾼은 손에 든 카드를 보고 그중 한 장을 골라 앞면이 보이지 않게 내려놓으면서 카드 속 그림에서 연상되는 어떤 단어 또는 문장을 말한다.
- 다른 사람들은 자기 손에 든 카드 중에서 이야기꾼이 말한 주제와 어울리는 카드 한 장을 뽑아 앞면이 보이지 않게 내려놓는다.
- 이야기꾼은 누가 어떤 카드를 내려놓았는지 알 수 없게 카드를 잘 섞는다. 이야기꾼이 잘 섞은 카드를 모두가 볼 수 있게 한 장씩 앞면이 보이게 뒤집는다. 그리고 자기 숫자 타일로 각 카드에 번호를 매긴다.
- 이야기꾼을 제외한 나머지 사람들은 펼쳐진 카드를 보고 자기 숫자 타일 중에서 이야기꾼이 냈다고 생각되는 카드의 번호가 적힌 타일을 손에 쥔다. 모두 동시에 손에 쥔 숫자 타일을 펼치고, 자기가 선택한 카드 위에 그 숫자 타일을 놓는다.
- 카드 선택이 모두 끝나면 이야기꾼이 정답을 밝힌다.

- 정답을 맞힌 사람과 문제를 낸 이야기꾼은 3점씩 얻고, 이야기꾼을 제외한 사람 중에 그 사람이 낸 카드를 다른 사람이 선택했다면 카드 위에 놓인 숫자 타일 한 개당 1점을 얻는다. 아무도 정답을 맞히지 못하거나 모두 정답을 맞히면 이야기꾼을 제외한 나머지 사람들만 2점씩을 얻는다.
- 점수 말을 이동한 뒤, 이번 차례에 사용한 카드는 버리고 더미에서 새로 한 장씩을 가져와 손에 든 카드가 다시 여섯 장이 되게 한다.
- 이번 차례 이야기꾼의 왼쪽에 있는 사람이 다음 이야기꾼이 되어 게임을 이어간다.

게임의 효과

- 게임카드에 자신의 마음을 투사하여 무의식적인 욕구를 표현하도록 한다.
- 안전하게 자기표현을 촉진한다.
- 대인관계 예민성 및 타인에 대한 관심을 증가시킨다.
- 상호작용을 촉진하여 의사소통 기술을 높인다.
- 유대감을 경험하고 치료적 관계를 형성하는 데 돕는다.

적용 시 고려사항 및 활용

- 충분히 살펴보고 카드를 선택할 수 있도록 편안하게 기다려 준다.
- 개별상담에서는 자신에 대한 정서 및 언어적 표현이 제한될 경우 최근 자신과 가장 가깝다고 생각되는 카드를 고르게 한다. 자신의 이야기를 카드에 투사하여 감정과 생각을 표현하게 한다.
- 가족에 대한 정보를 얻기 위해서 가족에 해당되는 카드를 고르게 한 후 서로 나누는 시간을 갖는다.
- 가족상담에서는 서로 가족에 대한 카드를 고르게 한 후 서로 맞혀 보게 하고 가족 간의 역동을 파악해 보도록 한다.
- 어린 아동에게는 카드를 가지고 이야기 만들기 게임을 하면서 아동이 갖는 무의식적 욕구와 내면세계를 이해한다.

(2) 자아존중감을 강화를 위한 게임놀이치료 기법

러셀과 민스(Russel & Means, 1994)는 놀이가 자신에 대한 감각이 생성되는 곳이고 자아존중감의 상당 부분은 놀이를 통해 학습한다고 하였다. 자아존중감은 개인이 자기 개념을 긍정적, 중립적, 부정적, 그리고 모호하게 판단하는 것을 이르는 평가적인 용어이다.

자아존중감은 개인의 자기 개념에 대한 평가이다. 자아존중감엔 두 가지의 상호 연관된 요소가 있다. 살 능력이 있다는 느낌과 살 가치가 있다는 느낌이 그것이다. 능력이 된다는 것은 개인의 생각, 감정, 행동 속에 가지고 있는 자신감을 포함한다. 즉, 생각, 감정, 행동은 자신의 존재 실체와 관련되어 있기 때문이다. 가치를 느낀다는 것은 자신을 긍정적으로 여기고 자아존중감을 느낀다는 것을 의미한다.

자기 개념의 일반적인 평가는 전반적 자아존중감으로 간주된다. 이는 자기 개념을 종합적으로 평가하는 것이다. 자기 추정self-estimate이라는 용어는 개인이 특정 특성과 관련하여 자기 개념을 평가하는 방법을 말한다. 어떤 사람은 전반적으로 낮은 자존감을 가지지만 자기 추정에 대해 긍정적인 면이 하나는 있다고 인정할 수도 있다. 이때 그 한 가지는 주로 사람에 의해 평가되지 않는 것이다. 예를 들어, 어떤 이는 일반적으로 자아존중감이 낮거나 부정적이지만 자신이 사려 깊은 사람이라고 인정할 수도 있다. 반면 어떤 이는 전반적인 자아존중감은 높으나 자신이 관대하지 못하다고 인정할 수도 있다. 이와 같이 자기 추정은 개인이 자기 개념의 요소인 생각, 감정, 행동을 평가하는 것이다.

게임놀이치료의 목적 중 하나는 아동이 자신을 긍정적이거나 모두 부정적인 것으로 평가하는 일반적이고 전반적인 자아존중감으로 보기보다는, 아동이 자기 자신을 다면적인 사람, 즉 많은 자기 추정을 가지고 있는 사람으로 보도록 돕는 것이다. 이러한 것을 고려해 볼 때, 게임이 갖는 역할 구조는 변화가 없고 수동적으로 획득한 역할에서 벗어나서 외적이며 제한적이고 자기 선택적이고 불안정한 역할로의 정체감 발달 진전을 반영하여(Baumeister, 1987), 다양한 자기 추정을 통해 자아존중감을 발달시킨다.

〈표 Ⅲ-2〉 높은 자아존중감과 낮은 자아존중감의 지표

높은 자아존중감	낮은 자아존중감
안심함	안심하지 못함
자신감이 있음	소심함
배우려 함	자신에 대해 확신하지 못함
다른 사람들에게 긍정적인 피드백을 함	다른 사람들을 깎아 내림
협력적임	심하게 자랑함
새로운 경험을 두려워하지 않음	새로운 경험을 두려워함
적극적임	공격적임
친구를 쉽게 사귈 수 있음	친구를 사귀는 데 어려움이 있음

출처: 유미숙 외(2018), 재인용.

아동의 자아존중감 발달은 다른 사람 관찰하기, 관찰받기, 피드백 받기, 피드백 주기 등 네 가지 과정을 통해서 이루어진다. 게임놀이치료 과정에서 치료사는 네 가지 과정을 통해서 아동의 감정을 인지하고 이를 입증하며 아동의 행동에 대해 통찰할 수 있도록 아동에게 표현하는 것이 중요하다. 자신에 대한 통찰과 자아존중감 간에는 강한 상관관계가 있기 때문에(Brandt & Vonk, 2006), 명확한 자기 개념은 긍정적인 자아존중감과 크게 관련이 있다(Campell et al., 1976). 본크와 케미스(Vonk & Kemis, 2006)는 다른 사람에 의한 긍정적 존중은 진정한 자아존중감 변화의 입구가 된다고 하였다. 치료사는 아동의 자아존중감을 강화시키는 생각, 감정, 행동에 대해 이야기함으로써 시간이 지남에 따라 조금씩 아이에게 정확하고 자세한 긍정적 피드백을 해 줄 수 있어야 한다. 자아존중감은 개인이 자기 개념을 평가하는 것으로 간결하게 정의되고 자신을 아는 것은 자아존중감을 발달시키는 데 중요하다.

자아존중감을 강화하기 위한 첫 번째 단계는 아동이 자신에 대한 통찰력을 가지고 자신에 대해 알게끔 도와주는 것이다. 두 번째 단계는 아동이 자기 개념을 평가하는 것이다. 세 번째는 아동이 자기 생각, 감정, 행동에 대해 표현하는 것이다. 마지막으로 자아존중감을 강화시키기 위해 문제해결 기술을 발달시키는 것이다.

'인생 게임'을 통한 무기력하고 학교 적응에 어려움이 있는 중학생 남아 게임놀이치료 사례

아동은 상담 초기에 다소 경직되며 표현에 있어서 제한적이며 수동적인 성향을 보였다. 게임에서도 무엇인가 당황스럽거나 긴장되는 상황, 자신의 말이 잡히는 상황이 되면 자신의 감정을 표현하지 못하고 손가락을 허공에 대고 주먹을 쥐고 펴는 행동을 자주 보인다. 또한, 매우 쉽고 간단한 게임을 오랫동안 고민한 후 선택하고 자기표현을 하지 못하고 '모른다'라는 말을 많이 하는 편이었다.

중반기 이후 게임놀이치료에서 선택의 폭이 빨라지고 주로 실제 직업이나 역할을 해 보는 게임인 '인생 게임', 다양한 인물과 건물을 지어 보고 서로 의사소통을 통해 거래를 하는 '시타델' 등의 보드게임을 적극적으로 선택하였다.

사례

'인생 게임'을 선택한 후 자리에 앉아서 게임을 세팅한다.

아 동 (처음 출발해야 할 때) 대학생활부터 하고 싶어요. (대학생활을 선택하여 시작한다.)
치료사 넌 대학생활을 하는 걸로 선택했구나.
아 동 네! 요즘 대학생 멘토 형들과 저녁 시간에 대학교에 가서 농구를 하는데, 저도 대학을 꼭 가고 싶어요.
치료사 그렇구나. 대학생 형들과 운동하면서 기분이 좋고 대학에 관심이 많아졌구나.
아 동 (게임을 진행하는 동안 아동은 월급 이외에 특별 보너스를 받게 되자 큰 소리로 환호성을 치며 즐거워한다.) 와하! 돈이다!
치료사 보너스를 받아서 넌 정말 신나는구나.

이 회기 동안은 돈이 얼마나 많은가에 관심을 두며 게임을 했다. 그다음 회기에도 인생 게임을 고르고 게임을 하는 동안 월급을 받고 돈을 모으기보다는 인생 게임판의 곳곳을 들여다보며 여유롭게 게임을 한다.

아동은 '인생 게임'을 통해 자신의 삶에 대한 긍정적이고 의미 있는 것을 발견하려고 시도하는 듯이 보인다. 또한, 게임놀이를 통해 아동은 자신의 욕구를 돈을 모으면서 충족하며, 이젠 즐거움을 자연스럽게 소리 내서 표현할 줄 알게 된다. 감정에 대한 표현이 적극적이며 집중하는 모습, 전략을 사용하는 모습들이 안정적이며 자신의 욕구를 충족하기 위해 도움을 요청할 수 있는 힘이 있다. 아동은 자신이 즐겁고 잘하는 것과 흥미로운 것을 표현하고, 또래들 속에서 자신의 강점을 자연스럽게 표현해 내게 되었다.

3 주의력결핍 과잉행동장애 아동을 위한 게임놀이치료

1) 임상적 증상

주의력결핍 과잉행동장애Atention-Deficit/Hyperactivity Disorder: ADHD는 심하게 움직이고 부산스러운 과잉행동, 집중력이 짧고 끈기가 없어 쉽게 싫증을 잘 내는 주의산만함주의력결핍, 참을성이 적고 감정 변화가 많은 충동적 행동의 세 가지 핵심 특징적 행동을 갖는다. 세 가지 중 하나의 기준에 충족되면 진단될 수 있는데 ADHD 진단의 하위 유형인 주의력결핍 우세형, 과잉행동/충동 우세형, 복합형으로 분류된다(APA, 2013).

다음에서 제시되는 하위 유형의 특징 중 아동에게서 여섯 개 이상의 증상이 나타나며, 학교와 가정 등 두 가지 이상의 장면에 걸쳐서 나타나고, 학업, 사회, 직업과 관련된 수행을 방해하며, 12세 이전17세 이상의 청소년의 경우는 다섯 개만 나타나면 진단됨에 나타날 때 진단될 수 있다.

❶ 주의력결핍 우세형

주의력결핍 우세형의 아동은 세부 사항에 주의를 기울이지 못하고, 지속적으로 주의집중할 수 없다. 또한, 아동은 다른 사람의 말이나 지시를 귀 기울이여 듣지 않는 것처럼 보이고, 학습, 숙제, 집안일 등 자신이 해야 할 일을 수행하지 못하고, 체계적으로 하지 못한다. 이뿐만 아니라 정신적인 노력을 요구하는 과제인 숙제나 학교에서의 개별적인 수행을 하는 데 어려워하고, 연필, 공책, 책가방 등 필요한 물건을 잘 잃어버리며, 쉽게 산만해지고, 잘 잊어버리는 경향이 있다(APA, 2013).

즉, 아동은 주의력을 지속하는 것이 어려워지거나 무시해야 하는 자극에 주의가 쉽게 분산된다. 이러한 아동은 지속적 주의력 혹은 각성에 결함을 보이는데, 특히 재미없고 지루하고 반복적인 과제 수행예: 혼자 하는 숙제, 자습, 심부름 등에서 두드러진다(안동현, 2018). 이러한 결함은 학업에 있어서 부정적인 영향을 미친다.

❷ 과잉행동/충동 우세형

ADHD의 두 번째 하위 유형인 과잉행동/충동 우세형의 아동은 가만히 앉아 있지 못하거나 꼼지락거림, 자리에 앉아 있지 못하는 문제, 과도한 움직임, 조용히 놀지 못하는 문제, 계속 끊임없이 활동함, 끊임없이 말함과 같은 과잉행동을 보인다. 이뿐만 아니라 성급하게 대답하거나 자신의 의견을 말함, 차례를 기다리지 못함, 다른 사람들을 방해함과 같은 충동성 증상을 보인다.

이 유형의 아동은 사회적 문제뿐 아니라 충동적인 특성 때문에 학업 문제도 경험한다. 즉, 아동은 과제를 급히 해치우며 정확성보다는 속도를 강조하기 때문에 모든 지시가 제시될 때까지 기다리지 못하여 종종 과제에 부정확하게 접근한다. 또한, 과잉행동과 충동성 문제를 가진 아동은 사회적으로 어려움에 처하기 쉽다. 순서를 기다리지 못하는 것은 또래에게 호감을 주지 못한다. 이들은 사회적 기술이 부족하고 친구를 사귀고 유지하는 데 어려움이 있다. 이 유형의 아동은 종종 규칙을 파괴하고 여러 행동적 문제를 보이는 아동에게 끌리게 된다(최은실, 2017).

❸ 복합형

복합형을 보이는 아동은 주의력결핍 우세형뿐만 아니라 과잉행동/충동 우세형의 기준도 충족시키는 것으로 앞에서 각각 제시한 증상 중 12개의 증상들이 요구되고, 17세 이상의 아동·청소년은 10개 증상이 보일 때 진단된다. 주의력결핍 과잉행동장애에 대한 임상적인 특징을 토대로 진단할 때, 부모와 교사를 통해서 가정이나 학교 등에서 어떻게 나타나는지를 평가·확인하는 것이 중요하다.

주의력결핍 과잉행동장애ADHD로 진단되는 경우는 DSM-5에 따르면, 전체 학령기 아동 인구의 3~7%이며 과잉행동/충동 우세형으로 진단되는 경우는 ADHD로 확인된 아동의 90%이다(APA, 2013). 성별로 보면 남성 대 여성의 비율이 2대1에서 9대1로 보고된다. 주의력결핍부주의 우세형을 나타내는 아동은 주로 여성인 경우가 많다(Weiss et al., 2003). 우리나라의 경우 초등학생에서 약 13%, 중학생과 고등학생에서는 7% 내외이다(김붕년 외, 2010).

2) 발달단계에 따른 주의력결핍, 과잉행동/충동 특성

아동의 각 발달단계에 따라 각기 다른 증상들이 나타난다. 3세경이 되면 과잉행동/충동의 증상을 확인할 수 있지만, 주의력결핍부주의 문제는 학령기까지 나타나지 않을 수도 있다. 발달단계에 따른 주의력결핍부주의, 과잉행동/충동 양상의 두드러진 변화는 〈표 Ⅲ-3〉과 같다.

〈표 Ⅲ-3〉 연령에 따른 주의력결핍, 과잉행동, 충동행동의 양상 변화

구분	학령전기	학령기	청소년기
주의 산만	• 놀이 시간이 짧다(3분 이하). • 활동을 하다 말고 가 버린다. • 말을 잘 듣지 않는다.	• 활동 시간이 짧다(10분 이하). • 활동을 미쳐 끝내지 않고 바꾼다. • 잘 잊어버린다. • 조직화하지 못한다. • 주변에 쉽게 휩쓸린다.	• 또래 아이들보다 꾸준하지 못하다(30분 이상). • 과제의 세부적인 것에 집중하지 못한다. • 앞일에 대한 계획을 잘 세우지 못한다.
과잉 행동	• 회오리바람과 같이 움직임이 많다.	• 조용히 있어야 할 때 가만히 있지 못한다.	• 안절부절못하다.
충동 행동	• 귀 기울여 듣지 않는다. • 위험한 것에 대한 감이 없다(반항 행동과 구별하기 어렵다).	• 차례를 뒤집고, 다른 아이를 방해하고, 불쑥 대답한다. • 생각 없이 규칙을 어긴다. • 아이들에게 끼어든다. • 사고가 많다.	• 자기 조절을 잘하지 못한다. • 앞뒤 가리지 않는 모험 추구 행동을 한다.

출처: 안동현(2018), 재인용.

(1) 학령전기

주의력결핍 과잉행동장애ADHD를 3세 이전에 진단하기 어렵지만, 부모와의 발달 면접에서 아동의 과잉행동/충동에 대한 초기 전조 증상이 보고되었다. 주된 특징으로 까다로운 기질, 과도한 활동, 좋지 못한 수면 패턴, 과민성이 영아기에 나타났다. 또한, 이들은 영아기에 화가 났을 때 진정시키기가 어려웠다(Barkley, 1998). 걸음마기 동안 ADHD 유아는 조절되지 않는 행동을 많이 보이고, 학령전기인 3~6세 유아는 ADHD가 아닌 아동에 비해 계속되는 자기 조절의 결핍을 나타낸다. 이뿐만 아니라 자유놀이나 자율 활동에서 일반 또래보다 더 요구가 많고, 스트레스를 주며, 문제가 많다고 교사와 부모에 의해 보고되었다(Campbell, March, Pierce, Ewing, & Szmowski, 1991).

(2) 학령기

주의를 집중한다는 것은 특정 과제나 목표에 초점을 맞추는 일이며, 계속적으로 진행되는 사건으로부터 과제 수행에 유용한 정보를 추출하는 지각 과정을 의미한다. 주의 지속 시간이란 한 가지 활동이 지속되는 시간의 길이를 말하며 주의력이 짧다는 것은 이 과정에 문제가 있음을 의미하며 지속적 주의력과 연관되어 있다. 집중력이란 한 가지 일에 몰두하는 상태로 주의력의 하부 개념의 하나로 받아들여진 여러 개의 자극 중에서 중요하다고 선택된 것에 집중적인 주의를 기울이는 정신적인 힘을 말한다(최영, 2002, 재인용). 이러한 주의력과 관련된 부분은 학령기 아동의 유능감 및 숙달감과 관련된 발달 과제에 매우 중요하다. 솔버그와 메티어(Sohlberg & Mateer, 1989)는 초점 주의력, 지속적 주의력, 선택적 주의력, 주의력 변경, 분할 주의력으로 나누어 설명하였다.

〈표 Ⅲ-4〉 주의력에 대한 정의

구분	정의	실례
초점 주의력	특정 자극에만 반응하는 능력	특정 자극에만 반응
지속적 주의력	과제를 수행하는 동안 주의를 유지시키는 능력	학교에서 수업 듣기, 장시간의 영화 보기
선택적 주의력	방해 자극에 의해 쉽게 주의분산이 되지 않는 것을 의미	칵테일 파티 효과(cocktail party effect)*
주의력 변경	주의의 초점을 변경시킬 수 있는 능력	국어 공부하다가 곧바로 수학 공부하기, 게임을 하다가 숙제로 전환
분할 주의력	둘 이상의 과제에 동시에 반응하는 능력	강의 들으면서 노트에 필기하기

* 칵테일 파티 효과: 여러 개의 다른 음원이 소리를 내고 있어도 그중에서 자신이 듣고 싶은 음원만을 골라 듣는 인간의 능력을 말함

출처: 김원희(2010), 재인용.

주의력이 학령기 아동에게 학업 및 과제 수행을 통해 유능감과 숙달감을 경험하도록 하는 데 매우 중요한 영향을 미친다. 하지만, 주의력결핍 과잉행동장애ADHD 중 주의력결핍부주의 아동은 동기가 부족하다는 오해를 받기 쉽다. 이들의 주의 지속 문제, 조직화 기술의 어려움, 쉽게 주의가 산만해지는 경향은 교육적으로 부정적인 결과를 가져온다. 주의력결핍부주의 아동은 과제가 단조롭고 지루하다고 느껴지면 자주 공상에 빠져 있고 숙제와 자습을 잘 하려고 하지 않으며 과제를 끝내기 어려워한다. 이들은 시험 결과가 좋지 않는데 중요한 세부 사항을 잊어버리는 경향뿐만 아니라 시간 개념과 시간 관리의 문제도 보이기 때문이다(최은실, 2017). 바클리(Barkley, 1998)에 의하면, 주의력결핍 우세형의 아동은 굼뜬 정보처리 방식정보를 처리하는 것이 느림과 초점적 또는 선택적 주의 문제로 특징지을 수 있다.

프랜스(Frances, 2014)에 따르면, 과잉행동 및 충동성을 나타내는 학령기 아동은 정신없이 바쁘고 의욕이 넘치며 성급하고 안절부절못하는 것처럼 보인다. 또한, 다른 사람이 자신을 제지하더라도 신경 쓰지 않고 계속 떠들고 부딪히며 돌아다닌다. 이들은 어떤 활동에서 다른 활동으로 빠르게 전환하며 위험한 결과가 예측되는지 생각해 보지 않고 충동적으로 움직인다. 또한, 슈와 더글라스(Shue & Douglas, 1992)는 이 시기 아동이 어떤 일을 계획하고 조직하거나 복잡한 과제를 수행할 때, 행동을 통제하지 못하고 실패하는 경우가 많아 학업적 어려움을 경험한다고 한다. 이 시기 아동의 학업적 어려움은 충동성과 효과적인 학습을 방해하는 반응 억제 능력의 부족에 기인한 것이다. 즉, 모든 지시를 듣기 전에 과제를 시작해 버리고, 속도를 빨리하기 위해서 정확하게 하지 못하고 과제에 돌진하는 경향성 때문이다. 또한, 이 아동은 낮은 욕구좌절인내력을 보이고, 즉각적인 해결책이 없는 과제는 포기하는 경향이 있다. 또한, 충동적인 행동으로 인해 잦은 부상을 입기도 한다(Barkley, 1998).

(3) 청소년기

청소년기 주요 발달 과제는 또래 관계의 수용과 유능감을 기반으로 한 자기 개념이 공고화되는 자아정체감을 형성하는 것이다. 그러나 주의력결핍 과잉행동장애ADHD로 진단된 아동의 절반 정도가 청소년기에도 진단기준에 계속 부합되는 특징이 있다. 이들은 학습 습관이 좋지 않고 조직화 기술이 부족하며 마무리를 잘하지 못하는 것이 심각한 학업 수행의 어려움을 유발한다는 것을 알게 된다. 과잉행동/충동 우세형의 경우 사회적으로 취약한데, 이들은 남의 일에 함부로 참견하고 통제 불가능한 행동을 하는 경향이 있어 사회적 문제를 자주 경험한다.

이렇듯 학업 수행의 문제와 사회적 문제를 경험하고 있는 주의력결핍 과잉행동 아동은 불안이나 우울과 같은 내재화 문제(Biedrman, Faraone, & Lapey, 1992) 또는 공격성이나 반항, 비행과 같은 외현화 문제(Barkley, Fischer, Edelbrock, & Smaillish, 1990)를 나타낼 가능성이 크다(최은실, 2017). 물론 나이가 들면서 과잉행동은 줄어들고, 초등학교 고학년이 되면 부산한 모습은 보기 어렵지만, 끈기가 없고 주의력이 결핍된 모습과 욱하는 충동적인 면은 남아서 성인이 되어서도 문제를 일으키는 수가 많다. 또한, 이 시기에 나타나는 사회적·정서적 문제로는 주의력결핍으로 인한 교통사고 위험의 증가와 학교 폭력, 자해나 자살 시도, 비행 등 고위험 행동이 포함된다(Barkley, 1998).

3) 게임놀이치료 과정

(1) 게임놀이치료에서의 특성

주의력결핍 과잉행동장애ADHD 아동들은 충동적, 자기통제력 결여, 부적절한 행동, 빈약한 개념적 추론 능력에 의한 빈곤한 문제해결, 부적절한 계획 등을 보인다. 즉, 부주의하고 충동적인 아동은 또래들과의 놀이나 게임에서 자기 순서를 기다리지 못하고 자기가 갖고 싶은 것을 즉시 채우려고 한다. 또한, 이들은 자기 뜻

대로 되지 않으면 다른 아동을 때리거나 방해한다(Whalen & Henker, 1985). 이러한 충동적인 아동에게 게임놀이치료는 효과적이다. 즉, 아동은 게임놀이를 통해 협동심을 배우고 상호 기대되는 역할을 수행함으로써 자기중심적인 언행에서 탈피하여 자기통제력을 기르고 바람직한 사회 기술을 배우게 된다.

쉐퍼와 라이드(2001)에 따르면, 아동은 게임놀이치료 과정에서 자신감, 무기력, 경쟁력, 좌절을 견딜 수 있는 힘, 인내력을 검증받게 되고 현실 세계에 적용한다. 특히 충동적인 아동은 지적 수준이 정상임에도 불구하고 조절 능력과 주의집중력의 부족으로 게임 규칙을 무시한다. 이러한 특성의 아동이 게임을 반복하면서 좌절을 인내하고 자신을 조절하는 방법을 배우게 된다.

크러커와 로블루스키(Crocker & Wroblewski, 1975)는 게임이 치료적 도구로 유용함을 강조하고 ADHD 아동에게 적용하여 도울 수 있는 게임의 기능을 설명하였다. 이러한 기능을 토대로 치료사는 게임놀이치료 과정에서 아동을 관찰하고 평가할 수 있다. 게임의 기능을 자세히 살펴보면 다음과 같다.

첫째, 게임 과정에서 아동은 민감한 태도나 행동을 보이는데 아동 자신은 인식하지 못한다. 이는 게임이 투사적 검사로써 ADHD 아동에게 활용될 수 있다. 즉, 충동적인 행동을 보이는 ADHD 아동은 게임의 점수가 낮거나 지게 될 때 스스로 게임놀이 과정에서 부적당한 행동을 하는 것을 감지하지 못한다. 예를 들어, 카드 게임에서 자신이 충동적으로 잘못 봤거나 실수해서 카드를 나누어 주거나 더 많이 가져가서 게임에서 질 경우 자신이 게임에서 진 이유를 알지 못하는 경우가 있다. 치료사는 아동이 게임을 하는 동안 반복적으로 나타나는 충동성이나 행동이 어떤 게임에서 또는 어떤 행동 특성에서 나타나는지를 평가하는 투사적 검사로 사용할 수 있다.

둘째, 게임은 불확실한 결과를 대면했거나 다루게 되는 경우에 참여하는 사람에게 불안의 상황을 경험하게 한다. 이때 ADHD 아동은 게임놀이 과정에서 함께 참여하고 있는 상대방이나 치료사에 대한 수용력 결핍으로 인해 불안을 드러낸다.

즉, 아동은 게임 과정에서 결과를 알 수 없을 때 예측과 계획을 세우지 못하고 치료사나 다른 참여자들의 말을 듣지 못하거나 게임놀이치료 과정에서 충분히 상황을 고려하지 못한 채 생각과 전략을 고려하지 않고 게임을 하게 된다. 이때 치료사는 ADHD 아동에게 게임을 하는 과정과 상황에서 불안을 다루는 기회를 얻게 된다.

셋째, ADHD 아동은 사회적 규칙과 기준을 지키는 데 어려움이 있어 또래관계에서 거부당함을 자주 경험하게 된다. 이러한 ADHD 아동은 게임놀이치료 과정에서 생활이나 삶에서 수용해야 하는 사회적 기준들을 게임의 규칙에서 다루게 된다. 즉, ADHD 아동은 사회적 규칙을 설명하고 준수하기가 매우 어려우나, 게임은 게임놀이치료 과정에서 ADHD 아동에게 사회적 규칙을 현실성 있게 받아들일 수 있도록 돕고, 자기 조절의 필요성을 알도록 한다.

넷째, ADHD 아동은 규칙을 강조하고 그것을 지켜야 하는 것에 대해 전형적으로 어려워하기 때문에 일반적으로 사회적 규칙이나 기준에 매우 저항한다. 그러나 게임놀이치료 과정에서 게임은 아동에게 재미를 주면서도 게임이 갖는 규칙과 유용성을 통해 치료사의 중재를 받아들인다. 따라서 게임의 규칙은 흥미와 재미를 전달해 주기 때문에 아동은 게임에서 제시하는 사회적 규칙과 기준에 동의한다.

다섯째, ADHD 아동은 충동성과 자기 조절의 방식을 일상에서 수정하고 적용하는 데 어려움이 크다. 게임놀이치료 과정에서 게임은 아동 개인에게 새로운 태도를 시도하도록 안전하고 허용된 분위기를 만들어 준다. ADHD 아동은 게임하는 과정에서 전후 사정을 고려하지 않고 충동적으로 참여하는 경우가 자주 있다. 이러한 특성은 게임놀이 과정에서 충동적으로 행동하여 결과를 경험하게 될 때 일상적인 생활에서의 결과만큼 위협적이고 좌절되지는 않을 수 있다. 아동은 게임놀이치료 과정에서 게임을 반복적으로 시도하면서 충동성을 조절할 수 있게 되고 위협적인 결과를 갖지 않도록 신중하게 된다.

마지막으로, ADHD 아동은 다른 사람에 대한 감정을 이해하고 갈등 상황에서 적절하게 대처하는 방법을 잘 모른다. 이러한 특성이 게임놀이치료 과정에서 다른 사람의 감정을 고려하지 않고 다소 분노하거나 다른 사람을 놀리는 등의 행동을 보이기도 한다. 그러므로 치료사는 게임놀이치료 과정에서 이기거나 지는 상황에서 자기 가치에 대한 느낌에 대해 처리하는 방법을 모델링해야 한다. 이를 통해 아동은 다른 사람의 감정을 이해하고, 감정이나 자기 가치에 대한 느낌을 어떻게 표현하고 조절해야 하는지를 배운다.

(2) 게임놀이치료의 목표와 치료사의 역할

ADHD 아동의 치료를 위해서는 약물치료와 부모교육을 함께 고려하고, ADHD 아동을 위한 사회 기술 훈련 및 놀이치료를 적용한다. 특히 ADHD 아동에게는 산만하고 부주의한 행동을 감소하고 충동성을 줄이기 위해 인지행동적 원리와 방법에 맞는 게임놀이치료가 효과적이다. 게임놀이치료 과정에서 ADHD 아동에게 다음과 같은 내용을 치료 목표로 두는 것이 중요하다.

첫째, 치료사는 ADHD 아동과 라포를 형성하는 것이 중요하다. 게임놀이치료 과정에서 게임은 아동에게 즐거움과 자기 역동성을 느끼게 하기 때문에 라포 형성에 매우 도움이 된다. 이러한 게임의 특성은 교육적인 방식으로 습득되기 어려운 사회적 기술을 자연스럽게 훈련하고 낮은 압박감을 갖기 때문에 쉽게 습득할 수 있게 된다.

둘째, 치료 목표는 게임놀이치료 과정을 통해 아동이 규칙을 현실적으로 수용하고 받아들이며 좌절인내력 및 자기 행동에 대한 제한을 받아들일 수 있도록 한다. 이를 위해 치료사는 사회적 경쟁과 공격성에 대해 적절하게 표현하고 조절할 수 있도록 돕는 것이 중요하다.

셋째, 게임놀이치료의 목표는 아동이 게임치료 과정에서 지속적 관심, 집중력, 지구력을 가지고 논리적 사고와 문제해결 전략을 습득할 수 있도록 한다. 이를 위해 치료사는 선택하는 게임의 특성을 이해하고 아동이 과업을 이해하고 목표를 적절하게 설정하여 목표와 결과를 위한 방향이 적절한지를 검토하는 것이 중요하다. 또한, 치료사는 아동이 충분히 집중하고 생각하여 목표에 도달하며 성과를 이뤄낼 수 있도록 게임놀이치료 진행 과정에서 적절한 피드백을 제공하고 지지하는 것이 필요하다.

넷째, 아동이 게임놀이치료 과정에서 상호작용을 통해서 충분한 대화 및 자기표현을 할 수 있도록 돕는다. 즉, 치료사는 게임을 하면서 아동이 자기표현을 하고 다른 사람과 대화함으로써 상대적으로 자연스러움을 느끼고 자기 자신에 대해서도 자유로워질 수 있도록 한다. 또한, 집단 내에서는 서로 대화하고 협력하여 사회적 기술을 강화하고 습득하게 된다.

마지막으로, 아동이 게임놀이치료 과정에서 선택된 게임이 반복적으로 사용될 수 있도록 허용하고 지지하여 인지적인 자기 조절력을 키우게 한다. 즉, 반복적인 게임 사용과 치료사의 지지와 안내는 게임놀이치료 과정에서 아동이 자신의 충동을 조절하도록 돕는다(Bow & Goldberg, 1986).

4) 게임놀이치료 기법

ADHD 아동은 전두엽 기능인 실행기능이 발달되지 못해서 나타나는 문제들이 크다. 실행기능이란 활동하고 새로운 문제를 해결하는 동안 인지·정서·행동기능을 안내하고 방향을 설정하고 조절하는 것을 담당하는 과정의 집합체이다. 특히 아동기와 청소년기에는 실행기능이 발달하며, 이것은 아동의 인지기능, 행동, 정서 통제, 사회적 상호작용에 중요한 역할을 한다. 이러한 실행기능은 아동기를 거치는 동안 목표 설정, 인지적 융통성, 주의통제, 정보처리 과정 등 네 가지 영역에서 중요한 역할을 한다. 하지만 ADHD 아동은 실행기능상에서 결함이 있고 이로 인해 인지적, 행동적, 정서적, 사회적 어려움을 겪게 된다. 이러한 실행기능을 향상시키고 ADHD 아동의 전반적인 발달에 긍정적인 영향을 미칠 수 있는 것이 게임놀이치료이다.

게임놀이치료의 장점은 다음과 같다.

첫째, 아동이 최적의 학습을 할 수 있도록 적절한 각성 상태를 유지하도록 하고 충동을 통제하고 조절하는 주의통제 영역에서 효과적이다. 즉, ADHD 아동은 충동적이고 자기 조절력이 부족하여 수행에 있어서 어려움을 갖고 있다. 이러한 아동에게 게임놀이는 아동에게 억제 능력을 향상시켜 주는 데 도움을 준다. 게임에서 승부라는 결과가 아동의 참여와 동기유발을 촉진시킨다. 즉, 아동은 규칙을 지키려는 자율적 통제하에서 놀이를 하려고 노력하기 때문이다.

둘째, 게임하는 과정은 상당한 수준의 논리적인 사고나 문제해결을 위한 전략을 필요로 한다. 따라서 게임놀이치료는 아동에게 인지적인 능력 및 전략, 문제해결 능력을 키우는 데 도움을 준다.

셋째, 게임놀이치료는 결과의 예측력, 창조력과 같은 인지발달에 도움을 준다. 이뿐만 아니라 게임놀이치료 과정 동안 아동은 복잡한 지시를 따르며 인지적 융통성을 향상시킬 수 있다.

마지막으로, 아동은 게임의 규칙을 통해 작업기억을 유지한다. 또한, 게임놀이치료 과정에서 아동은 정보처리 과정을 변화시키며 여러 영역에서 유용하게 전략을 찾을 수 있어 정보처리 과정에 도움을 준다.

ADHD 아동을 위한 게임놀이치료에서 치료사는 아동이 치료 과정에서 주의집중하고 충동성을 조절하기 위한 인지행동적 원리를 적절하게 적용하며 모델링을 보여 주어야 한다. 켄델과 브라스웰(Kendall & Braswell, 1984)은 충동적인 아동의 충동성을 억제하기 위해 개발한 인지행동적 자기교시훈련 프로그램인 '멈추고 생각하기 게임Stop & Think Game'을 제시하였다. 이러한 방법을 치료 상황에서 치료사는 '큰 소리로 나에게 말해요'라는 자기교시훈련을 위해 아동이 스스로 질문하고 답하게 한다. 이 자기교시훈련은 3단계로 나누어 게임을 실시하거나 워밍업 활동을 시작하기 전에 자신에게 이야기하고 그에 대한 답을 스스로 하도록 한다. '큰 소리로 나에게 말해요'의 3단계를 살펴보면 다음과 같다.

- 1단계: "나는 무엇을 해야 하지?"라고 묻는 것으로 이는 아동이 문제를 정의하도록 한다.
- 2단계: 문제를 정의하고 난 후 "어떻게 해야 하지?"라고 스스로에게 질문하여 그에 대한 답을 말하게 하는 것으로 문제를 풀기 위한 과정을 설명하고 문제해결을 위해 계획하도록 한다.
- 3단계: "잘할 수 있나?"라는 문제에 대한 적극적인 태도 및 자신감을 갖는 데 초점을 두고 적극적인 문제해결을 하도록 한다.

이렇게 치료사는 자기교시훈련 방법을 게임놀이치료 과정에서 반복적으로 적용하여, 아동이 충분히 충동성을 조절하고 주의집중하도록 하는 것이 필요하다. 특히 초등학교 저학년 아동이나 어린 아동에게 게임놀이치료를 적용하기 위해 게임을 선택할 때 치료사는 다음을 고려한다.

첫째, 아동의 주의집중력 향상이라는 목적에 부합하는 게임이어야 한다. 둘째, 집단으로 적용할 때는 대상 아동이 다 함께 참여할 수 있는 게임이어야 하고 이해하기 어렵지 않은 규칙으로 구성되어야 한다. 셋째, 게임을 하는 동안 계속 집중력이 필요한 게임이어야 한다. 넷째, 특별히 어려운 기술이나 놀이 전략이 필요하지 않은 게임이어야 한다.

(1) 실행기능: 주의통제 영역 향상을 위한 게임놀이치료 기법

주의통제 영역은 특정한 자극에 선택적으로 주의를 기울이는 능력과 상황에서 요구되는 적절한 반응보다 우세한 반응을 억제하고 지연된 시간 동안 주의의 초점을 유지하는 기능이다. 또한, 주의통제기능은 행동의 조절과 감독을 통해 계획이 올바른 순서대로 실행되게 하고 오류를 확인하고 목표를 성취하도록 돕는다. 특히 억제 능력은 우세한 반응을 억제하는 능력으로 부적절하고 산만한 자극의 처리를 억제하는 간섭 반응의 억제와 행동을 억제하는 주요 반응 억제로 구분된다(Nigg, 2001).

게임놀이치료는 ADHD 아동에게 억제 능력을 향상하도록 하며 선택적 주의집중을 하는 데 매우 효과적일 수 있다. 특히 게임놀이치료 기법 중 '별칭 게임', '시간 안에 수행하기', '반대로 게임'예: 위 → 아래이나 '동서남북 게임' 등의 워밍업 활동은 아동에게 충동을 조절하고 비언어적 신호에 반응을 이끌도록 하여 주의를 집중시키고 행동 억제력을 높인다. 따라서 치료사는 게임놀이치료 과정에서 게임 선택 및 구조화를 적절히 해야 한다. 예를 들어, '숲속의 음악대' 게임 등은 규칙을 지키고 목표를 달성하기 위해 정해진 시간과 방법에 따라 과제 완수를 위해 자신의 충동성을 조절하고 주의집중하도록 한다. 즉, 아동은 자신이 하고 싶은 행동을 중단하고 억제하는 능력이 필요하기 때문에, 아동의 억제력 향상에 매우 도움이 된다. 특히 게임놀이치료를 집단으로 적용하게 될 경우 아동은 집단이라는 환경에서 구조화하여 규칙을 지키고 서로 모델링을 통해 생각과 행동을 스스로 통제하고 억제하는 능력이 향상된다.

실습 주의통제 영역을 위한 워밍업 게임

동서남북 게임놀이

게임 연령 8세 이상

게임 분류 전략 게임/주의통제

인원/시간 1명 이상/3분 이내

게임 방법

- 네모 상자와 상대방 네모 상자를 기준으로 위치해 있는 글자들을 살펴본다.
- 네모 상자 옆에 적힌 글자를 읽는 것이 아니라, 네모 상자를 기준으로 각 글자가 적혀 있는 위치가 어디인지를 말해야 한다.
- 글자가 네모 상자의 오른쪽에 있으면 동, 왼쪽에 있으면 서, 위에 있으면 북, 아래에 있으면 남이 된다.

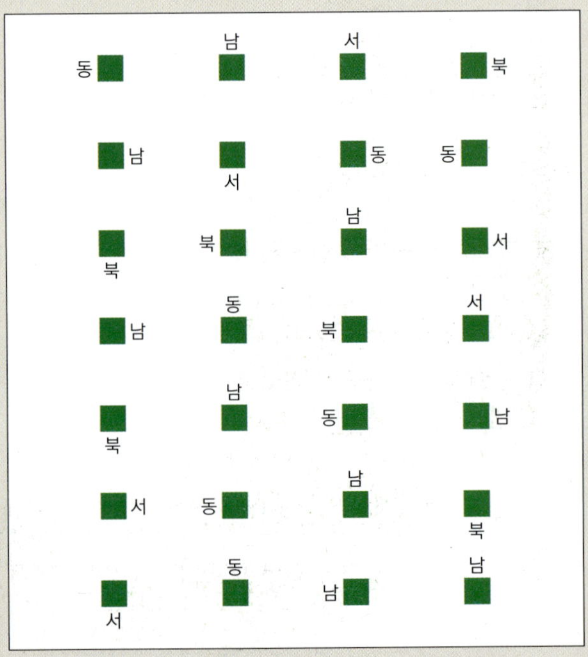

게임 효과

- '동'이라고 적힌 글자를 보면 습관적으로 '동'이라고 외치고 싶어진다. 이런 습관적인 반응을 억제하고 글자가 네모 상자의 왼쪽에 있는 단서만으로 '서'라고 외쳐야 한다.
- 보이는 글자에 집착하지 않고 글자의 위치에 집중하면서 글자의 위치를 확인하기 전에 보이는 글자를 먼저 말하는 반응을 억제할 수 있다.

적용 시 고려사항

- 연령에 따라 반대로 게임이라고 하며 몸동작은 적용하면 연령을 낮출 수 있다.
- 숫자 1, 2를 적용하여 치료사가 1이라고 하면 아동은 2라고 말한다.
- 매일 반복적인 활동과 연습을 통해 억제 능력을 높인다.
- 즐거운 워밍업 활동으로 분위기 전환과 친밀감을 형성하는 데 사용할 수 있다.

실습 억제력 향상을 위한 '숲속의 음악대(콘체르토 그로소)' 게임

콘체르토 그로소

게임 연령	6세 이상
게임 분류	우연 게임, 신체 게임/ 주의집중력, 억제력 향상 게임
인원/시간	3~6명/15분 이상

게임 방법

- 자세가 정해져 있는 카드가 나올 때마다 정해진 자세를 취한다.
- 뒤집힌 카드에 따라 정해진 자세를 취하지 못하거나 틀릴 경우 가운데 모아 놓은 카드를 가져간다.
- 가장 빨리 카드를 없애는 사람이 승리한다.

게임 효과

- 순발력과 신체동작을 필요로 하는 게임으로서 고도의 집중력과 빠른 신체 움직임이 필요하다.
- 제시된 행동의 카드와 다른 카드들을 선별하는 능력과 자기 행동을 통제하고 주의집중력을 향상시킬 수 있는 게임이다.

적용 시 고려사항

- 게임 시작 전 카드에 대한 행동 규칙에 대해 충분히 알려 주고, 아이들 스스로 자신의 행동을 통제할 수 있도록 지도한다.
- 집단 및 교실 내에서 전체 아동을 대상으로 하게 될 때 고도의 집중력 및 협동심과 사회성이 발달하게 된다.

(2) 실행기능: 정보처리 과정 향상을 위한 게임놀이치료 기법

ADHD 아동은 정보처리 과정에서 속도가 느리거나 효율적이지 못하다. 이러한 특성은 ADHD 아동의 실행기능 중 정보처리 영역에서 다소 어려움이 있기 때문이다. 정보처리 과정의 영역은 유창성, 효율성, 산출의 속도를 말한다. 신경 연결의 통합성과 전두 체계의 기능적 통합을 반영하고 이는 정보의 산출 속도, 양, 질에 의해 평가될 수 있다. 아동은 게임놀이치료 과정에서 고등한 인지기능을 반영하는 창의적 재구성 능력인 유창성을 발달시킬 수 있다. 특히 '초성의 달인', '동·네·세 게임', '같은 것끼리 나눠요', '믹스 게임' 등은 자신의 기억 속에 있는 많은 정보를 체계적으로 범주화하며 순발력을 가지고 시간 안에서 효율적으로 정보처리한 것을 산출하도록 하는 데 효과적이다. 이뿐만 아니라 집단게임놀이치료 과정에서는 각 회기별로 진행되는 게임활동에서 팀별로 의견을 나누고 지속적으로 상호작용 및 의사를 표현하는 활동이 촉진된다. 즉, 아동은 좀 더 잘 수행하기 위해 인지적 재구성을 위한 실행 연습을 한다. 또한, 아동은 게임놀이치료 과정에서 선택한 보드게임의 시각적·청각적 단어 인식 기능을 습득하여 정보처리

동그라미, 네모, 세모의 줄임말

과정에서 효율성과 속도를 높일 수 있다.

사례 청각적 집중력에 문제가 있는 초등학교 4학년 남아

아동은 IQ 132로 매우 우수한 지적 능력을 가지고 있으나, ADHD 진단을 받고 약물 복용을 하면서 놀이치료를 받고 있다. 아동은 특별한 부주의 문제를 보이지 않았으나 '게스후' 게임놀이치료를 하면서 아동의 정보처리 과정에서 청각적 집중력과 정보처리에 다소 오류가 많아지는 것을 발견하게 되었다.

아 동　남자입니까?

치료사　아니요.

아 동　(여자를 덮는다.)

치료사　잠깐만! 너는 뭐라고 질문했지? ☞ **자기 점검을 할 수 있도록 유도**

아 동　'남자입니까?'라고요.

치료사　소리를 내서 내가 이야기해 볼게. 나는 '아니요'라고 했어. 그러면 누구를 덮어야 할까? ☞ **오류가 있는지 스스로 점검해 보도록 촉진 질문**

아 동　(한참 보고 작은 소리로) 남자라고 했는데 '아니요'라고 했으니까… 그럼 여자네. 남자를 덮어야 하네요. 앗! 잘못했다. (내린 사람을 다시 올려서 확인한다.) ☞ **자기 모니터링하기**

치료사　그래, 소리 내서 다시 해 보자. "남자를 덮는다." ☞ **자기교시훈련을 통한 모델링 보여 주기**

아 동　남자를 덮는다. (소리를 내서 따라 한 후 남자를 덮는다.) ☞ **모델링하기**

치료사　내 차례네. 모자를 썼나요?

아 동　네.

치료사　모자를 썼다고 했으니, 모자를 쓰지 않은 사람을 덮는다. (소리 내서 말한다.) ☞ **자기교시훈련 모델링 보여 주기**

아 동　눈이 파란가요?

치료사　아니요.

아 동　(다른 색깔의 눈을 덮으려고 한다.)

치료사　소리 내서 말하고 천천히 확인해 보자. ☞ **자기 점검을 하도록 유도**

아 동　눈이 파랗지 않다고 했으니까 파란 눈을 가진 사람을 덮는다. (소리 내서 말하고 확인 후 덮는다.) ☞ **자기 점검 후 정보처리**

실습 정보처리 과정을 위한 워밍업 게임활동

같은 것끼리 나눠요

게임 연령 5세 이상

게임 분류 인지/유창성 게임

인원/시간 1명 이상/3분

게임 방법

• 네모 칸 안에 다섯 개의 그림이 들어 있다.

출처: 좌뇌개발(2003). 삼성출판사, 참고.

• 다섯 개의 그림을 같은 것끼리 둘로 나누고 싶은데 각각 어디에서 나누면 좋을지 나누는 선을 그어 보고 왜 그렇게 나누었는지 이야기를 나누는 활동이다.

게임 효과

- 정보를 분석하고 기준을 정하는 활동을 통하여 의사결정력이 향상될 수 있다.
- 각각의 해당 물건 중에서 차이점과 공통점을 찾아내서 분류하는 능력이 발달된다.
- 나누는 기준에 대해 설명해야 하므로 사고력과 언어 능력이 향상된다.

적용 시 고려사항

- 활동하기 전에 교실에서 공통점과 차이점을 가지는 물건들을 찾아보게 하는 활동을 하여 사고하려는 동기를 부여하도록 한다.
- 서로 문제를 내게 하여 그 사물의 공통점과 차이점을 찾아내어 서로 무리 지을 수 있도록 활동을 한다면 분류 능력과 자신의 의사를 자신감 있게 표시할 수 있는 능력이 함께 길러진다.

실습 정보처리 과정 향상을 위한 '게스후' 게임

게스후

게임 연령 6세 이상
게임 분류 전략 게임/집중력 및 정보처리 게임
인원/시간 2~4명/10분 이상

게임 방법

- 각자 카드 속에서 인물카드를 뽑아 상대방의 인물이 어떤 사람인지 알아맞히는 게임이다.
- 이 게임은 각자의 인물카드를 가지고 와서 상대방에게 '예/아니요'로만 대답할 수 있도록 질문을 한다.
- 질문에 해당되는 범주의 사람이 아니면 자신의 판에 있는 사람을 모두 덮는다.
- 질문은 한 번씩 번갈아 가며 한다.

• 상대의 차례가 진행되는 도중에 정답이 무엇인지 알았다고 해도 자기 차례가 되기 전에는 정답을 말할 수 없다.

게임 효과

• 상대방의 인물을 추리하기 위해서 공통점이 많은 속성을 찾으므로 시각적 집중력 및 사고력이 동시에 향상된다.
• 상대방에게 질문하고 나서 아닌 사람을 덮어야 하므로 청각적 집중력 및 정보처리 능력이 향상될 수 있다.

적용 시 고려사항

• 예측과 관련된 활동에 활용이 가능하다.
• 주의집중력 훈련 및 주의전환 능력을 향상시키고자 할 때 활용 가능하다.
• 질문하면서 아동의 인지적 오류 및 전환 능력을 평가할 수 있다.

(3) 실행기능: 인지적 융통성 영역을 위한 게임놀이치료 기법

인지적 융통성 영역에는 주의전환 능력과 작업기억 두 가지가 있다. 주의전환 능력은 반응 세트 간을 전환하는 능력, 실수에서 배우는 것, 대안 전략을 고안하는 것, 주의의 분할을 의미한다. 또한, 작업기억은 복합적인 원천의 정보를 동시에 처리하는 것을 말한다. 작업기억에는 주로 저장 기능을 다루는 단순한 작업기억, 저장과 처리 기능을 다루는 복잡한 작업기억이 있다(Daneman & Carpenter, 1980).

특히 ADHD 아동은 다른 영역보다 인지적 융통성에서 어려움을 겪는 경우가 많다. 인지적 융통성을 높이기 위해서는 다양한 워밍업 활동을 하는데 '틀린그림찾기' 활동, '색깔 다르게 계산하기', '청기/백기', '덧셈을 하자' 등이 있다. 이러한 활동은 주의전환 능력을 키워 주며 동시에 청각적 주의집중력과 작업기억력을 높여 줄 수 있다. 이뿐만 아니라 다양한 보드게임을 게임놀이치료 과정에서 적용할 때 치료사는 다소 인지적인 노력을 요하는 게임을 선택한다. 치료사는 게임을 수행하는 데 있어서 아동의 수행 정도에 따라 난이도를 조정하여 문제해결을 위한 책략을 수립하도록 관찰, 평가, 선택, 적용을 적절하게 하여야 한다.

실습 인지적 융통성을 높여 줄 수 있는 워밍업, 덧셈 게임

덧셈을 하자

게임 연령 8세 이상

게임 분류 전략 게임/인지적 융통성(기억, 전환)

인원/시간 2명 이상/3분 이상

게임 방법

- '구구단을 외자' 대신 '덧셈을 하자'로 응용하여 덧셈 게임을 한다.
- 한 사람이 숫자 '5, 7'이라고 부르면 다음 사람은 '12'라고 답하며, 옆 사람이 더할 수 있는 숫자 두 개(예: 8, 4)를 외친다.
- 옆 사람은 앞 사람이 말한 숫자를 더한 값을 답하고, 다시 숫자 두 개를 외친다.

게임 효과

- 인지적 융통성 영역 중 작업기억력을 향상시킨다.
- 게임을 통해 주의전환 능력을 향상시킨다.
- 집중력 및 기억력을 높인다.
- 자기교시훈련을 통해 인지적 전략 및 자기 조절력을 키운다.

적용 시 고려사항

- 자기교시훈련과 함께 실시한다.
- 충분히 숙지되면 난이도를 조절하여 두 자릿수를 더해서 두 자릿수를 만들도록 요구한다. 이는 고도의 집중력과 동시에 자극을 처리해야 하므로 작업기억력을 향상시킨다.
- 치료사는 아동이 충분히 할 수 있도록 옆에서 격려와 지지를 한다.

실습 인지적 융통성 중 작업기억력을 위한 '로보77' 게임

로보77

게임 연령　8세 이상

게임 분류　우연 게임/기억력 게임

인원/시간　2~6명/20분 이상

게임 방법

- 숫자가 적혀 있는 카드를 집단원에게 다섯 장씩 나눠 주고 생명칩 세 개를 준다.
- 각자 집단원은 돌아가며 카드에 적힌 숫자를 부르며 더해 가는 게임인데, 만약 더한 숫자가 77을 넘으면 생명칩 하나를 잃게 된다.
- 생명칩 세 개를 잃으면 게임이 끝난다.
- 특수 카드에 대한 설명을 한 후 자기교시훈련과 함께 게임을 실시한다.
- 이때 다른 사람이 더한 숫자를 기억하고 자신의 숫자카드를 무엇을 낼지 생각하도록 한다.
- 게임을 하기 전에 자기교시훈련과 함께 실시한다.

게임 효과

- 주의전환 능력을 향상시킨다.
- 집중력 및 기억력을 높인다.
- 자기교시훈련을 통해 인지적 전략 및 자기 조절력을 키운다.

적용 시 고려사항

- 게임에 집중하고 불안을 견딜 수 있도록 기다려 주며 집중하는 아동(집단원)에게 피드백을 준다.
- 자기교시훈련을 매번 실시함으로써 체계적인 인지적 전략을 수립하도록 한다.
- 게임의 난이도를 적절하게 조절하여 아동(집단원) 각자의 사기를 높일 수 있도록 한다.
- 자기 평가를 통해 변화 과정을 인지하도록 적극적인 격려와 강화를 한다.

(4) 실행기능: 목표설정 영역에서의 게임놀이치료 기법

목표설정 영역은 새로운 주도성과 개념을 발달시키는 능력, 미리 행동을 계획하는 능력, 효율적이고 전략적인 방식으로 과제에 접근하는 것을 내포한다. 즉, 계획능력은 결과를 예측하고 계획을 세우고 계획에 맞게 수정하고 모니터링하는 능력이다. 게임놀이치료 과정에서 치료사는 여러 기술을 시도해 보도록 권장하고 강화할 수 있다. 이뿐만 아니라 다양한 문제해결 방식을 계획하고 새로운 기술을 연마하여 아동에게 성공 반응을 고무시킬 수 있다.

따라서 치료사는 아동의 경쟁심을 적절히 다루고 게임에 포함된 경쟁으로 자아수준을 적절히 조절하며 문제를 해결할 수 있는 계획력과 문제해결력을 습득하도록 전체적인 구조화를 적절하게 해야 한다. 특히 치료사는 게임놀이치료 과정에서 자기교시훈련을 통해 모든 활동 및 게임에서 목표한 바를 언어로 표현하고 과정을 계획한다. 이뿐만 아니라 아동이 조직화된 활동을 충분히 하도록 적절한 격려 및 강화, 자기 평가를 할 수 있도록 한다. 이를 통해 아동은 게임놀이의 결과를 예측하고 다양한 전략을 사용하여 문제를 해결하게 된다.

먼저, 다양한 계획력과 조직화가 필요한 활동으로 충분히 워밍업을 한다. 워밍업 활동이 끝난 후 치료사는 '루미큐브', '우봉고', '다빈치코드' 등 다양한 게임을 선택하여 아동에게 지속적 주의력과 함께 문제해결을 할 수 있도록 돕는다. 이를 위해서는 아동이 게임놀이치료 과정에서 복잡한 지시를 따르며 고차적인 인지기능을 발휘하여 계획하고 조직화하여야 한다. 이렇게 하기 위해서는 치료사의 격려와 지지가 제공되어야 할 뿐만 아니라 적절한 자기교시훈련 모델링이 제시되어야 한다.

실습 목표 설정을 위한 워밍업 게임

같은 모양 모두 찾기

게임 연령 5세 이상
게임 분류 전략 게임/문제해결, 집중
인원/시간 1명/3분 이상

게임 방법

• 보기와 같은 모양을 모두 찾아 빨간색 색연필로 따라 그린다.

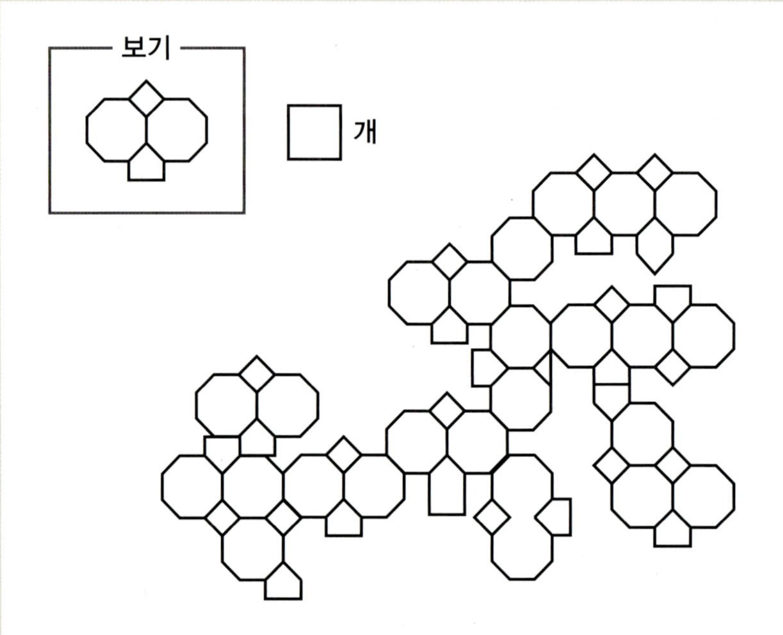

• 그리고 모두 몇 개인지 빈 칸에 숫자를 쓴다. 방향이 바뀐 모양도 있으니 주의 깊게 잘 찾아본다. (답: 여섯 개)

Ⅲ

게임 효과

• 비슷한 모양 속에서 조건과 일치하는 모양을 찾음으로써 형태를 구별하는 능력이 생성된다.
• 주어진 문제 상황을 명확하게 이해해야 문제를 수행할 수 있으므로 관찰력과 변별력이 향상될 것이다.
• 시간제한을 넣으면 좀 더 빠르게 형태를 인식하여서 변별력을 높일 수 있을 것이다.

적용 시 고려사항

• 활동하기 전에 치료실이나 교실에서 한 가지의 물건을 정한다. 그다음으로, 그 물건의 특징을 여러 가지 찾아본 후에 본 활동을 한다.
• 워밍업 활동 후 관찰력이 형성되어 더 빠르고 정확하게 같은 모양을 찾아낼 수 있다.

실습 문제해결력 향상을 위한 '우봉고' 게임

우봉고

게임 연령 8세 이상
게임 분류 전략 게임/문제해결
인원/시간 2~4명/20분 이상

게임 방법

• 12개의 도형 조각 꾸러미를 아동(집단원)에게 주고 각자 조각을 맞추는 판을 준다.
• 조각으로 판 위를 맞춰 보게 한다. 그다음에 여러 가지 모양이 그려진 주사위를 던진다.
• 그에 해당되는 조각을 가져와 판을 맞추고 '우봉고'라고 외친다. 우봉고를 외친 사람은 보석을 두 개 가져올 수 있으며 보석을 많이 모으는 사람이 이긴다.

게임 효과

- 계획 능력 및 조직화 능력을 향상시킨다.
- 전략적 사고력을 향상시키며 문제해결력을 높인다.
- 경쟁적인 상황에서 불안을 다루므로 좌절인내력 높인다.
- 자기교시훈련을 통해 인지적 전략 및 자기 조절력을 키운다.
- 게임을 통해 지속적 주의력을 높인다.

적용 시 고려사항

- 연령에 따라 모래시계의 제한을 융통성 있게 활용하고 인지적인 능력에 따라 조절하여 충분히 게임을 경험할 수 있게 한다.
- 아동(집단원)에게 게임에 대해 충분히 숙지하였는지 묻고 자기교시와 함께 우봉고 게임을 한다.
- 치료사는 아동(집단원) 중 어려워하는 아동에게 가서 격려와 도움을 준다.

4 반항적인 아동을 위한 게임놀이치료

1) 임상적 특징

적대적 반항장애Oppositional Defiant Disorder는 분노 및 과민한 기분, 논쟁적·반항적 행동 또는 보복적 특성이 자주 나타나고 지속적이다. 적대적 반항장애에서는 부정적인 기분 문제가 나타나지 않고 행동 문제만 보이는 경우도 종종 있다. 하지만, 적대적 반항장애로 진단을 받은 아동·청소년의 경우는 전형적으로 행동 문제뿐만 아니라 분노 및 과민한 기분 증상도 함께 나타난다. DSM-5에서는 적대적 반항장애, 간헐적 폭발성 장애, 반사회성 인격장애, 병적 방화, 병적 도벽 그리고 파괴적 충동 조절 및 품행장애를 포함하고 있다(APA, 20013).

이러한 장애는 모두 정서 및 행동조절 문제를 포함하고 있기는 하나, 두 가지 유형의 자기 조절 중 상대적으로 어디에 더 강조를 두는지에 따라 각 장애 간에 차이가 있다. 품행장애의 진단기준은 주로 타인의 권리를 침해하거나 주요 사회적 규범의 위반과 같은 잘 통제되지 않는 행동에 초점을 맞추고 있다. 극단적인 간헐성 폭발장애의 진단기준은 정서 조절의 어려움과 주로 관련되어 있으며, 분노 표출이 대인관계 스트레스, 폭발적인 자극이나 정신·사회적 스트레스에 비례하는 것은 아니다. 이 두 장애의 중간적 특성을 가지고 있는 적대적 반항장애의 진단기준은 분노와 과민성의 정서 통제와 논쟁적이고 반항적인 행동 통제가 동일하게 문제로 나타난다. 병적 방화나 병적 도벽은 흔한 진단은 아니지만, 내적 긴장을 완화시켜 주는 특정 행동인 방화나 절도 등의 특정 행동과 관련된 충동 조절의 어려움이 특징적이다.

적대적 반항장애의 핵심 증상 및 진단기준은 잦은 화, 과민하고 쉽게 짜증을 내고 쉽게 분개하는 등의 분노 및 과민한 기분이다. 두 번째의 핵심 증상은 권위자와 자주 마찰을 일으키고 권위자의 요구나 규칙을 무시, 거절하는 모습을 보이고 타인을 고의적으로 귀찮게 하는 것, 자신의 실수를 남 탓으로 돌리는 등 논쟁적이고 반항적인 행동이다. 마지막으로, 핵심 증상의 특징은 6개월 동안 적어도 두 번 이상 악의에 차 있거나 앙심을 품는 것 등의 보복적 양상을 보이는 것이다. 이러한 세 가지 영역에서의 핵심 증상 중 네 가지 이상이 존재할 때 적대적 반항장애로 진단을 내릴 수 있다. 또한, 이러한 증상이 형제나 자매가 아닌 적어도 한 명 이상의 다른 사람과의 상호작용에서 나타나야 한다(APA, 2013). DSM-5에서는 이러한 증상이 얼마만큼 다양한 상황에서 나타나는가에 따라 경도mild, 중등도moderate, 고도severe로 구분하고 있는데, 여러 상황에서 증상이 나타날수록 심각한 상태로 간주한다(APA, 2013). 적대적 반항장애의 유병률은 1~11%이며 평균 유병률은 약 3.3% 추정된다. 청소년기 이전의 적대적 반항장애는 여아보다 남아에게서 다소 빈번하게 나타는 경향이 있다남:여=4:1.

적대적 반항장애 아동이 보이는 주요 행동 특성인 불순종, 반항 그리고 사회적 공격성의 원인에 대해 손상된 부모－자녀 관계, 기질과 인지적 특성, 부모 특성, 그리고 가족을 둘러싼 환경적 사건을 원인으로 볼 수 있다(안동현·김세실, 1997).

우선, 손상된 부모－자녀 관계에서 볼 때 반항장애를 보이는 아동의 부모는 비효율적, 비일관적, 비변별적인 양육 태도 및 방법으로 아동의 행동에 대한 적절한 지도·감독의 부족이다.

두 번째 원인인 특정한 기질과 인지적 특성에서 보면, 특히 아동 초기에 까다로운 기질에 대한 적절한 양육 대처가 부족했을 경우, 후에 반항성 문제를 나타내는 경우가 많다(Sanson & Prior, 1999). 즉, 까다로운 기질과 인지 특성을 가진 아동이 다른 아동보다 공격적 행동을 나타내고 불순종을 획득하게 되는 경향이 높다. 아동이 말을 잘 듣기 위해서는 상황에 따라 적응하는 유연성 및 융통성이 높고, 좌절을 견디는 힘이 있어야 하며 충동을 억제하는 능력이 필요하다. 또한, 구체적으로 아동의 기능은 실행기능, 언어 능력 및 기술, 감정 조절 능력, 인지적 융통성, 사회적 기술과 관련되어 있다. 그러나 반항적인 아동의 경우 까다로운 기질과 안정된 애착을 형성하지 못하면 전두엽 영역에 손상을 보이며, 편도체와 전전두엽 피질 간의 연결이 사회적 단서의 해석, 부정적 정서의 억제에 중요한 역할을 하는데 이러한 기능에서도 손상이 관찰되고 있다(Barkley, 1999).

세 번째는 부모의 특성으로 반항적이고 불순종적인 아동의 부모를 보면 이들도 유사한 기질과 인지적 특성을 갖는 경우이다. 미숙하고 경험이 부족하고 충동적이거나 부주의하거나 우울하고, 적대적이고 거부적이며 부정적 기질을 가진 부모들은 반항적이고 공격적인 자녀를 가지게 되는 경우가 훨씬 많다. 이러한 부모의 특성은 부정적인 부모－자녀 관계로 인해 영향을 미치기도 하지만, 아동이 그러한 행동을 모방하게 되는 모델이 되기도 한다.

마지막으로, 아동과 가족을 둘러싼 상황적 사건인 부모의 사회적 고립, 이혼, 사회·경제적 어려움, 부부간의 잦은 갈등과 불화, 부모의 실업 등이 위험성을 높이는 요인이 된다(안동현, 2018).

2) 발달에 따른 증상

적대적 반항장애와 품행장애는 발달적으로 관계가 있는데, 청소년기 이전에 품행장애를 보인 대부분의 경우, 어린 시절에 보인 품행 문제의 특성은 적대적 반항장애 진단기준을 모두 충족하고 있다. 적대적 반항장애를 가진 아동 중 대략 20~25%는 3년이 지나면 더는 장애를 보이지 않게 되지만, 52% 이상은 이 기간이 지나도 계속해서 이러한 양상을 보일 수 있다. 이 같이 반항장애를 나타내는 아동 중 절반가량은 3년의 추적 기간 내에 품행장애로 이행할 수 있다고 하였다(안동현, 2018). 적대적 행동은 신체적 공격성, 재산 침해, 신분 위배와 같은 이후의 품행 문제와 일종의 발달적 관계를 가지며 각 발달 연령에서 보이는 특성은 다음과 같다.

(1) 학령전기

적대적 반항장애의 진단에서 중요한 것은 지속성인데, 독립성과 개별성을 추구하는 2~3세의 걸음마기 아동은 자기주장이 세고 고집이 센 것이 당연히 나타나는 특징이지만, 이 시기라 하더라도 같은 행동이 6개월 이상 지속적일 때는 적대적 반항장애로 진단을 내릴 수 있다(안동현, 2018). 적대적 반항장애로 진단을 받는 학령전기 아동의 특성을 보면 소리 지르기, 소란 피우기, 물건 던지기, 할퀴기, 물기, 때리기, 반대 행동이나 공격적인 행동, 종잡을 수 없는 분노발작, 놀잇감이나 가구 등을 부수고 파괴하는 행동, 다른 아동을 때리고 동물을 괴롭히는 행동 등이 대표적인 예이다(김경희, 2007, 재인용).

(2) 학령기

적대적 반항장애를 가진 아동은 반항과 거절, 말대꾸, 타인에 대한 원망이 두드러지기 때문에 부모, 교사, 또래와의 관계가 좋지 않다. 적대적 반항장애 아동의 행동은 괴롭힘을 즐기고 악의적이며 다른 사람의 한계를 시험하는 것으로 비춰진다. 따지기를 좋아하고 규칙을 어기며 다른 사람을 약 올리기 위해 말하고 행동하는 것처럼 보인다(Frances, 2014). 이러한 행동으로 인해 적대적 반항장애를 가진 아동은 회피, 거절, 소외를 경험하기 쉽다. 하지만 적대적 반항장애 아동은 자기 자신이 화를 내거나 반항적인 행동으로 인해서 거절되었다고 생각하지 않는다. 이들은 자신의 이런 행동을 부당한 요구나 분위기에 대한 반응이라고 합리화한다.

즉, 학령기 아동은 반항 및 시비 걸기, 짜증, 욕, 남을 괴롭힘, 분노 표현, 또래와의 갈등, 부당성의 의식 부족 등 적대성의 특징을 보이고, 공격성의 특징으로는 악의적인 싸움이 자주 일어나며 동물을 해치거나 위협하고, 잔인하게 대하고 공격적인 행위가 많아진다. 반항적이고 적대적이며 공격적인 행동이 교정되거나 치료되지 않을 때는 재산 침해 및 연령에 맞는 신분을 위배하는 행동을 보이는데 빈번한 거짓말, 훔치기, 남의 물건 빼앗기, 무단결석, 가출, 욕설 등의 품행 문제 등이다(안동현·김세실, 1997).

(3) 청소년기

반항적인 행동이 청소년기에 자기중심성이 증가되고 독립과 개별화를 위해서 나타날 수 있는 것이 일반적인 특징이지만, 이것이 학령전기 아동처럼 6개월 이상 지속되게 되면 적대적 반항장애로 진단을 내리게 된다.

이 시기에 진단을 받은 청소년의 행동 특성을 보면 겉으로는 조용하고 고분고분하고 얌전하며 수줍음도 있고 지나치게 적응적인 측면을 보이기도 한다. 하지만, 아동기의 반항적 특성은 청소년기에 거짓말, 가출, 절도, 방화, 공격성을 표출하는 자해 행동 등 품행의 문제로 발달된다. 가출은 흔히 아동기 후기부터 청소년기에 많이 나타나는 부적응 현상으로 두 가지 형태가 있다. 하나는 가벼운 기질적 손상 문제로 충동적 가출일 수 있으며 다른 하나는 신경증적 가출이다. 신경증적 가출은 반복적인 불안 및 충동과 갈망 상태에서 가출하는 것으로 가출의 유일한 동기나 목표가 없는 것이다. 즉, 집을 멀리 떠나가서 집 생각을 하지 않으며 혼자 밤을 새우는 경우에도 불안해하거나 걱정하지 않고 집에서 자기를 걱정할 것이라는 생각도 전혀 하지 않는다. 이들은 돈이 떨어지거나 위기 사태에 직면했을 때만 집 생각을 하게 된다(Nissen, 2002).

이상에서 볼 때, 적대적 반항장애가 있는 아동이라고 해서 모두 품행장애로 발전하는 것이 아니지만, 더 나아가 적대적 반항장애 아동은 품행장애로 진행될 위험이 있을 뿐만 아니라 불안장애나 우울장애를 동반하게 될 위험이 있다.

3) 게임놀이치료 과정

(1) 게임놀이치료에서의 특성

게임놀이치료 과정에서 적대적이고 반항적인 아동은 초기에 혼자서 하는 게임이나 상호작용을 거의 하지 않는 것을 선택하는 경향이 있다. 이러한 특성은 아동이 종종 가족 내에서 심각한 학대와 무관심을 받았을 경우에 성인을 신뢰하는 것에 시간이 걸릴 수 있음을 반영한다. 특히 적대적 반항장애 아동의 경우 부모의 양육 방식이 지나치게 엄격하고 독재적이며 체벌적일 때 거부적이거나 무관심을 보인다.

이들은 의미 있는 성인과 안정적이고 신뢰로운 관계를 형성하지 못한다. 때로는 말은 없으나 다소 경쟁적이고 전략적인 요소를 지닌 게임놀이를 선택하는 경우도 있다. 주로 '체스'나 '커넥트 포' 같은 게임을 선택하여 놀이하는 것은 성인과 함께 한다는 것에 대한 두려움이 있으면서도 성취와 힘에 대한 욕구가 반영되어 있어 흥미를 지니기 때문이다. 이러한 특성은 아동이 경험한 불안정한 애착에서 보이는 양가적인 심리 태도를 그대로 반영하는 것으로 볼 수 있겠다.

또한, 게임놀이치료에서 아동은 치료사의 입장을 고려하고 자신이 치료사를 도와주려고 하거나 치료사에게 의견을 묻고 선택권을 주려는 모습을 보이기도 한다. 이러한 특성은 아동이 스스로 능력 있고 다소 인상적인 사람이 되고 싶어 하는 욕구를 반영한다. 하지만, 게임놀이치료 과정에서 인상적인 말과 도우려는 태도를 보이면서도, 실제로 게임놀이할 때는 종종 속임수를 쓰는 행동을 보이는 경우가 있다. 이러한 특성은 아동에 대한 부모나 다른 성인의 관심 결여 상태와 아동이 겪은 가족 내의 경험에서 형성된 내적 신념을 반영한다. 즉, 아동은 타인을 때리고 어떠한 희생을 치르더라도 이기는 것이 중요하다는 신념을 게임놀이치료 과정에서 나타내고 있다.

(2) 게임놀이치료의 목표와 치료사의 역할

적대적 반항장애 아동에게 중요한 치료 목표는 게임놀이에서 아동이 감정과 행동의 목적을 깨닫고 이를 올바른 방식으로 표현하게 되는 것이다. 특히 이들은 어른에 대한 신뢰가 부족할 뿐만 아니라 강력한 성취 및 힘에 대한 욕구를 지니고 있다. 이러한 성취와 힘에 대한 욕구는 게임놀이치료 과정에서 게임을 할 때 규칙 준수와 관련되어 나타난다.

보통 아동이 4세 정도가 되면 규칙이 존재한다는 것을 이해한다. 6세 정도가 되면 집이나 학교 또는 다른 기관에서 행동에 대한 규칙이 있다는 것을 알게 된다. 규칙에 대한 문제가 생기게 될 때는 집에서 생활을 하면서 배워야 할 규칙을 배우지 못했을 경우이다. 특히 규칙이 거의 없는 허용적인 분위기에서 자란 아동의 경우는 더 그러할 수 있으며, 너무 엄격한 가정에서 비합리적이고 체벌을 사용한 분위기에서 자란 아동은 규칙에 대해 너무 순종적이거나 완전히 무시하는 경향이 있다. 이뿐만 아니라 방임되고 학대받은 아동은 가정 내에서 일방적으로 규칙을 강요받을 가능성이 커서 게임에서 힘과 성취를 얻는 데만 집중하고 규칙을 지키지 못할 수 있다(박성옥 · 김윤희, 2010).

게임놀이치료에서 경쟁적인 게임과 다른 게임에서 강조되는 공통적인 문제는 규칙이다. 정해진 규칙은 치료사와 갈등적인 상호교류를 하면서 처음부터 바로 적용되어야만 한다. 반항적인 아동은 게임놀이치료 과정에서 경쟁적인 특성을 지니고 있어 무슨 수를 써서라도 이기기를 원한다. 이는 아동이 빈약한 자아감을 가지고 있고 스스로 약하다는 것을 자주 느끼고 권위적이고 힘 있는 성인에 대해 많은 분노를 표현하는 것이다. 치료사가 게임에서 정당한 방법으로 경쟁할 수 있도록 아동에게 반응해 주면, 아동의 속이려는 욕구가 감소된다. 이 중 어떤 아동은 자기가 만든 새로운 규칙을 게임하는 도중에 적용하려고 한다. 이때 게임을 시작하기 전에 규칙을 변경시키는 것은 허용될 수 있으나, 게임 도중에는 어떤 규칙의 변화도 적용할 수 없다는 것을 분명하게 전달하고 확인시키는 것이 중요하다.

아동이 치료 과정에서 속임수를 쓰려고 할 때 다른 감정을 가지고 있는 게임 상대자로서 치료사는 스스로 느낀 감정을 아동에게 가볍게 언급해 주는 것이 중요하다. 이때 어떠한 감정적인 표정을 짓지 않고 아동이 책임감 있는 행동을 할 수 있도록 유도하여 속임수를 사용하지 않고 게임의 즐거움을 맛보게 한다. 이를 통해 아동은 자신의 내부 세계를 밖으로 표현할 수 있고 그러한 상황에서 즐거움은 게임놀이를 공정하게 하는 데 도움이 되는 강력한 보조 수단이 된다.

적대적 반항장애 아동의 치료에서 무엇보다 중요한 점은 치료사가 아동에게 항상 집중하고 아동을 있는 그대로 수용하는 것이다. 게임놀이치료 과정에서 치료사는 아동이 표현하는 행동이나 언어, 감정 등에서 아동이 말하고자 하는 부분을 읽는 능력과 노력이 있어야 한다.

이때 치료사는 게임놀이치료 과정에서 아동이 느끼는 감정을 충분히 표현할 수 있도록 반영하고 지지해 주는 것이 중요하다. 특히 감정 표현 방법을 촉진하기 위해서 게임놀이치료사는 감정을 표현하는 방법을 나 전달법으로 모델링하여 보여 주는 것이 중요하다. 치료사가 게임놀이치료 과정에서 자신의 행동과 결과에 대한 감정을 표현하는 모델링예: 늦게 낸 것에 대한 아쉬움, 말을 잘 이동하여 승리한 것에 대한 즐거움을 보이면 아동은 얼마 지나지 않아 감정 표현을 따라하게 된다.

4) 게임놀이치료 기법

게임은 미래 아동의 행동을 결정하는 강력한 도구로 게임놀이의 환경은 아동이 행동을 학습하고 연습하며 시험하는 무대가 된다. 즉, 게임의 규칙은 특정한 행동을 학습하고 개발하게 하는 효과가 있기도 하지만, 다른 행동을 무시하거나 억제하는 1차적인 명령으로 작용하게 한다(Hinitz, 1994).

게임은 경쟁 게임, 협동 게임, 개별 게임으로 분류하는데, 특히 경쟁적인 상호작용은 한 사람의 성공을 위해 다른 사람의 실패를 요구한다(Kohn, 1983). 경쟁 게임은 승자와 패자가 있고, 강화된 개인의 기술을 상대방보다 더 잘 구사해야 하며 상대방을 이길 수 있도록 최선을 다하는 것이 요구된다. 하지만 이것은 대인관계 기술을 무시하는 결과를 초래하고 대립을 촉진하는 방향으로 구조화한다. 대립은 공격적인 행동을 유발하며, 게임 전체가 아닐지라도 경쟁 게임의 현저한 효과이다(Bay-Hinitz, 1994). 경쟁 게임을 통해 아동은 타인과 대립하는 방법을 배우게 된다.

경쟁적인 상황에서 대부분의 아동은 거짓말, 속임수, 사기 등의 행동으로 자신이 승자가 되고 상대방을 패자가 되게 할 수 있다는 것을 간과해서는 안 된다. 실제 게임놀이에서 나타나는 아동의 치료적 또는 파괴적 행동에 대해서는 자주 평가되거나 다뤄지지 않으며, 치료사들도 아동의 게임놀이 환경을 관찰하지 않은 채 아동의 공격성을 치료하려고 한다. 그러나 게임이 아동의 삶에 미치는 강력한 영향들에 대한 많은 임상 결과를 토대로, 다음과 같이 경쟁 게임이나 협동 게임을 통해서 적대적 반항장애의 치료적 효과를 얻을 수 있다.

(1) 접근기법 1: 경쟁 및 전략 게임을 활용한 자아감 높이기

게임놀이는 타인과 관계를 맺는 사회화의 한 방법일 뿐만 아니라 시간을 보내는 방법이고 시간을 조직화하는 방법이다. 게임은 타인과 함께 할 수 있는 도구이며, 많은 사람이 이해할 수 있는 언어이다. 게임에 반드시 대화가 필요한 것은 아니지만 게임을 하는 동안 그 공간이 안전한 안식처가 되고 자연스럽게 대화를 하게 된다.

게임놀이에서 자기 차례가 끝난 후 잠시 다른 사람이 게임을 하도록 재집중해야 하므로 대화를 멈추고 안전한 경계선을 만들어 준다. 또한, 게임놀이의 긍정적인 특성 중 하나는 많은 게임이 다른 아동과 친밀해질 수 있게 한다는 것이다.

보드게임을 활용한 게임놀이는 상대방과 접촉할 수 있는 가까운 거리를 유지하도록 하여 친밀감의 수준을 고양시킨다. 특히 집단게임놀이에서 각 구성원은 규칙에 따라 공정한 게임을 하고 각 아동의 움직임이 갖는 의미에 따라 서로의 움직임을 따를 수 있도록 해야 한다. 게임놀이에서 각 구성원의 움직임은 다른 아동에게 영향을 주는데 마치 실생활에서 가족이나 집단 내의 한 사람이 그 집단의 다른 사람에게 영향을 주는 것과 같다. 즉, 각자의 움직임은 다음 차례의 아동에게 성취, 좌절, 실망 그리고 승리감 등의 다양한 감정을 가지게 한다. 아동의 움직임은 다음 차례의 감정에 영향을 주며 어떤 경우에는 자기가치감에도 영향을 준다.

이러한 과정에 의거해 반항적이고 공격적인 아동의 행동 문제를 치료하는 과정에서 경쟁 게임이 가지고 있는 많은 공격적 조건을 축소시키거나 게임놀이치료 과정에서 보다 편안한 게임놀이 환경을 제공하면 문제 행동을 방지하고 공격적 행동을 감소시킬 수 있다(Bay-Hinitz, 1994).

사례 적대적 반항적인 문제로 의뢰된 초등학교 3학년 남아

아동 1은 자주 화를 내고 짜증이 많으며 친구관계에 어려움이 있어 의뢰되었다. 가정환경에서 아동 1의 아버지는 엄격하고 독재적인 양육 방식, 어머니는 비일관된 양육 방식을 지니고 있었고 아동 1은 가정 내에서 아버지가 어머니에게 폭력을 행사하는 장면을 자주 목격하였다. 아동 1은 학교에서 매우 경쟁적이고 아이들과 다툼이 일어나지만, 혼자서 하는 활동이나 과업에서는 성취가 매우 높다.

집단게임놀이치료에서 자신은 하고 싶지 않다고 말하는 경우가 많고 게임활동에 참여할 때는 매우 예민하고 피해의식적인 사고가 많았으나, 중반기 이후부터 집단원과의 함께하는 협동게임을 통해 안정감과 친밀감을 형성하였다. 이후 집단게임놀이치료 과정의 중·후반기인 본 회기에서는 처음으로 아동이 전략 게임을 선택하여 집단원에게 가져왔다. 경쟁 게임이자 전략 게임으로 팀을 나누어 협동할 수 있도록 재구성하였고, 아동 1이 팀 리더가 되어 공동으로 협동하고 서로 이야기를 나눔으로써 안정된 자기표현 및 자아감 형성을 보였고, 이로 인해 문제해결 및 협력, 타인에 대한 이해 등 친사회적인 기술을 습득할 수 있게 되었다.

아동 1 지난주에 원하는 게임을 선택해서 할 수 있다고 했어요.
치료사 지난주에 선생님이 말한 것을 기억하고 있구나. ☞ 아동의 말에 반영해 주기
아동 2 맞아요. 그때 그렇게 정했어요. ☞ 아동 1에게 집단원 아동 2가 반영하고 지지함
아동 3 그냥 난 아무거나 해도 되는데.
치료사 아동 1이 하고 싶었던 게임이 있는 것 같은데. ☞ 아동 1의 욕구와 감정에 초점을 맞춰 주기
아동 1 네. 하고 싶은 게 있어요.
아동 4 뭔데? ☞ 아동 1의 욕구에 집단원이 관심 가져 주기
아동 1 ('쿽소'를 가져와서) 이거 하고 싶은데.
치료사 아동 1은 지난번부터 하고 싶어서 가져왔구나. ☞ 아동의 선택을 지지하고 감정 읽어 주기
아동 4 이거 두 사람만 하는 건데.
치료사 그래? 이 게임을 모두 다 하려면 어떻게 하는 게 좋을까? ☞ 집단 내에서 집단원들이 문제를 다룰 수 있도록 질문하기
아동 2 그럼, 둘이 한 편이 되어서 같이 하면 되겠네. ☞ 경쟁 게임을 협동 게임으로 바꾸기
치료사 아동 2가 협동해서 팀이 되어 게임을 하는 것을 제안했는데, 어떠니? ☞ 집단원들의 동의를 구하는 의견 묻기
아동 1, 3, 4 그렇게 해요.

서로 가위바위보를 보지 않고 머리 위로 올린 뒤, 같은 것을 낸 사람끼리 편을 나누어 팀을 만든다. ☞ 공정한 팀을 만들도록 함

아동 1, 4 (팀 이름을 '킹'이라고 지음)
아동 2, 3 (팀 이름을 '아자아자'라고 지음)
치료사 ('쿽소'의 규칙을 설명하고 세팅한 후 순서를 정해서 게임한다.)
아동 1 (아동 1이 4에게 묻지 않고 자신이 먼저 말을 옮긴다. ☞ 아동 1은 같은 집단원과의 상의보다는 혼자 먼저 하려는 일반적인 특성과 경쟁적 욕구 보임
아동 4 네가 먼저 하기로 한 거야?

아동 1 어?

치료사 서로 팀인데 아동 4의 의견을 묻지 않고 아동 1이 먼저 해서 물어보고 싶었구나. ☞ 같은 팀이라는 것에 대한 인식, 현재 나타나는 아동 1의 행동과 아동 4의 마음을 그대로 읽어 주기

아동 2, 3 (서로 의견을 묻고 아동 3이 먼저 하기로 정한다.) ☞ 서로 의사소통을 통해 순서 정함

아동 1 (아동 4에게) 이번엔 네가 해. ☞ 언어적으로 표현하기 시작

(중략)

아동 4 (아동 1에게 묻는다.) 어떤 것을 옮길까?

아동 1은 긴장되고 고민되는지 한참을 쳐다보고 아동 4와 이것저것 가능성을 따져 본다. ☞ 서로의 의견을 묻고 공동의 문제해결을 하려는 시도를 보임. 아동 1은 팀원의 질문과 반응에 적극적으로 고민해 봄으로써 타인에게 관심을 가짐

아동 2, 3 빨리 해! (재촉한다.)

아동 1 아직 우리 차례니까 좀 기다려. (아동 4와 이야기한다.) 네가 움직이고 싶은 것을 움직여도 돼. 괜찮아! ☞ 적극적인 자기표현, 팀원인 아동 4에게 격려와 지지를 보임

아동 4 (고민하다가 말을 움직인다.)

아동 2, 3 (서로 이야기하다가 아동 3의 말이 끝나기도 전에 하나를 움직였는데, 불리해진다.)

아동 2 아하! 그것 아닌데…. ☞ 아쉬움 표현

치료사 서로 더 이야기를 하고 움직였으면 했구나. ☞ 아동 2의 마음을 읽어 주기

아동 1, 4 (아동 1이 긴장하고 어떻게 해야 할지 고민한다.) 저쪽에 가서 보드게임판을 봐도 돼요? ☞ 좀 더 적극적으로 참여하고 타인의 방향에서 객관적으로 자신의 것을 검토하는 신중하고자 하는 모습 보임

치료사 그래, 그렇게 하렴.

아동 1 (상대편 자리에 가서 자신의 말을 본다. 그리고 아동 4와 다시 이야기를 나누고 말을 옮긴다.)

아동 1, 4가 승리한다. (신중한 태도 보이고 팀원에 대한 신뢰감을 가지고 함께 문제를 해결한다.)

아동 1, 4 (서로 웃으면서 좋아하며 하이파이브를 한다.) ☞ 팀 내의 응집력 및 즐거움 함께 공유함

아동 3 (아동 2에게 미안한 모습을 보인다.)

아동 2 괜찮아! 다시 한번 하면 되지. ☞ 같은 소속감을 가지고 집단원을 격려하기

실습 '퀵소'를 활용한 자아 강화 및 친사회적 기술 향상

퀵소

게임 연령 6세 이상

게임 분류 전략 게임/자아 강화

인원/시간 2명, 4명/15분

게임 방법

- 25개의 정육면체 큐브에는 모두 O, X가 한 면씩 새겨져 있으며 나머지 네 개 안에는 아무것도 새겨져 있지 않는다.
- 자신의 기호를 정한다(O 또는 X).
- 자신의 차례가 된 참여자는 보드 위의 큐브 중 가장자리에 있는 큐브만 꺼낼 수 있다.
- 자신의 기호(O 또는 X) 큐브, 민무늬의 큐브를 한 개 꺼내서 자신의 기호가 위로 오도록 다시 보드 위에 놓는다. 이때 그 큐브를 꺼낸 빈 자리가 없어지도록 보드 가장자리부터 밀어 넣는다.
- 자신의 기호 다섯 개가 일직선으로 연결되도록 하면 된다(대각선도 가능).

게임 효과

- 상황에 대한 집중력 및 전략을 활용해야 하므로 불안을 견디어 자아 능력을 점검하는 기회가 된다.
- 자신의 것과 타인의 것을 고려하여 타인의 입장에서 볼 수 있는 조망 능력이 향상될 수 있다.
- 강도 높은 경쟁과 승부에 대해 스스로 다룰 수 있는 현실 검증력을 높일 수 있다.

적용 시 고려사항

- 긴장도가 높고 실패에 대한 좌절인내력이 낮은 경우는 좀 더 자기 강화가 이루어진 후 집단이나 개별 게임치료에 사용하는 것이 필요하다.
- 집단에서는 서로 협력할 수 있도록 팀이나 짝을 이루어 서로의 충분한 의사소통을 통해 함께 선택하고 책임을 질 수 있게 하여 응집성을 강화하는 데 활용한다.

(2) 접근기법 2: 공감 능력 및 감정 표현을 위한 감정빙고 게임

감정빙고 게임에는 두 가지 주요 목적을 가지고 있다. 첫째는 아동과 청소년이 인생에서 특별한 감정을 느꼈던 때를 이야기하거나 이야기하려는 것에 대해 보상하는 것이다. 두 번째는 자신의 감정을 표현하는 사람의 이야기를 잘 듣고 공감적인 반응을 보일 때 보상하는 것이다. 이러한 목적을 수행하는 것은 쉬운 일이 아니다.

반항적인 아동의 경우는 매우 자기중심적이다. 대부분 자신을 우주의 중심으로 여기고 다른 사람이 들어주고 이해해 주고 관심의 중심에 놓이기를 원하는 욕구가 있다. 양육자로부터 적당한 사랑, 양육, 관심 그리고 거울 되어 주기 등의 관심을 받으면 주변에 관심을 갖게 된다. 이러한 충분한 관심이 없어 결핍되면 자기 생각에만 몰두하게 되며 타인의 말을 경청하기 힘들어한다. 이러한 자기중심성 때문에 아동과 청소년은 타인의 욕구에 관심을 갖는 것이 어려워진다. 그러므로 타인에게 관심을 갖는 것에 중점을 두는 감정빙고에서 아동과 청소년은 적극적인 경청의 동기를 가질 수 있다.

타인에 대한 공감이나 지지 대신에 우주의 중심이 되고 싶어 하는 욕구는 게임을 하는 동안 겉으로 드러난다. 참여자는 자기 삶에서 경험했던 사례를 들어 자신의 감정 중 하나를 말해야 한다. 그러면서 자신의 감정을 드러내고 다른 참여자들은 그 참여자의 예에 대해 공감적인 반응을 할 수 있게 된다. 전형적으로 아동은 그들 자신이 같은 감정을 느꼈던 예를 들면서 공감을 표현한다. 특히 부모가 양육에 있어서 아동에게 공감적이지 못하고 적절한 관심과 거울 되어 주기를 제공하지 못한 아동에게서 나타나는 반응이다. 이 활동을 통해 아동은 더 적극적인 경청자가 되고 공감적으로 반응할 수 있게 되며, 동시에 자기표현을 할 수 있다.

실습 '감정빙고' 게임을 활용한 공감 능력과 감정 표현

감정빙고

게임 연령	10세 이상
게임 분류	우연 게임/ 공감 및 타인이해, 자기표현
인원/시간	2명 이상/10분 이내
준 비 물	미완성된 문구가 적힌 숫자 빙고판, 토큰, 소그룹에서 사용될 숫자 없는 빙고카드판, 1~25가 적힌 숫자카드

게임 방법

- 숫자가 기재된 빙고카드판 한 장과 동일한 개수의 토큰을 한 개씩 나눠 준다. 게임 참여자에게 'FREE' 칸 위에 토큰 한 개씩을 놓도록 지시한다. 숫자 더미에서 카드 한 장을 고른 사람이 숫자를 큰 소리로 읽는다. 만약 자신의 빙고카드판의 숫자가 선택된다면 그 숫자 칸 위에 토큰을 올려놓는다.
- 다음의 방법 중 하나로 게임을 진행한다.
  - 빙고카드판에 적힌 숫자 칸 위에 토큰을 놓은 사람은 그 공간에 기록된 미완성 문구를 완성시키도록 한다.
  - 모든 사람이 돌아가면서 말한 숫자에 해당하는 빙고판의 미완성 문장을 완성하여 이야기하게 한다. 즉, 숫자가 뽑힐 때마다 한 명씩 순서대로 문장을 완성하고 발표하게 한다.
  - 어느 방향(가로, 세로, 대각선)이든 다섯 개의 칸이 연결된 사람이 나오면 '1빙고'를 외치며 승리한다. 이때 3~4개의 빙고가 나올 때까지 게임을 계속해도 된다.

게임 효과

- 타인에게 관심을 갖는다.
- 적극적인 경청을 하는 동기를 갖게 한다.
- 적절한 관심과 거울 되어 주기로 공감적 반응을 높인다.

적용 시 고려사항

- 자신의 선호, 강점, 감정, 관계에 초점을 두고 표현할 수 있다.
- 형제관계, 또래관계, 부모와 관련된 문제를 표현할 수 있도록 하며, 미완성된 문장을 완성함으로써 현재의 상황과 어려움에 대해 탐색하는 기회를 가질 수 있다.

감정빙고 보드

1 나는 ○○할 때 화가 난다	2 사람들은 ○○ 하면서 내 감정에 상처를 준다	3 만약 나에게 마술 지팡이가 있다면	4 나에게 좀 더 필요한 것은	5 내 인생 최고의 순간은
6 내가 좀 더 행복해지려면	7 나는 ○○할 수 있기를 바란다.	8 난 ○○할 때 슬프다	9 나에게 가장 소중한 것 중 하나는	10 나는 ○○할 때 상처받았다
11 사람들이 그만두길 바라는 것은	12 사람들이 나를 도와준 것은	13 FREE	14 내가 좋아하지 않는 순간은	15 나의 가족이 좋아하는 것은
16 듣기 좋은 소리는	17 나에게 소중한 사람은	18 잃어버리고 싶지 않은 것은	19 내가 주고 싶은 것은	20 만약 투명 인간이 된다면 나는
21 나를 당황스럽게 만든 때는	22 내가 주의를 기울이는 것은	23 내 인생에서 가장 소중한 것은	24 내가 좀 더 잘하고 싶은 것은	25 내가 하고 싶은 것은

5 경계선 지적 기능 아동(느린 학습자)을 위한 게임놀이치료

1) 경계선 지적 기능의 특성

경계선 지능borderline intellectual functioning은 일반적으로 평균에서 71~84 사이의 지능지수로 정의되며, 지능의 정규분포를 고려할 때, 전체 인구의 13.6% 정도가 경계선 지능 범주에 속한다(신진숙, 2010; 정희정·이재연, 2008). 즉, 경계선 지적 기능 아동이란 학습장애 기준에도 맞지 않으며 지적 장애군에도 속하지 않은 아동으로 학교와 일상생활에서 다소 적응하지 못하는 아동을 의미한다. 국내에서도 경계선 지능을 가진 학생은 한 반에 세 명꼴로 전국적으로는 80만 명이 존재하고 있다고 예측되며, 학업 능력 수준이 하위 8% 이하로 학습에 있어서 다양한 어려움을 보이고 있다고 보고되고 있다(강옥려, 2016).

- 정신장애 진단 및 통계편람(DSM-Ⅳ, America Psychiatric Association)에 따르면, IQ 71~84에 해당하며 지속적인 관심을 가지고 주의해야 할 발달장애군
- 미국의 의학사전 및 관련 사전에서는 적응행동에 가벼운 장애를 가지고 있는 IQ 71~84에 해당하는 아동
- 교육 분야에서는 학습지진아(slow learner), 지적 능력의 저하로 인해 또래의 학업 향상이나 발전에 비해 그 정도가 열등하며, 학업 성적이 뒤떨어지는 학생

대부분의 경계선 지적 기능 아동의 부모는 자녀가 단지 늦되는 것이므로 나이가 들면 저절로 좋아질 것이라는 낙관적인 기대를 갖는다. 즉, 아동이 일정한 시기가 되면 저절로 걷고 뛰는 것처럼, 인지적 성숙도 시간이 지나면서 자연적으로 이루어질 것이라는 기대이다. 리벨로(Rebelo, 2002)의 연구에서도 대부분의 교사는 아동

에게 읽고 쓰는 등의 학습 문제가 있을 때 그 아동에게 특별한 개입이 필요한지의 여부에 대해 4학년 때까지 기다리는 경우가 많다고 하였다. 그러나 경계선 지적 기능 아동은 주위의 기대와는 달리 나이가 들수록 또래에 비해 여러 면에서 뚜렷한 차이를 보이기 시작하므로 부모들은 당황하고 실망하게 된다(Trimble, 2001). 따라서 경계선 지적 기능 아동이 생애 주기에 따라 나타낼 수 있는 위험 요인을 파악하는 것은 이들의 조기 발견과 예방에 중요한 역할을 할 수 있다.

(1) 학령전기

이 시기의 가장 심각하고 확실한 결함은 언어 발달의 지체로 나타난다. 실바(Silva, 1980)의 연구에서는 언어 지연을 보였던 3세 아동의 85%가 지능이 낮은 것으로 나타났다. 말이 늦었던 아동 중의 일부는 성장하면서 정상적인 언어 발달을 보이기도 하였지만, 초기에 정상적인 언어 발달을 보였던 아동에 비해서는 더 많은 행동 문제와 낮은 지능지수, 주의력결핍장애, 읽기장애 등의 학습 장애가 더 많이 나타났다. 밸리(Baley, 1993)도 초기의 언어 발달은 후기 지능을 예측하는 지표로서 높은 상관관계를 가진다고 주장하였다. 따라서 초기의 언어 발달 지연은 경계선 지적 기능을 초래할 수 있는 위험 요인이며 동시에 이들을 조기 발견할 수 있는 대표적인 지표가 될 수 있다.

경계선 지적 기능 아동의 두드러진 특징은 대근육 운동 기술예: 던지기, 잡기, 걷기, 뛰기 등과 소근육 운동 기술예: 단추 채우기, 지퍼 잠그기, 가위질 등이 서툰 것이다. 이뿐만 아니라 경계선 지적 기능 유아는 음성학적 인식·변별, 청각적 처리, 시각 변별·기억·처리에 어려움 겪는다. 사회적으로 볼 때 이들은 타인의 언어 이해, 자신의 생각과 감정 표현 혹은 의사소통에 어려움이 있으며 인지·행동적으로 부주의하여 과제에 집중하기 어렵고 자신의 행동에 대한 결과를 생각하기 전에 먼저 행동하며, 주의력과 집중력에 있어서 기복이 있다. 경계선 지적 기능 유아는 발달지연이나 애착장애와 구별이 필요하다.

(2) 학령기

학령기의 가장 뚜렷한 문제는 학습 실패와 또래관계 부적응으로 나타난다. 학령기가 되면 대부분의 경계선 지적 기능 아동의 부모들은 이때부터 자녀의 학습지체와 또래관계 문제를 심각하게 인식하게 된다. 피아제는 일반 아동이 연령에 따른 인지발달 단계를 거치면서 다양한 인지적 기능을 습득한다고 보았다. 한편 지능이 낮은 아동도 일반 아동과 유사한 인지발달 과정을 거치지만(서민정·성현란, 2000), 그들에 비해서 각 발달단계에 도달하는 연령이 늦고, 지체 정도가 심할수록 한 단계에서 다음 단계로 넘어가는 속도가 느리다(신종호 외, 2002).

따라서 경계선 지적 기능 아동의 경우 일반 아동을 기준으로 구성된 학교 수업을 따라 가지 못하며, 대부분 학교 시험에 합격하지 못한다. 또한, 이들은 학교를 자퇴하거나 중도 탈락하는 위험이 일반군에 비해 10배나 높은 것으로 밝혀진 바 있다(Kaznowski, 2004). 이처럼 경계선 지적 기능 아동의 학습 실패는 학령기에 나타나는 주된 특징이며, 2차적인 정서·행동 문제를 유발하는 위험 요인을 갖는다.

또한, 대부분의 경계선 지적 기능 아동이 또래로부터 소외되고 배척되는 등 사회적 관계에서 부적응이 나타난다. 또래로부터의 거절감은 또래에 대한 피해의식을 유발하여, 경계선 지적 기능 아동이 또래로부터 스스로 고립시키는 회피적 양상에까지 이르게 한다.

학령기 경계선 지적 기능 아동의 두드러진 특징은 지시를 되풀이해서 말해 달라고 여러 번 요구하는 등 청각집중력 떨어지는 점이다. 이들은 이야기를 듣는 데 많은 시간이 걸리고 짧은 이야기에만 집중하고 수업시간에 빨리 착석하지 못하고 수업준비를 재빠르게 하지 못한다. 이러한 아동은 시각 공간 조직에 어려움이 나타나고 정교한 활동에 서투르다. 책을 읽을 때 단어나 줄을 빠뜨리거나 위치를 잊어버리는 경우가 많고, 단어를 빼 놓고 읽으며, 쉽게 지치고 산만하며 한 번에 하나씩 집중하지 못한다.

경계선 지적 기능 아동은 자신의 요구가 관철될 때까지 억지를 부리고 떼쓰는 모습 보이고 다른 사람의 설명을 들으려 하지 않고 고집을 부리는 경우가 있다. 또한, 학습적인 특징 중 하나는 단어와 문장을 왜곡하는 점이다. 자기가 하고 싶은 말만 하는 경우가 많으며 기본적인 읽기, 쓰기, 셈하기의 성취 수준이 저조하다. 즉, 경계선 지적 기능 아동은 교과서 읽기, 받아쓰기, 연산 등에 있어서 또래보다 성취가 낮아 보충학습이 필요하다. 또래 사이에서는 눈치 없는 행동을 하여 또래에게 인기가 없으며 학교 적응에 어려움을 나타내기도 한다.

이와 같이 적절한 또래관계를 형성하지 못할 경우, 이후 사회 적응에 어려움을 겪으면서 동료들로부터 따돌림을 당하거나, 학업을 중도에 그만두거나 직장과 가정 및 사회생활에서 어려움을 겪을 가능성이 훨씬 높아진다. 더 나아가 적절하지 못한 대인관계 형성은 이후 정신분열, 중도 퇴학, 청소년 범죄나 비행으로 이어질 가능성이 매우 높다(이대식, 2000, 재인용).

따라서 이들에게 학령기는 학습 실패와 또래관계 부적응이라는 심각한 스트레스를 경험하게 되는 위험한 시기이며, 이후의 사회 적응을 방해하는 정서·행동 문제가 유발될 수 있는 취약한 시기가 될 수 있다.

(3) 청소년 및 성인기

경계선 지적 기능 청소년은 반복된 학업실패로 인지적 무능감, 자기 효능감의 저하, 부정적 자아개념이 가장 문제가 된다. 이들은 학습에 흥미를 느끼지 못하고 기대만큼 성취하지 못하여 좌절한다. 또한, 경계선 지적 기능 청소년 중 집중력과 충동성 문제가 동반되는 경우에는 인터넷 게임이나 게임 등에 과몰입을 보이기도 하며, 우울과 스트레스로 인해 신체화 증상이 많아진다. 이들은 병원을 수시로 드나들고 병원진료에서 크게 문제가 드러나지 않아 꾀병을 부리는 아이처럼 낙인되기도 한다. 이뿐만 아니라 자살충동이 나타날 수 있고 미래나 또래에 대한 환상이 현실과 동떨어진 환청이나 망상으로 나타나기도 한다.

경계선 지적 기능 성인은 심각한 학업적·사회적·행동적·직업적 문제를 가진다(Wittmann et al., 1989; Zetlin & Murtraugh, 1990). 이들은 직업과 사회적 부적응이 가장

커다란 문제로 나타난다. 또한, 이들은 안정적인 경제활동의 어려움으로 인해 사회적·경제적인 어려움이 지속된다. 이들은 타인에 대한 분노와 공격성 표출, 타인의 신체나 재산에 피해를 입거나 공격적인 행동으로 인해 2차적 부적응 문제를 초래한다. 경계선 지적 기능 성인은 마치 어린아이나 지적 장애인과 같은 기능적인 제한을 나타낸다(MacMillan et al., 1998). 그러나 미국이나 우리나라 역시, 대부분의 공동체 지원 서비스들은 지적 장애군에만 초점이 맞추어져 있다. 즉, 지적 장애군은 독립적 생활 기술 프로그램이나 직업 프로그램, 성인 훈련센터 등과 같이 학교를 졸업하고 난 후에도 개인적, 직업적 발전을 위해 지속적으로 이용 가능한 많은 기회가 있다. 반면 경계선 지적 기능군은 학교를 졸업한 후에 선택하거나 이용할 기회가 거의 없다. 따라서 이들은 지능 검사에서 기대되는 수준보다도 훨씬 심각한 학업 기술의 결핍을 갖고 있으며, 이러한 하위 인지적 기능으로 인해 직업 적응에도 심각한 어려움을 나타낸다(Parmenter, 1986).

2) 경계선 지적 기능의 임상적 특성

경계선 지적 기능 아동 대부분은 별도의 교육적·치료적 개입이 필요하지 않다고 여겨진다. 그 이유는 첫째, 경계선 지적 기능 아동은 일정한 수준까지 사물을 이해할 수 있다. 둘째, 기능적인 면에서 심각한 문제를 보이지 않는다. 셋째, 다른 아동과 마찬가지로 신체적인 민첩성도 있다. 넷째, 익숙하지 않은 환경에 어느 정도 적응하는 편이다. 마지막으로, 일반적인 감각을 표현하고 적절한 기억력을 보이기도 한다.

이러한 이유에서 경계선 지적 기능 아동의 전문적인 개입이 간과되는 경우가 많지만, 일반적인 인지기능보다는 고차원의 정신적 처리를 요하는 과제를 수행할 때 문제가 드러난다. 특히 학습 과정에서 생기는 문제의 정도는 해당 연령에 따라 그 특성이 일부만 보이는 경우도 있고 전체적으로 문제를 보이기도 한다.

(1) 경계선 지적 기능 아동의 인지적 · 학업적 특성

경계선 지적 기능 아동의 인지적 특성 중 대표적인 것은 제한적인 인지 능력, 부족한 기억력, 산만함과 주의력결핍, 사고 표현의 어려움 등이다. 그 특징을 자세히 살펴보면 다음과 같다.

❶ 제한적인 인지 능력

경계선 지적 기능 아동은 제한적인 인지적 용량 때문에 학습상황을 헤쳐 나가고 추상적으로 추론하는 데 실패한다. 경계선 지적 기능 아동의 경우 구체적인 개념(언어)은 어느 정도 발달되어 있고 그것을 사용하나, 추상적 개념언어을 이해하고 사용하는 데는 어려움이 있다. 즉, 아동은 삶의 의미, 사랑, 희망과 같은 단어를 충분히 이해하는 데 어려움을 보인다.

구체적 언어 또는 개념이란 감각으로부터 곧바로 떠오르는 의미를 가진 언어로 우리가 그리고, 느끼고, 냄새 맡고, 듣는 것을 담아내는 언어이다. 그러나 추상적 언어 또는 개념은 감각의 경로로는 직접 암호를 풀 수 없는 언어로서 감각적 경험에 의존하지 않는 것이다. 학교에서 학년이 오를수록 즉각적인 감각의 전달에서 멀어지면서 추상 언어의 비중이 커진다. 이로 인해 아동은 학년이 오를수록 학업 성취가 저조해진다.

또한, 아동은 추론의 어려움으로 사물의 특징을 관찰한 후 이전의 경험을 바탕으로 사물 간의 관계를 알아채는 데 느리고, 학습에서 얻은 개념과 일반적인 생각을 연관 짓는 과정에 매우 취약하다. 이뿐만 아니라 과제의 요구에 적합한 인지 과정을 계획하고 실행하기 어렵기 때문에 과제가 요구하는 내용에 따라 계획하거나 이전에 알고 있던 지식을 기억해서 필요한 자료를 정하고 찾고 정리해서 표현하는 기술이 부족하다. 예를 들어, 학교에서 무엇인가를 조사해 오는 숙제를 내줬을 때 어떤 자료를 이용해서 과제의 내용과 어떻게 연관시키고 적절한 분량으로 표현할 것인가를 정하지 못해 주변의 성인이 시키는 대로 하기 쉽다. 아동은 책략이나 규칙을 배울 수 있으나 규칙을 언제, 어디서, 어떻게 적용할지를 배우는 게 어려워 일반화하기 어렵다.

❷ 부족한 기억력

경계선 지적 기능 아동은 부족한 기억력을 지닌 것이 특징이다. 즉, 단기기억, 작업기억, 장기기억의 효율성이 낮다. 경계선 지적 기능 아동이 주로 선택하는 기억방법은 기계적 암기이다. 기계적 암기는 논리적 이해 없이 정보를 기억하게 하기 때문에 쉽게 잊어버릴 수 있다. 암기 후 구체적으로 사용해야 하는 상황에서는 기억해 내지 못하는 경우가 많다. 이뿐만 아니라 경계선 지적 기능 아동은 중요한 자극의 변별 및 자극의 분류, 기존에 가지고 있던 정보와의 연관성 찾기, 장기기억에 이미 저장되어 있는 정보를 필요할 때 회상해 내는 정보처리 과정에 어려움을 갖는다.

❸ 주의집중력 문제

경계선 지적 기능 아동은 언어로만 설명되는 교육과 학습에 30분 이상 주의집중하는 것을 어려워한다. 따라서 경계선 지적 기능 아동에게 시각적·경험적 학습 자료가 구체적으로 제시되면 이들의 주의력과 집중력은 크게 상승될 수 있다. 어느 정도까지의 집중력은 경험과 훈련의 산물이므로, 구체적인 경험활동을 통해 학습 습관과 주의력, 집중력을 발달시킬 수 있다.

❹ 사고표현의 제한

경계선 지적 기능 아동은 사고 표현에 있어서 어려움을 갖는다. 학교 장면에서 아동이 자기 자신을 말로 표현하고 자신이 들은 것을 이해하는 능력은 매우 중요하다. 그러나 경계선 지적 기능 아동은 필요한 단어를 찾아서 조합하는 것을 어려워하고 무엇을 어떻게 말해야 할지 잘 모르며, 자신이 말할 수 있는 것을 알고 있어도 말하는 방법을 찾지 못한다. 그러므로 경계선 지적 기능 아동은 단어보다 몸짓이나 동작을 더 자주 사용한다. 또한, 경계선 지적 기능 아동은 말을 할 때 망설

이거나 반복하거나 얼버무리는 경우가 많으며, 종종 논리적이지 못해서 표현의 순서, 배열, 필요한 내용을 간추려 말하지 못하고 시제나 문장의 순서와 같은 어법에서 자주 실수하기도 한다.

(2) 경계선 지적 기능 아동의 정서적 특성

경계선 지적 기능 아동의 정서적 특성은 내향적, 미성숙, 부정적인 자기상, 우울 및 불안, 친구가 적거나 없음, 어린아이들과 어울림, 환상이나 공상, 부정적인 대상으로 자기표현, 지나치게 과장된 자기표현 등이다. 초기 발달과정에서 지나치게 순한느린 기질 혹은 까다로운 기질적 특성을 지닌다. 학교 입학 후 경계선 지적 기능을 가진 아동은 가족과 학교로부터 느끼는 지속적인 좌절감이나 가족들 간의 관계에서의 긴장감으로 학습과 학교에서의 대인관계에 부정적인 영향을 받으며 이로 인해 학교 부적응이 나타날 수 있다.

〈표 Ⅲ-5〉 기질에 따른 정서적 특성

느린 기질	까다로운 기질
• 발달 초기에 무감동, 무감각, 무관심한 경향이 있다. • 일부 양육자들은 이런 성향을 '양육하기 좋은 아이'라며 긍정적으로 생각한다. • 주변의 다양한 자극으로부터 방치되는 부정적인 결과를 초래한다. • 학교생활에서의 좌절과 실패 경험으로 무능력감, 불안정한 자아존중감, 위축된 심리 상태를 가지게 된다. • 동기나 의욕 상실, 우울한 감정 상태를 나타낸다.	• 매우 성급하며, 화를 잘 내고 충동적인 과잉활동성을 보인다. • 욕구 좌절에 대한 인내력이 취약하여 떼를 심하게 부리며, 양육자는 이런 성향을 '고집스럽고 타협이 잘 안 되는 아이'라며 부정적으로 생각한다. • 학습 문제, 집중력 부족, 감정 조절 및 행동 문제의 어려움을 갖는다. • 즉흥적이고 충동적인 감정 표출과 적대적 행동 문제를 동반하고, 정서 및 행동 통제력이 더 약화되어 적응장애를 보이기도 한다. • 공부 스트레스에 매우 민감하게 반응하고 대수롭지 않은 사건에 대해 과도하게 반응한다. • 공격성과 분노가 극도로 표출되는 등 반사회적 행동을 보이기도 한다.

출처: 박현숙(2013), 재인용.

국내의 연구에서 공통으로 경계선 지능 범주의 아동은 문제 행동, 사회적 미성숙, 주의집중에서의 문제를 보이고 있으며(김선주·하은혜, 2015; 정희정·이재연, 2005), 이 외에도 소외감, 위축, 학습된 무기력 등의 내재적 문제도 동반하고 있다고 보고하였다(정희정·이재연, 2008). 또한, 경계선 지능 범주의 아동이 보일 수 있는 정서 및 행동적인 문제를 개선하기 위해서는 다른 장애학생과 마찬가지로 경계선 지능 학생도 개별화된 심리적 치료나 지원적 중재가 제공되는 것이 필요하다고 제안되었다(송영혜, 2000).

(3) 경계선 지적 기능의 원인

경계선 지적 기능의 원인은 유전적 요인, 정서적 요인, 개인적 요인, 빈곤 등으로 인해 발생할 수 있다.

❶ 유전적 요인

경계선 지적 기능의 유전적 요인은 가족 구성원의 지능 및 지적 수준과 관련이 있을 수 있다. 개인의 학습에 영향을 미치는 잠재적 요인 중 하나가 부모를 포함한 가족 구성원의 지적 수준이다. 가족 구성원의 지적 수준이 낮은 경우, 아동의 인지적인 발달에 관심을 보일 확률이 적을 수 있다. 또한, 관심이 있어도 이끌어 줄 수 있는 방법이나 제공하는 환경에 어려움이 있을 수 있다. 하지만, 관련 기관이나 타인의 도움을 받아서 아동의 인지발달에 도움을 주는 방법으로 아동의 열악한 가족 환경을 개선할 수 있다.

❷ 정서적 요인

경계선 지적 기능에 영향을 주는 정서적 요인은 학령기에 도달하기 전에 심각하고 만성적인 정서적 문제를 가질 경우 인지기능이 악화되면서 경계선 지적 기능을 갖게 되기도 한다. 정서적 문제로 인해 학습이 부진해지고, 대인관계가 좋지 못하게 되면서 자아존중감이 낮아진다.

❸ 개인적 요인

개인적 요인으로는 신체적 결함, 병적인 신체 조건이나 시각·청각·언어의 장애로 인해 경계선 지적 기능을 갖게 되기도 한다. 또한, 만성 질환이나 장기 결석, 그로 인한 자신감 부족이 포함된다. 이것들이 아동에게 복합적으로 작용해서 아동의 인지발달에 불리한 영향을 미치기도 한다.

❹ 빈곤

경계선 지적 기능의 원인 중 빈곤은 아동의 신체적 건강뿐만 아니라 정신적 건강에도 악영향을 끼쳐 지적인 둔함을 초래한다. 빈곤은 아동의 초기 성장기에 교육적 자극을 주기 위한 여러 가지 방법을 방해할 수 있다. 빈곤 자체가 경계선 지적 기능을 유발하는 절대적 원인은 아니지만, 인지발달의 방해를 촉진할 수 있는 조건과 가능성을 양산할 수 있다.

〈표 Ⅲ-6〉 인지발달과 학습을 방해하는 원인

- 사회·경제적 제약
- 문화 및 언어 실조
- 신체적 원인: 시각, 청각, 미숙한 발달, 영양실조, 기타 건강 조건
- 가정 문제: 긴장, 불안, 의견 충돌, 잦은 이사, 아동에 대한 수용의 결함
- 학교와 관련된 원인: 불규칙한 출석, 비효율적인 지도, 학교에 대한 거부감, 서툰 학업 습관, 거듭되는 학업 실패, 부적절한 교육과정
- 가정 및 지역사회의 빈약한 자원
- 상호 관련성이 있는 능력, 학력, 열망 같은 요인의 불균형
- 신체적 및 정서적 문제에서 야기되는 사고, 악영향, 질병
- 상기 요인 또는 다른 요인에 의한 정서적 불안
- 위에서 열거한 어떤 원인에도 해당되지 않는 동기 부족

출처: Abraham Willard(2013).

3) 게임놀이치료 과정

(1) 게임놀이치료에서의 특징

경계선 지적 기능 아동은 게임놀이치료에서 규칙에 대해 쉽게 잊어버리고 기억하는 것을 어려워한다. 특히 아동은 언어로 규칙에 대해 설명할 때 주의 깊게 듣기보다는 게임놀이 도구를 만지작거리는 모습을 많이 보인다. 게임놀이치료에서 경계선 지적 기능 아동의 특성을 살펴볼 때 두 가지 측면을 고려해 볼 필요가 있다.

첫째, 경계선 지적 기능 아동이 게임을 선택하는 유형이 어떤 것인지를 파악하는 것이 중요하다. 즉, 경계선 지적 기능 아동이 게임놀이치료 과정에서 게임을 선택하는 유형 수준을 볼 때 대화 게임이나 전략 게임을 선택하기보다는 우연 게임이나 신체 활동 게임을 선택하는 경우가 많다. 이뿐만 아니라 게임놀이치료실에서 게임의 내용이나 치료사와 이야기하는 내용과는 상관없이 즉흥적으로 생각나서 하고 싶은 다양한 놀이를 선택하거나 이것저것 바꾸는 경향이 높다. 경계선 지적 기능 아동은 자기표현을 조리 있게 이야기하거나 인지적인 전략을 사용할 수 있는 인지적 능력이 부족하기 때문이다. 예를 들어, 게임을 충분히 검토해 보지 않고 게임을 선택해서 가져올 때 쉽다거나 많이 해 본 것처럼 이야기를 하나, 게임의 규칙이 복잡하고 인지적인 전략을 사용해야 할 때는 곧바로 다른 게임을 가져오거나 갑작스럽게 가상놀이 활동으로 전환하는 모습이 많이 나타난다.

둘째, 게임놀이치료 과정에서는 경계선 지적 기능 아동의 게임 내용의 이해 수준을 고려하는 것이 중요하다. 특히 경계선 지적 기능 아동은 게임을 몇 번이나 반복해도 규칙을 이해하기 어려워하고 혼돈하며, 지속적으로 게임 내용을 설명해야 하고 어떤 경우는 게임 내용을 완전히 이해하지 못하는 경우가 크다. 이러한 특성은 경계선 지적 기능 아동이 게임을 통해 인지적 책략이나 규칙을 배울 수 있으나, 기억력의 문제와 적용 문제를 가지고 있기 때문에 나타난다. 즉, 이들은 장기기억에 문제가 있어 규칙을 기억하는 데 어려움이 있을 뿐 아니라 자신이 알고 있는 규칙을 언제, 어디서, 어떻게 적용할지를 배우는 게 어렵기 때문에 게임에서 적용하고 일반화하는 것을 어려워한다.

(2) 게임놀이치료의 목표와 치료사의 역할

경계선 지적 기능 아동의 게임놀이치료 목표와 치료사의 역할은 다음과 같다.

첫 번째 목표는 아동의 특성을 게임을 통해 관찰하고 파악하는 것이다. 즉, 치료사는 게임놀이치료 과정에서 아동이 정해진 자리에 앉아서 게임 도구 또는 지시된 곳을 적절하게 향하는지, 게임을 지속하고 과제에 대한 관심이나 집중 등이 어떠한지를 자세히 살펴보는 것이 중요하다. 이를 통해 치료사는 아동의 수준을 파악하고 아동에게 맞는 게임놀이 활동을 구조화할 수 있고 적절하게 개입할 수 있는 치료적 환경과 개입 수준을 정할 수 있게 된다. 이러한 개입 수준을 정하기 전에 부모나 교사의 도움으로 경계선 지적 기능 아동이 보일 수 있는 행동 특성을 관찰하여 체크한 후(박현숙, 2018, 재인용), 치료적 개입을 구체적으로 계획할 수 있다.

두 번째 치료의 목표는 경계선 지적 기능 아동이 게임놀이치료에서 자신이 선택한 게임도구를 통해 구체적이고 실제적인 직접 경험을 통해 동기와 흥미를 가짐으로써 자신감을 회복하는 데 있다. 특히 경계선 지적 기능의 아동을 위한 치료적 개입에서 게임을 선택하는 것은 구체적 경험을 통해 개념이 획득되고 자신감을 잃지 않으면서도 반복적으로 실시할 수 있다는 장점과 더불어 규칙이 있다는 점이다. 이러한 측면에서 게임은 경계선 지적 기능 아동의 취약한 능력 발달에 가장 적합한 매체로 작용하게 된다. 치료사는 게임놀이치료 과정에서 결과를 조절하여 아동의 특정한 치료적 필요에 맞게 성공과 실패의 경험을 제공하여야 한다. 특히 게임놀이치료 과정에서 아동이 승리와 패배는 항상 잠정적인 것임을 이해할 수 있도록 돕는다. 또한, 게임놀이치료가 진행되는 과정에 아동이 결과나 과정에 구애받지 않고 패배하는 것을 배우고 성장을 위해 실패 경험을 사용하는 것을 배우도록 하는 것이 중요하다. 이러한 것을 게임놀이치료 과정에서 습득한 아동은 패배자처럼 느끼지 않고 좌절을 딛고 일어서는 회복력이 생긴다. 따라서 치료사는 아동이 경쟁과 갈등을 다루고 실패 경험을 안전하게 하도록 하여 자아개념을 회복할 수 있도록 하는 것이 중요하다.

이에 치료사는 경계선 지적 기능 아동의 연령과 발달 수준을 고려하여 게임을 선정하고 적용하는 것이 중요하다. 경계선 지적 기능 아동을 위해 치료사가 게임을 선정하는 중요한 원칙은 친숙하고 배우기 쉬운 게임을 선택하는 것이다. 경계선 지적 기능 아동은 조금만 어렵다고 느껴지면 집중하는 것을 어려워하고 쉽게 포기하기 때문이다. 그리고 경계선 지적 기능 아동이 선택한 게임이 연령과 발달의 측면에서 적절한지를 확인하여야 한다. 아울러 현재 치료사가 목표로 하는 아동의 치료적인 효과와 관련되어 있는지를 분명하게 하는 것이 중요하다(Nickerson & O'lauglin, 1980).

4) 게임놀이치료 기법

경계선 지적 기능 아동은 ADHD와는 다른 독특한 인지와 정서, 행동, 사회성 발달을 보이며 일반적으로 늦되는 아이, 답답한 아이, 공부를 못하는 아이, 눈치 없는 아이 등으로 불리기도 한다.

경계선 지적 기능 아동에 적합한 심리치료 기법 중 하나가 게임놀이치료이다. 게임놀이치료는 게임의 치료적 요인을 보다 흥미롭게 활용하여 학습과 규칙 따르기, 문제해결, 자기 훈련, 감정 통제, 규칙을 이끄는 사람과 따르는 사람과의 상호작용을 촉진하게 한다. 게임놀이치료 과정에서 게임이 갖는 특징 중 하나는 집중하게 하는 점이다. 즉, 게임은 구조화된 활동으로 규칙을 기본으로 하여 활동에 집중시키고 목표 지향적이다. 경계선 지적 기능 아동은 규칙을 이해하고 기억하고 적용하는 데 매우 어려우나, 게임이라는 도구는 구체적이고 실질적인 도구로서 직접적인 경험을 통해 배울 수 있는 직접 교수의 장점을 가지고 있다. 즉, 로멕과 로

프(Hromek & Roffy, 2009)에 따르면, 게임은 치료사가 아동에게 익힌 기술을 연습할 수 있는 직접 교수방법을 제시하고 개입하는 데 유용한 도구이며, 게임하는 동안 아동이 자기침묵 전술과 추가적인 기술을 연습하도록 돕는 중재학습, 게임을 통한 학습이 일반화되는 것을 포함한 여러 수준의 학습을 제공한다.

이러한 게임의 장점으로 인해 치료사는 게임놀이치료 과정에서 결과를 조절하여 아동의 특정한 치료적 필요에 맞게 성공과 실패의 경험을 제공하여야 한다. 이뿐만 아니라 치료사는 게임놀이치료 과정에서 미세한 운동 결함을 회복하고 주의집중력 및 숙달감을 향상(Goldberg, 1980)시켜야 한다.

게임을 통한 직접 교수법은 아동의 모든 것에 경청하고 아동이 감정에 대해 격하게 반응할 때 이완하거나 적절한 대처 방법을 모색하고 모델링한다. 게임에서 일어나는 사고에 집중하고 아동의 감정이나 가치관을 확인하며 문제를 해결하고 보상한다. 이뿐만 아니라 성공을 위한 계획을 세우고 상대방의 감정을 예측하고 시현해 보며 그 행동 결과에 대해 수용하는 것이다(Hromek & Roffey, 2009).

게임놀이는 경계선 지적 기능 아동의 정서·행동 문제를 더욱 직접적으로 풀어내는 잠재력을 가지고 있다. 게임놀이치료는 학습이나 학업 성취와 관련한 평가의 속성이 없다. 특히 경계선 지적 기능 아동을 위한 게임은 지적·정서적 성장의 기회를 제공하고, 신경심리적인 능력을 요구해야 하며, 게임의 어려움 정도가 다양하여 자신의 수준에서 시작하고 성공을 경험할 수 있는 것이어야 한다.

이러한 게임으로 적절한 것 중의 하나가 카드게임이다. 즉, 카드게임은 경계선 지적 기능 아동이 편안함과 안전감을 느낀다는 것이다. 카드게임을 반복하다 보면 아동에게 유능감과 숙달감을 갖게 한다. 이뿐만 아니라 적어도 한 번 이상 할 수 있을 정도로 간단하고 시간이 적게 걸리는 것이 장점이다. 또한, 카드게임은 요구되는 인지적 능력의 정도가 다양하여 어린 아동이나 지적 손상의 정도가 심한 아동에게도 사용 가능하다. 특히 경계선 지적 기능 아동은 카드게임을 통해 배우는 것을 어려워하지 않고 고통을 느끼지 않는다. 그러므로 게임을 치료적 일부분으로 아동에게 제공할 때 아동은 거부하지 않는다. 즉, 카드게임이 다양한 인지적 능력이 필요함에도 불구하고 아동은 카드게임을 어려운 과업이라고 생각하지 않는다(Reid, 2002, 박성옥 외, 2010, 재인용).

경계선 지적 기능 아동을 위한 카드게임은 다음과 같은 효과를 갖는다.

첫째, 경계선 지적 기능 아동의 운동 기술을 향상시켜 준다. 즉, 카드게임을 하는 과정에서 카드의 조작, 섞기, 분배는 손과 손가락의 광범위한 운동을 연습하게 한다. 이러한 운동 기술은 경계선 지적 기능 아동의 글쓰기, 그림 그리기, 색칠하기 등 학교 활동에 필수적이다. 특히 할리갈리 링크, 할리갈리 링엘딩 같은 카드게임을 통해 빠른 반사작용과 속도, 민첩성을 높이고, 시각운동협응 능력 등의 운동 기술을 높일 수 있다.

둘째, 경계선 지적 기능 아동의 경우 시간의 개념을 거의 알지 못하는데, 이는 규칙적인 리듬에 취약하기 때문이다. 카드게임에서 단순한 리듬에 노출시키는 데 효과적인 카드 분배는 일정한 리듬 형태를 포함하고 있다. 게임놀이치료 과정에서 치료사가 카드를 섞고 분배할 때 리듬을 듣는 연습을 하는 것도 도움이 된다.

셋째, 경계선 지적 기능 아동은 순서 혹은 경로는 찾는 문제를 지니고 있다. 즉, 이들은 소리, 움직임, 사고의 순서, 시공간적 순서와 배열을 잘 이해하지 못하는 것이 특징이다. 카드게임은 순서와 경로의 개념을 배우는 기회를 제공한다.

넷째, 카드게임은 숫자 개념을 파악하는 기회를 제공한다. 카드게임은 감각적 판단 양식을 게임하는 과정에서 생겨나도록 한다. 즉, 게임놀이치료 과정에서 치료사와 아동은 숫자를 보고 카드를 분배하면서 숫자 부르는 소리를 듣고 숫자의 움직임을 느낀다. 이는 아동이 숫자와 현상의 관계를 형성할 수 있도록 한다.

다섯째, 카드게임은 시각적 식별을 요구하고, 시각적 식별은 카드를 고를 때마다 일어난다. 게임놀이치료 과정에서 시각적 구별은 게임을 하는 아동이 카드를 고를 때마다 일어난다. 게임하는 동안 시각적 인식, 반응 속도, 정확성에 의해 결과를 보상받게 되고 아동은 시각적 기억력을 통해 집중하게 된다.

여섯째, 카드게임에서는 일반적인 언어 자극은 줄고 특정한 언어 반응이 연습된다. 카드게임을 하는 동안 아동은 새로운 단어를 배우고 그 단어를 의미 있게 사용하는 경험을 하게 된다. 그리고 이러한 경험은 전체적인 어휘 성장에 자극을 준다. 게임놀이치료 과정에서 아동의 언어 기술은 치료사의 언어적 지시와 말에 의해 연습될 수 있다.

마지막으로, 카드게임은 일반적인 지적 기술을 발달시킨다. 카드게임은 논리적 사고, 사고의 조직화를 향상시킨다. 카드게임을 통해 얻을 수 있는 지적 자산은 한 번에 머릿속으로 여러 가지 요소를 생각할 수 있게 하는 능력이다. 즉, 정신적 융통성이 카드게임 속에 있기 때문에 아동은 게임을 하면서 정신 속의 생각을 변화시킬 준비가 되어야 한다.

또한, 카드게임은 학업 성취에 영향을 미치는 비인지적 요소를 강화하도록 한다. 카드게임은 아동에게 주의, 민첩성, 집중, 자기통제, 적극적 참여를 요구하는데 이런 요소가 경계선 지적 기능 아동의 학습에 매우 중요하다. 게임놀이치료 구조 내에서 행해지는 카드게임은 아동의 자존감을 증진시키고 숙달감과 자신감을 높이며 학업적 성취를 향한 동기를 부여한다.

(1) 신체감각 및 시각적 조직화 향상을 위한 게임놀이치료 기법

경계선 지적 기능 아동을 위한 게임놀이치료 기법 중 하나는 신체감각 중 운동기술 능력과 시각적 조직화 능력을 향상시키는 것이다. 조직화란 정보를 관련시키거나 의미 있는 단위로 묶는 기능으로 비교하기, 분류하기, 순서화하기, 표상하기 등이 있다. 조직화 기술은 정보의 성공적인 재생뿐만 아니라 의도적 학습을 위한 고도의 복잡한 전략 중 하나이다. 이러한 조직화 기술이 경계선 지적 기능 아동에게는 부족하다.

경계선 지적 기능 아동의 특성 중 하나는 시각운동에 어려움이 있다는 것이다(신석호, 2013). 경계선 지적 기능 아동의 시각운동의 문제는 시각적 자극에 쉽게 산만해지고, 어색한 동작을 자주 하는 것이 특징이다. 이뿐만 아니라 색깔, 크기와 형태 간의 관계를 구분하기 어려워해서 자신이 본 사물들을 기억하기 위해 떠올리는 것을 하지 못한다. 또한, 사물들을 알아보는 데 문제가 있어 쓰기와 수 작업에 어려움이 있고, 전체적인 학습보다는 부분적인 학습을 더 선호하여 실제 수행보다는 말로 하는 학습 과제를 더 쉽게 여기는 특징이 있다.

'할리갈리 링엘딩' 게임은 게임놀이치료에 적용하여 경계선 지적 기능 아동의 시각운동 특성을 파악하는 데 효과적이다. 즉, 아동은 사물의 위치, 거리, 시각운동과의 관계성을 파악하여 공간위치지각을 습득할 수 있다. 공간위치지각은 시각운동협응 능력과 공간과의 관계를 파악하는 능력으로 만 5~6세 사이에 발달하는데, 이 능력은 기본적인 학습에 필요한 기초가 된다. 따라서 이 카드게임을 통해 경계선 지적 기능 아동의 공간위치지각을 통한 시각운동 특성의 연령 정도를 파악할 수 있다.

게임놀이치료 과정에서 아동이 시각적 조직화의 유능감과 숙달감을 가질 수 있도록 치료사는 아동이 반복하고 연습하는 기회를 갖도록 격려하고 촉진해야 하고, 다른 게임놀이를 선택하기 전에 워밍업 활동으로 활용할 수도 있다. 특히 경계선 지적 기능 아동 중 게임놀이치료에서 게임에 참여할 준비가 되어 있지 않는 경우가 있다. 즉, 자신이 무능력하다고 생각하고 경쟁적 상황에 들어가는 것을 거부하고 정서적으로 스트레스 받아 충동적이어서 구조적·조직적 놀이 상황에 들어가고 싶어 하지 않을 수 있다. 이런 경우에는 아동이 선택할 때까지 기다리고, 선택한 후에는 경쟁적인 상황보다는 좀 더 안전하게 경험하도록 속도를 조절하며, 격려하고 지지한다.

사례 수업시간에 자주 혼잣말하고 또래관계에 어려움이 있는 초등학교 3학년 여아

어머니의 보고에 의하면 집에서 아동은 동생과 '할리갈리'를 할 때 한 번도 이긴 적이 없다고 한다. 아동은 시각적으로 구별하는 것에서 종을 잘못 치는 경우가 잦았고 종을 칠 때 민첩성과 속도가 느려서 동생이 항상 이기는 편이며, 게임을 하지 않고 방에 들어가서 중얼거리는 경우가 많다.

아동은 놀이치료실에서 놀잇감을 가지고 혼자서 하는 활동을 주로 하다가 5회기가 지난 후 게임 이것저것을 한참 본 후 '할리갈리 링엘딩'을 가져온다.

아 동 할리갈리는 해 봤는데, 이건 뭐지?

치료사 그게 궁금해서 선택했구나. 네가 한번 열어 봐! ☞ **흥미유발을 위한 격려**

아 동 (꺼내서 카드와 색깔 밴드를 보고) 이거 머리 묶는 건가? (색깔 밴드를 가지고 머리를 묶으려고 한다.) ☞ **자신의 경험에 비추어 게임 탐색**

치료사 색 밴드가 머리 묶는 고무줄과 비슷하지? 이건 여기에 펼쳐두는 거야. (게임을 세팅하고 아동에게 게임 설명을 하고 게임을 시작한다.)

아 동 (카드에 손가락에 색 밴드를 끼고 종을 친다.)

치료사 (아동이 카드에 있는 색깔대로 고무밴드를 손가락에 끼지 않자) 카드처럼 했는지 어디 한번 볼까? 초록색이 맨 아래에 오고 다음이 노란색, 그다음이 분홍색인데. ☞ **규칙에 대해 스스로 숙지함. 규칙에 대해 안전하게 다시 설명함. 순서에 대해 확인하여 순서를 기억하게 함**

아 동 (카드와 손가락을 확인하면서 자신이 틀린 것을 알자) 잘못했네. (다시 해 본다.) ☞ **아동 스스로 수정**

치료사 그래, 다시 해 보는구나. 천천히 하니까 맞게 하네. (여러 번 연습하게 한다.) ☞ **반복과 연습을 통한 숙달감 경험하도록 하기**

아 동 다시 해 봐요. (아동은 정확하게 한다.) ☞ **유능감 경험**

치료사 (속도를 천천히 하면서 손가락으로 카드를 짚어 가며 맞는지 확인하는 모습을 보인다. ☞ **아동에게 맞게 속도 조절, 규칙에 대해 자기 감독하도록 모델링**

아 동 (종을 친 후 치료사에게 묻는다.) 맞아요?

치료사 한번 같이 확인해 볼까?

아 동 (소리를 내며 확인해 본다.) 노랑, 파랑, 분홍 맞아요. 와하! ☞ **규칙에 대해 스스로 숙지함**

치료사 맞혀서 기분이 좋구나. 연습해 보고 하니까 정확하게 하네.

실습 신체감각 및 시각적 조직화 향상을 위한 '할리갈리 링엘딩' 게임

할리갈리 링엘딩

게임 연령 5세 이상

게임 분류 우연 게임

인원/시간 2명 이상/10분 이내

게임 방법

- 가운데에 종을 놓고, 문제카드를 잘 섞은 뒤 종 가까이에 놓는다. 여러 가지 색의 천으로 만든 고리를 종 주변에 흩뜨려 놓는다.
- 선이 문제카드 더미에서 카드 한 장을 가져와 바닥에 펼쳐 놓으며 문제카드를 펼치자마자 모든 참여자가 문제카드에 그려진 것과 같은 모양이 되게 자기 손에 천 고리를 끼우기 시작한다.
- 가장 먼저 고리를 모두 끼운 사람은 재빨리 고리를 끼운 손으로 중앙에 있는 종을 친다.
- 종을 친 사람의 손에 있는 고리의 색깔과 순서, 위치가 문제카드에 그려진 것과 모두 같다면 문제를 맞힌 것이다. 이때는 펼쳐진 문제카드를 가져온다.
- 만약 그림과 다르게 고리를 끼웠다면 갖고 있는 카드 한 장을 반납해야 한다. 갖고 있는 카드가 없으면 다음 차례 한 번을 쉰다.
- 누구 한 사람이 문제카드 다섯 장을 모으면 게임이 끝나고, 그 사람이 이긴다.

게임 효과

- 색깔, 형태 등 시각적 변별과 인식 능력을 높인다.
- 거리, 크기, 공간과 신체감각과의 관계를 구분하여 대상의 상호관계를 파악할 수 있다.

- 빠른 반사작용, 속도, 민첩성을 높인다.
- 좌우를 구별할 수 있는 능력이 향상된다.

적용 시 고려사항

- 연령에 따라 카드를 가지고 놀 수 있도록 격려한다.
- 반복과 연습을 통해 유능감을 경험하도록 한다.
- 아동의 속도에 치료사가 맞추는 것이 중요하다.
- 아동의 운동 기술 발달에 따라 충분히 연습하는 시간이 필요하다.

(2) 기억력 향상을 위한 게임놀이치료 기법

경계선 지적 기능 아동의 기억력 문제는 자발적인 전략 사용의 어려움과 습관화의 어려움, 유사한 과제로의 전이와 응용의 어려움으로, 이는 교육을 통한 향상의 폭을 제한시켜 실제 학업 장면에서 학업성취에 부정적인 영향을 줄 수 있다(박성옥·김윤희, 2012). 이들은 장기기억에 취약하기 때문에 기억에서 정보를 보유하기 위해서는 재연이나 도식 사용을 훈련해야 한다. 아동은 암기하기 전에 오랜 시간 검토하고 잊지 않기 위해 반복적인 재연을 해야 한다.

경계선 지적 기능 아동은 주의력 부족 때문에 취약한 기억력을 가지게 된다. 주의력 부족에 있어서 세 가지 특징은 기민함, 상대성, 집중이다. 주의력에 있어서 기민함은 세상에 대한 세부 사항에 주목하거나 자극의 지각을 의미한다. 상대성은 어떤 자극은 차단하고 어떤 자극에는 더 민감해지는 능력이며, 집중은 하나의 과제에 초점을 맞추어 사고하는 능력을 의미한다(신석호, 2016). 따라서 경계선 지적 기능 아동의 기억력을 향상시키기 위한 반복적인 재연 훈련으로 기억력 게임을 게임놀이치료에 적용하는 것이 필요하다.

경계선 지적 기능 아동은 좀 더 역동적이고 즐겁게 참여할 수 있는 경험 중심의 활동인 게임놀이치료를 통해 기억력을 향상시킬 수 있다. 따라서 게임도구를 선택할 때 난이도를 조정하도록 한다. 처음에는 난이도가 낮은 것에서 시작하여 점차 높여 가는 것이 중요하다. 치료사는 흥미와 즐거움, 참여 유도를 위해 '무엇이 달라졌을까?', '물건 기억하기' 게임을 한다. 이를 통해 충분히 숙달되면 '치킨차차' 보드게임을 게임놀이치료에 적용할 수 있다. 이러한 게임은 경계선 지적 기능 아동의 기억력 문제 중 주의력 측면인 기민함, 상대성, 집중력을 높이는 데 효과적이다. 즉, '무엇이 달라졌을까?'와 '물건 기억하기' 게임은 기민하게 세부 사항을 주목하고 자극을 지각하도록 하며, 다른 자극을 차단하면서 변화되는 자극에 상대적으로 민감하게 하고 과제 수행을 위해 집중하도록 한다. 또한, '치킨차차' 게임을 통해 순서와 규칙성, 불안을 다루고 시각적으로 기억하도록 하여 조절력, 기억력을 향상시키고 자신감 및 자기 조절력을 높일 수 있다.

실습 기억력 향상을 위한 워밍업 활동 1

무엇이 달라졌을까?

게임 연령 4세 이상
게임 분류 신체활동/기억력 게임
인원/시간 2명 이상/5분 이내

게임 방법

- 게임을 먼저 시작할 사람을 정한다.
- 한 사람이 일어서 있다. 다른 사람은 한참 그 사람의 모습을 자세히 살펴보고 기억한다.
- 일어선 사람은 잠깐 밖에 나가게(혹은 앉아 있는 사람에게서 뒤를 돌아보거나 눈을 감게) 한다.
- 나간 사람은 자신의 신체에서 변화를 준다(예: 머리를 귀에 꽂는다, 옷의 소매를 접는다 등).
- 변화를 주고 들어오면 앉아 있는 사람이 달라진 점을 찾는다.

게임 효과

- 시각적 주의력 중 기민함, 상대성, 집중력을 높인다.
- 스스로 자신의 신체에 변화를 주기 때문에 자기 지각을 높인다.
- 시각적 기억력을 높인다.
- 활동 중심으로 즐거움과 흥미를 증가시킨다.
- 연령, 집단 등 다양하게 적용할 수 있다.

적용 시 고려사항

- 연령과 수준에 따라 변화의 정도를 조절한다.
- 적극적인 격려, 지지와 과정에 초점을 둔다.

실습 기억력 향상을 위한 워밍업 활동 2

물건 기억하기

게임 연령 4세 이상
게임 분류 전략 게임/기억력 게임
인원/시간 2명 이상/5분 이내

게임 방법

- 다양한 종류의 작은 물건과 초시계, 보자기를 준비한다.
- 준비한 물건을 책상 위에 7개 정도 올려놓고 30~40초 정도 보여 준 후 보자기로 물건이 보이지 않게 덮는다.
- 종이와 필기도구를 나누어 주고 지금까지 본 것을 기억하여 종이에 적고 나면 손으로 물건을 하나씩 꺼내서 답을 맞춰 본다.

게임 효과

- 시각 – 공간적으로 다양한 감각 양식으로 정보를 처리하는 방법을 훈습하여 기억력을 향상시킬 수 있다.
- 다양한 기억 전략을 활용하여 효과적으로 통제하고 처리하는 방법을 습득한다.

적용 시 고려사항

- 연령, 인지 능력에 따라 시간과 물건의 개수를 늘려가며 난이도를 조절한다.
- 집단에 적용 시 기억하기 위해 시각적인 것을 활용했는지, 공간적인 것을 활용했는지, 언어적인 것을 활용했는지 토론해 본다.

실습 기억력 향상을 위한 '치킨차차' 게임

치킨차차

게임 연령 5세 이상

게임 분류 우연 게임

인원/시간 2명 이상/10분 이내

게임 방법

- 팔각형 타일 12개를 앞면이 보이지 않게 뒤집어 가운데에 놓고 달걀 모양 타일 24개는 팔각형 타일들을 둘러싸듯 늘어놓는다.
- 각자 자신의 닭(말)을 정해 같은 색깔 꼬리를 꽁무니에 꽂은 뒤 일정한 간격을 두고 달걀 모양 타일 위에 올려놓는다.
- 차례가 되면 뒤집어 놓은 팔각형 타일 가운데 한 개를 뒤집는다. 뒤집은 타일의 그림이 자기 닭 앞에 있는 달걀 모양 타일의 그림과 같으면 닭을 한 칸 전진시킨다.
- 뒤집은 타일의 그림이 달걀 모양 타일의 그림과 다르면 바로 차례를 마친다.
- 자기 닭 바로 앞에 다른 닭이 있을 때는 그 닭 앞에 있는 타일의 그림과 같은 그림의 팔각형 타일을 찾으면 추월할 수 있다.
- 바로 앞에 있던 닭을 추월한 뒤에는 그 닭의 꽁지를 뽑아 자기 닭 꽁무니에 있는 구멍에 꽂는다.
- 경주를 계속하다가 누구 한 사람이 게임에 참가한 다른 닭들의 꽁지를 모두 빼앗아 자기 닭 꽁무니에 꽂으면 게임이 끝난다. 꽁지를 모두 모은 사람이 이긴다.

게임 효과

- 타일의 모양과 순서를 기억해야 하기 때문에 기억력 발달과 집중력 향상에 효과적이다.
- 타일을 추측할 수 있고, 타일의 모양을 구별하기 때문에 변별력에 도움이 된다.
- 진행 순서를 기억하고 자신의 말 앞의 타일을 기억해야 하므로 순서에 대한 출력 능력이 향상된다.
- 공간과 카드의 관계성을 파악하여 조직화 능력이 향상된다.

적용 시 고려사항

- 아동이 규칙을 충분히 이해하는지 관찰하고 수정해 준다.
- 아동에게 언어로 규칙을 표현하게 하고 격려한다.
- 말의 진행 순서, 건너뛰기, 앞의 타일을 기억해야 하는 것 등을 숙지하도록 치료사가 언어로 모델링하는 것이 중요하다.

PART IV

집단게임놀이치료 프로그램

1 집단게임놀이치료 프로그램의 설계

학습부진 아동의 실행기능 향상을 위한 집단게임놀이치료 프로그램을 개발하여 이를 학습부진 아동에게 적용함으로써 그 효과를 검증하고자 하였다. 본 연구의 프로그램 개발은 기존의 선행연구들의 집단게임놀이치료 프로그램 효과성 결과 중 저항 없이 자연스러운 자기표현, 규칙을 통한 자기 조절, 인지적인 측면에서의 논리적 사고 및 문제해결력, 계획 및 예측 능력, 집단원 간의 상호작용을 통한 사회화, 정보처리상의 작업기억력 향상, 주의집중 및 행동억제력의 증진 등의 치료적 요소를 고려하여(신숙재, 이영미, 한정원, 2001; 석주영, 2004; 송문화, 2005; 윤지현, 2008; 강재정, 2008; 윤미희, 2009) 학습부진 아동의 실행기능 향상을 위한 집단게임놀이치료 프로그램을 개발하였다.

특히 학습부진 아동은 적절한 교육 기회와 지적 능력이 있음에도 불구하고 정상적인 인지 과정을 방해하는 신경학적 이상인 실행기능에 문제가 있으며, 특히 언어 개념, 시공간적 조직화, 계열적·분석적 영역, 운동 능력 및 계획 능력, 실행 및 조절력이 학업 성취와 관련되어 있다(Rourke, 1985). 이러한 인지적인 측면과 학업 성취와 관련된 문제점으로 인해 학습부진 아동의 정서·행동적 문제뿐만 아니라 논리적 사고, 계획 및 조직화, 기억력, 주의집중 등을 높이는 데 집단게임놀이치료 프로그램이 효과적이다(Schaefer & Reid, 2002).

본 집단게임놀이치료 프로그램은 『Therapeutic Use of Childhood Games: Gameplay』(Schaefer & Reid, 2002)를 번역한 『게임놀이와 아동심리치료』(박성옥 외, 2010)에서 학습부진 아동의 치료적인 특성을 촉진할 수 있는 학습장애 아동을 위한 게임치료에서 제시한 것을 기초로 하여 보드게임을 선택하고 평가하여 집단게임놀이치료 프로그램을 구성하였다.

2 집단게임놀이치료 프로그램의 목적 및 목표

다음의 사례는 학습부진 아동을 대상으로 집단게임놀이치료 프로그램을 학습부진 아동에게 적용하여 실행기능의 네 가지 영역인 주의통제, 인지적 융통성, 정보처리, 목표 설정 영역의 능력을 향상시키는 데 목적이 있다. 학습부진 아동의 실행기능 향상을 위한 집단게임놀이치료 프로그램의 목표는 다음과 같다.

첫째, 학습부진 아동과의 친밀감 형성 및 신뢰, 응집력을 갖도록 한다.

둘째, 학습부진 아동의 주의통제 영역 중 선택 주의력 및 억제력, 주의초점 능력, 행동조절력 및 감동할 수 있는 능력을 향상시킨다.

셋째, 학습부진 아동의 정보처리 영역에서 정보산출의 속도, 양, 정보를 범주화할 수 있는 유창성을 향상시킨다.

넷째, 학습부진 아동의 인지적 융통성 영역에서 주의전환 능력, 실수에서 배우는 능력, 주의분할 능력, 인지적 전략, 복합적인 정보를 동시에 처리하는 작업기억력을 향상시킨다.

마지막으로, 학습부진 아동의 주도성 및 개념발달 능력, 계획 능력, 조직화 능력을 향상시킨다.

3 집단게임놀이치료 프로그램의 구성 및 내용

다음 집단게임놀이치료 프로그램은 총 12회기로 구성된 단계적 프로그램으로, Yalom(1995)의 집단 발달과정을 고려한 집단 발달단계이며, 초기단계, 전환단계, 실행단계, 종결단계의 4단계의 발달단계로 구분하여 구성하였다. 1~4회기는 집단게임놀이치료 프로그램에 대한 목표와 내용을 이해하고 집단원의 친밀감을 높이고 응집력을 형성하는 시기로 실행기능 중 주의통제 영역에 초점을 둔 집단게임놀이치료를 실시하였다. 5~6회기는 전환단계로 집단구성원 간의 신뢰와 응집력이 키워지고 신뢰와 응집력이 기초가 되어 이후 실행단계에서 문제 행동의 탐색과 변화를 유도하는 단계이다. 본 연구에서는 전환단계를 5~6회기로 구성하여 실행기능 중 정보처리 과정의 유창성을 증진시키고, 주의통제 영역 중 선택적 주의 및 억제력에 초점을 둔 집단게임놀이치료를 실시하였다. 7~9회기는 실행단계로 이 단계에서는 실행기능의 인지적 융통성 부분인 주의전환 및 작업기억 능력을 향상시켜 줄 수 있는 집단게임놀이치료를 실시하였으며, 종결단계는 10~12회기로 목표 설정 영역 중 계획 및 전략적 사고, 문제해결에 초점을 둔 집단게임놀이치료를 실시하였다.

집단게임놀이치료 프로그램의 효과를 검증하기 위한 실행기능 영역의 주의통제, 정보처리, 인지적 융통성, 목표 설정과 관련하여 기존의 게임 관련 논문(정안순, 2004; 임지연, 2004; 이경옥, 2006; 송문화, 2005; 윤지현, 2008; Schaefer & Reid, 2002; 박성옥·김윤희, 2009; 윤미희, 2009; 조혜란, 2006; 박향금, 2008; 백현희, 2007)에서 언급된 게임 중 실행기능과 관련된 보드게임을 선별하고 그에 적합한 워밍업 활동은 본 연구자가 각각 실행기능 영역에 맞도록 구성하였다.

실행기능의 네 가지 영역 중 주의통제 영역에서는 선택적 주의력, 행동조절력, 충동조절력, 억제력, 초점주의력을 높이는 데 관련하여 게임을 구성하였고, 정보처리 영역에서는 유창성 및 효율성을 향상시키는 것과 관련하여 게임을 구성하였다. 또한, 인지적 융통성 영역에서는 작업기억력, 주의전환 능력 향상과 관련하여 게임을 구성하였으며, 목표 설정 영역에서는 계획력, 조직화 능력, 문제해결력 및 논리적 사고력을 향상시키는 것과 관련하여 게임을 구성하였다. 집단게임놀이치료 프로그램의 각 회기 구성은 오코너(O'Connor, 2001)가 학령기 아동을 위해 제안한 집단 형식을 참고로 하였으며, 학습부진 아동의 실행기능 향상을 위한 집단게임놀이치료 프로그램 내용의 진행은 도입 및 이완 단계10분, 구조화된 게임활동 단계50분, 자기 평가 및 마무리 단계10분로 나누어 실시하였다.

집단게임놀이 프로그램의 시작 단계인 도입 활동에서는 집단원들의 흥미를 촉진하고 주제에 맞는 워밍업 활동을 통해 이완할 수 있도록 동기를 부여하였으며, 구조화된 게임놀이에서는 집단원들에게 충분히 게임의 규칙을 숙지하도록 설명한 후 실시하였고, 이 단계에서 주 진행자는 집단원의 게임활동에서 보이는 특성을 살피면서 그들에게 맞는 개별적인 도움과 격려를 보조진행자와 함께 함으로써 게임에서 나타나는 반복적인 오류를 줄이도록 한다. 이때 집단원들이 게임의 결과에 대해 크게 좌우되지 않도록 규칙 준수, 게임에 임하는 과정, 전략의 사용, 주의집중하는 면들을 강조하며, 게임의 승패나 집단원 간의 차이가 커지는 것을 줄이기 위해 잘하는 아동에게는 두 번 이상 연속적인 승리를 할 경우 업그레이드 시간을 갖도록 하고 게임단계와 난이도를 융통성 있게 조절하며 실시한다. 게임활동 과정에 초점을 두며 규칙 준수나 적절한 자기표현을 할 경우 강화 지폐연구자가 직접 만들었음를 주며 적극적인 참여를 유도한다.

구조화된 집단게임놀이치료가 끝나면 자기 평가 및 마무리 단계에서 구조화된 게임놀이활동을 어떻게 참여하였고 어떤 인지적 전략을 사용하였는지를 묻고 적극적으로 대답할 수 있도록 격려하였으며, 집단게임놀이치료 프로그램에 자신이 어떻게 참여했는지를 객관적으로 평가하여 프로그램에 대한 참여의 태도 및 활동에 대한 목표와 의미를 더욱 깨닫는 기회를 갖도록 하였다. 마지막으로, 이 단계에서는 아동의 실행기능 향상을 위해 집에서 할 수 있는 활동에 대한 숙제를 부여하여 다음 회기에 올 때까지 가정이라는 생활 속에서 실천해 볼 수 있도록 하였다.

집단게임놀이치료 프로그램의 전체 활동 목표와 내용은 〈표 Ⅳ-1〉에 제시하였고 세부 회기별 내용은 〈표 Ⅳ-2〉에 제시하였다.

〈표 Ⅳ-1〉 집단게임놀이치료 프로그램의 목표 및 내용

집단 단계	회기	집단게임놀이치료 프로그램의 목표 및 내용	실행기능 영역
초기 단계	1회기	ㅇ프로그램 이해 및 집단 간의 역동성을 파악, 친밀감 및 참여 동기를 향상시킨다. • 도입 및 이완 활동: 별칭 짓기 • 구조화된 게임놀이: 난이도별 별칭 게임 • 규칙과 집단명 정하고 서약서 쓰기 • 마무리 활동: 오늘의 자기 평가 및 집단 평가	신뢰감 형성 시기
	2회기	ㅇ주의통제 영역 중 충동조절 및 행동조절 능력, 억제력을 키운다. 지시 수행 및 상호 능력을 향상시킨다. • 도입 및 이완 활동 - ㄱ, ㄴ, ㄷ 시간 안에 물건 찾기 - 몸으로 자음 표현하기 • 구조화된 게임놀이: 콘체르토 그로소 • 마무리 활동: 오늘의 자기 평가 및 집단 평가	주의통제 영역
	3회기	ㅇ주의통제 영역 중 충동조절 및 행동조절 능력을 키운다. • 도입 및 이완 활동: 청기/백기 게임 • 구조화된 게임놀이: 할리갈리 • 마무리 활동: 오늘의 자기 평가 및 집단 평가	
	4회기	ㅇ주의통제 영역 중 충동조절 및 행동조절 능력을 키운다. • 도입 및 이완 활동: 틀린그림찾기 활동 1 • 구조화된 게임놀이: 할리갈리 • 마무리 활동: 오늘의 자기 평가 및 집단 평가	

집단 단계	회기	집단게임놀이치료 프로그램의 목표 및 내용	실행기능 영역
전환 단계	5회기	○ 정보처리 영역 중 유창성을 향상시킨다. • 도입 및 이완 활동: 초성의 달인 – 보드판 제시 • 구조화된 게임놀이: 단어 할리갈리 • 마무리 활동: 오늘의 자기 평가 및 집단 평가	정보처리 영역
	6회기	○ 정보처리 영역 중 유창성을 향상시키며 정보처리의 효율성을 높인다. • 도입 및 이완 활동: 공통점 찾기 • 구조화된 게임놀이: 게스후 • 마무리 활동: 오늘의 자기 평가 및 집단 평가	
실행 단계	7회기	○ 인지적 융통성 영역 중 작업기억력, 주의전환 능력을 높인다. • 도입 및 이완 활동 – 반대로 게임 – 물건 보여 주고 기억해서 쓰기 • 구조화된 게임놀이: 치킨차차 • 마무리 활동: 오늘의 자기 평가 및 집단 평가	인지적 융통성 영역
	8회기	○ 인지적 융통성 영역 중 작업기억력, 주의전환 능력을 높인다. • 도입 및 이완 활동: 계산 게임(덧셈을 하자) • 구조화된 게임놀이: 로보77 • 마무리 활동: 오늘의 자기 평가 및 집단 평가	
	9회기	○ 인지적 융통성 영역 중 작업기억력, 주의전환 능력을 높인다. • 도입 및 이완 활동: 계산 게임(색깔 다르게) • 구조화된 게임놀이: Set 게임 • 마무리 활동: 오늘의 자기 평가 및 집단 평가	
종결 단계	10회기	○ 목표 설정 영역 중 계획력, 문제해결력을 향상시킨다. • 도입 및 이완 활동: 알맞은 숫자 찾기 • 구조화된 게임놀이: 루미큐브 • 마무리 활동: 오늘의 자기 평가 및 집단 평가	목표설정 영역
	11회기	○ 목표 설정 영역 중 계획 능력, 조직화 능력을 향상시킨다. • 도입 및 이완 활동: 얼굴의 조각을 맞춰라 • 구조화된 게임놀이: 우봉고 • 마무리 활동: 오늘의 자기 평가 및 집단 평가	
	12회기	○ 목표 설정 영역 중 계획 능력, 논리적 사고력을 향상시킨다. • 도입 및 이완 활동: 1인용 게임 – hide and seek • 구조화된 게임놀이: 다빈치코드 • 마무리 활동: 오늘의 자기 평가 및 집단 평가	

〈표 Ⅳ-2〉 집단게임놀이치료 프로그램의 2회기 세부 활동 내용

프로그램 (2회기)		몸으로 표현해요		
실행기능 영역		주의통제		
목표		1. 충동조절 및 행동조절력을 향상시킨다. 2. 억제력을 증진시킨다. 3. 지시 수행 및 상호 능력을 향상시킨다.		
순서	활동 단계	활동내용	준비물	소요 시간
1	도입	• ㄱ, ㄴ, ㄷ 시간 안에 물건 찾기 - 집단원 두 명과 보조진행자 한 명을 팀으로 나눈다. - 시간은 2분을 제시한 후 ㄱ에서 ㅎ까지 초성으로 시작하는 물건을 찾아서 가나다 순으로 물건을 배치한다. • 몸으로 자음 표현하기 - ㄱ에서 ㅎ까지에 해당되는 몸동작으로 보조진행자와 짝을 지어 자음 표현을 시범으로 보여 준다. - 두 명씩 함께 집단원이 나와 몸으로 자음 표현하기를 하도록 한다.	초시계	10분
2	본활동	• 콘체르토 그로소 - 콘체르토 그로소 게임을 꺼내서 각 카드를 보여 준다. - 토끼들이 악기를 연주하며 음악회를 하는 카드를 보여 준다. 이 중 네 가지 행동을 하는 토끼들의 모습에 대해 설명한다. 노래를 부르는 토끼가 나올 때는 모두 귀를 막고, 지휘자의 토끼는 자리에서 일어났다 안고, 북을 치는 토끼는 양손을 들고, 심벌즈를 든 토끼가 나오면 박수를 치도록 한다. - 나머지 토끼들은 어떠한 액션도 해서는 안 되며, 자신의 카드를 모두 버리는 사람이 이기며, 만약 액션을 해야 할 때 행하지 않은 경우나 다른 액션을 행한 경우에는 테이블에 나온 모든 카드를 가져간다. - 카드를 모두 버리는 사람이 승리한다. - 이 활동을 여러 번 번갈아 가며 한다.	관련 게임	50분

<table>
<tr><th>순서</th><th>활동 단계</th><th>활동 내용</th><th>준비물</th><th>소요 시간</th></tr>
<tr><td>3</td><td>마무리</td><td>• 게임 평가 및 자기 평가
– 게임에 참여하며 스스로의 감정을 평가한다.
– 자기평가지를 주고 집단 진행자와 아동 스스로가 평가한 것과의 일치 정도를 알아본다.
– 평가를 통해 아동이 프로그램 참여에 얼마나 적극적이었으며 스스로 참여하면서 느꼈던 감정이나 태도가 어땠는지 객관적으로 표현하도록 한다.
• 몸으로 자음 표현하기를 가정에서 하도록 숙제 부여(5분 이상 하기)</td><td>평가지

학생 지폐</td><td>10분</td></tr>
<tr><td colspan="2">진행 시 유의사항</td><td colspan="3">• 집단원끼리 서로가 협동하여 게임할 수 있도록 보조진행자들은 격려와 지지를 한다.
• 몸으로 자음 표현하기에서 보다 적극적일 때 토큰 경제를 통한 강화를 제공한다.
• 모든 활동을 할 때 자기교시훈련인 큰 소리로 '나에게 말해요'를 하고 게임을 실시한다.
• 자기 평가와 진행자의 평가가 일치하면 지폐 한 장을 준다.</td></tr>
</table>

참고 문헌

강삼순(2004). 집단게임 놀이를 통한 초등학교 틱장애 아동의 상담효과. 광주교육대학교 대학원 석사학위 논문.

강옥려(2016). 경계선급 아동의 교육: 과제와 해결방안. 초등교육연구원. 한국초등교육, 27(1), 361-378.

강재정(2008). 인지기능 증진 집단프로그램 -작업기억력 중심으로-. 서울여자대학교 특수치료 대학원 석사학위 논문.

교육부(1997). 학습부진아 교육지원 대책. 서울: 교육부.

권미영(2013). 게임놀이가 학습장애 아동의 자기 조절과 부적응 행동에 미치는 효과. 대구대학교 대학원 석사학위 논문.

권윤정(2017). 분노조절과 규칙수용에 문제를 보이는 ADHD 아동의 놀이치료 사례: 게임 놀이의 활용. 한국아동교육학회 아동교육, 26(3), 65-81.

권혁선(2011). 균형적 읽기 게임 놀이프로그램이 입학 전 아동의 읽기 능력과 음운인식 읽기 태도에 미치는 영향. 덕성여자대학교 대학원 석사학위 논문.

김경래(2000). 초등학교 학습부진아의 학습 동기 훈련 효과 분석. 진주교육대학교 교육대학원 석사학위 논문.

김경수(2009). 게임 활동 자료 활용이 학습부진아의 수학적 성향과 학습 태도에 미치는 효과. 충북대학교 교육대학원 석사학위 논문.

김도연(2003). 주의력 결핍 과잉행동 장애(ADHD) 아동에 대한 인지행동 놀이치료, 부모훈련연합 치료의 효과. 이화여자대학교 대학원 박사학위 논문.

김동일(2009). 학습장애 아동의 이해와 교육. 서울: 학지사.

김경희(2007). 아동과 청소년의 이상심리학. 서울: 박영사.

김붕년 · 조수철 · 도례미 · 김재원 · 신민섭(2010). 아동의 실행기능 발달. 한국심리치료학회지, 2(2), 1-12.

김미정(2006). 집단게임 놀이 활동을 통한 한부모 가정 아동의 자존감 향상에 관한 사례연구. 대구대학교 대학원 석사학위 논문.

김미희(2007). 행동조절 게임 놀이활동이 ADHD 특성 유아의 문제행동 감소에 미치는 효과. 대구대학교 대학원 석사학위 논문.

김부임(2013). 상황 이야기 중심의 게임놀이 활동이 자폐성 장애 유아의 사회적 행동 및 문제 행동에 미치는 영향. 창원대학교 대학원 석사학위 논문.

김붕년(2007). 소아-청소년기 불안장애. 대한치과마취과학회지, 7, 101-106.

김사리(2003). ADHD 경향이 높은 아동에 대한 행동억제훈련이 실행기능 개선에 미치는 효과. 미간행 석사학위 청구논문, 충남대학교.

김삼희(2007). 집단심리치료가 시설아동의 또래 관계 및 학교 적응에 미치는 영향. 한양대학교 대학원 석사학위 논문.

김선·김경옥·김수동·이신동·임혜숙·한순미(2007). 학습부진아의 이해와 교육. 서울: 학지사.

김세희(2011). 보드게임을 통한 놀이 활동이 저소득 아동의 사회성 향상에 미치는 영향. 상지대학교 대학원 석사학위 논문.

김수경(2004). 게임 놀이가 주의력 결핍 과잉행동 아동의 문제행동 감소에 미치는 효과. 대구대학교 대학원 석사학위 논문.

김수미(2006). 보드게임을 이용한 협동놀이 활동이 정신지체 아동의 사회적 기술에 미치는 영향. 공주대학교 대학원 석사학위 논문.

김양오(2001). 게임놀이치료가 경계선지능 아동의 주의집중 행동 향상에 미치는 효과. 대구대학교 대학원 석사학위 논문.

김영신·소유경·노주선·최낙경·김세주·고윤주(2003). 한국어판 부모-교사 ADHD평가척도(K-ARS)의 규준연구. 신경정신의학, 42(3), 352-359.

김윤옥(2000). 학습장애 아동을 위한 교수-학습전략. 서울: 교육과학사.

김윤희(2006). 집단게임 놀이프로그램이 ADHD 아동의 특성변화에 미치는 효과. 한국아동 심리치료 학회 포스터 발표.

김윤희(2010). 학습부진 아동의 실행기능향상을 위한 집단게임 놀이치료 프로그램의 효과. 대전대학교 대학원 박사학위 논문.

김재환·부정민(2006). 게임 놀이치료를 활용한 부모-자녀 놀이치료 프로그램이 자녀에 대한 부모의 수용 능력과 스트레스에 미치는 영향. 아동학회지, 27(6), 107-121.

김창원(2000). 게임놀이 프로그램이 정신지체아의 사회성숙도와 대인관계 형성에 미치는 효과. 대구대학교 대학원 석사학위 논문.

김춘경·고경남(2002). 게임을 이용한 REBT 집단상담이 여중생의 자존감 향상에 미치는 효과. 한국아동 심리 재활학회지, 6(2), 27-42.

김학래(2002). 집단게임 놀이치료가 ADHD 아동의 주의집중력과 적응도에 미치는 효과. 인천교육대학교 대학원 석사학위 논문.

김학래(2003). 집단게임 놀이치료가 ADHD 아동의 주의집중력과 적응도에 미치는 효과. 인천교대학교 대학원 석사학위 논문.

김현주(2006). 놀이중심 인지행동 치료를 통한 아동의 게임중독 행동 및 자기 효능감 개선 효과에 관한 사례연구. 대구대학교 대학원 석사학위 논문.

김형립(1984). 학습부진아 프로그램 개발 방향. 한국교육개발원.

남수미(2010). 게임 놀이프로그램이 주의력 결핍 아동의 주의력에 미치는 영향. 대구대학교 대학원 석사학위 논문.

남승인(2001). 수학학습에서의 게임의 활용. 대구대학교 과학·수학교육연구, 24, 21-50.

민천식(2002). Gagne의 정보처리 과정 이론에 따른 정신지체 아동의 학습: 특성과 교과 지도를 위한 교수-학습전략 고찰. 한국정신지체아교육학회, 정신지체 연구, 4, 119-136.

박경란(2010). 보드게임을 이용한 그룹 놀이 활동이 지적장애 아동의 의사소통 표현 능력 향상에 미치는 영향. 충남대학교 대학원 석사학위 논문.

박계신(1995). 게임 활동이 자폐성 아동의 사회성 발달에 미치는 효과. 대구대학교 대학원 석사학위논문.

박고은(2013). 게임 놀이를 활용한 주의집중 프로그램이 ADHD성향 아동의 주의집중과 충동성에 미치는 효과, 덕성여자대학교 대학원 석사학위 논문.

박성옥(2011). 게임과 몰입 아동, 청소년을 위한 'TED-Cat(Talking, Emotin, Doing-Cat) 게임' 개발보고서. 서울 아이윌센터 수탁연구과제.

박성옥(2012). 다문화 학생들의 학교적응을 위한 '대한아 학교가자' 게임 개발보고서, 과학창의재단 연구과제.

박성옥(2017). 게임의 치료적 접근과 효과. 한국게임학회, 한국 임상 게임 놀이학회 공동 추계 학술대회 주제발표자료집.

박성옥(2019). 게임몰입과 과몰입. 한국임상게임놀이학회 추계학술대회 발표자료집.

박성옥·김윤희(2009). 게임 놀이치료 워크숍. 대전 충남 상담학회 동계학술대회 자료집.

박성옥·김윤희(2012). 2012년 찾아가는 게임문화교실 사업보고서. 한국컨텐츠진흥원수탁연구 과제.

박성옥·김윤희·백지은(2010). 치료적 게임과 심상 유도. 서울: 창지사.

박성옥·김윤희·이정숙·백지은(2010). 게임 놀이와 아동 심리치료. 서울: 창지사.

박성익(1986). 학습부진아 교육. 교육개발원.

박성현(2007). 보드게임을 이용한 놀이 활동이 정신지체 학생의 적응 행동에 미치는 효과. 대구대학교 대학원 석사학위 논문.

박은미(2012). 상위 인지전략 중심의 가정연계 게임놀이 프로그램이 주의력결핍과잉 행동장애 아동의 문제행동, 실행기능 및 어머니의 양육반응에 미치는 영향. 창원대학교 대학원 석사학위 논문.

박은희(2004). ADHD 아동의 주의집중 행동 및 자아존중감에 미치는 변화 사례연구. 대구대학교 대학원 석사학위 논문.

박지혜(2006). 집단게임 놀이가 학령전기 유아의 정서 지능과 친사회적 행동 향상에 미치는 효과. 한양대학교 대학원 석사학위 논문.

박진희(2000). 게임 놀이치료가 시설아동의 적응 행동에 미치는 효과. 대구대학교 대학원 석사학위 논문.

박채진(2000). 게임 놀이가 전반적 발달장애 아동의 상동행동과 사회적 행동이 미치는 영향. 대구대학교 대학원 석사학위 논문.

박향금(2008). 집단게임 놀이프로그램이 청소년의 자기통제력에 미치는 효과: 인터넷중독 잠재적 사용자군을 대상으로. 대전대학교 대학원 석사학위 논문.

박현경(2006). 갈등 해결 교재교구를 활용한 게임 놀이 경험이 유아의 정서 지능에 미치는 효과. 미래 유아교육 학회지, 13(4), 1-21.

박현숙·신현기·정대영·정해진(2007). 학습장애: 토대, 특성, 효과적 교수. 서울: 시그마프레스.

박현숙(2013). 경계선 지적 기능 아동·청소년을 위한 느린 학습자의 심리와 교육. 서울: 학지사.

박현숙(2018). 경계선 지적 기능 아동선별체크리스트: 타당화와 하위특성 연구. 성균관대학교 박사학위 논문.

박혜진(2012). 게임놀이가 ADHD 성향 아동의 학교생활 적응에 미치는 영향. 대구대학교 대학원 석사학위 논문.

배대석·서완석·박종옥·홍혜정(2009). 주의력결핍 과잉행동장애 임상용 워크북. 서울: 하나의학사.

백윤진(2012). 인지행동적 게임놀이-부모교육 프로그램이 ADHD 성향 아동의 실행기능, 자기 조절, 문제행동과 부모의 양육 스트레스에 미치는 효과. 덕성여자대학교 대학원 석사학위 논문.

백현희(2007). 집단게임 놀이프로그램이 학동기 여아의 공격성 감소에 미치는 효과. 대전대학교 대학원 석사학위 논문.

삼성출판사(2009). 좌뇌개발.

서문혜자(2011). 보드게임을 이용한 놀이 활동 프로그램이 언어발달지체 아동의 어휘 및 의사소통 능력에 미치는 효과. 대구대학교 대학원 석사학위 논문.

서민정·성현란(2000). 정신지체아의 개념적 체제화의 발달에 관한 연구: 발달론과 차이론. 한국심리학회지, 13(3), 123-139.

서성숙(2008). 정신지체 아동의 문제행동 감소를 위한 집단게임 놀이치료. 명지대학교 사회교육대학원 석사학위 논문.

석주영(2004). 시설아동의 자아존중감 향상을 위한 집단게임 놀이치료의 효과. 영남대학교 대학원 박사학위 논문.

석주영·안옥희·박인진(2006). 집단게임 놀이치료가 시설보호 아동의 정서지능과 자아존중감 향상에 미치는 효과. 영남대학교 대학원 석사학위 논문.

성형모·박형배(2000). 뚜렛장애와 주의력 결핍 과잉행동 장애 아동의 실행기능 비교. 신경정신의학, 39(3), 610-619.

손양희(2003). 주의력 결핍, 과잉행동 장애 아동의 실행기능 분석. 미간행 석사학위 청구논문, 대구대학교.

송문화(2005). 집단게임 놀이가 주의력결핍과잉행동장애 아동의 실행기능, 충동성, 자기통제력에 미치는 효과. 덕성여자대학교 대학원 석사학위 논문.

송영혜·박진희(2000). 게임놀이치료가 시설아동의 적응행동에 미치는 영향. 놀이치료연구, 4(1), 103-117.

송찬원(2008). 학습장애 아동과 ADHD 아동 및 일반 아동의 실행기능 특성. 대구대학교 대학원 박사학위 논문.

신민섭(2008). 학습장애 워크숍. 한방소아과학회 춘계학술대회 자료집.

신민섭·구훈정(2007). 아동 색 선로검사. 서울: 학지사.

신민섭·김현미·온싱글·황준원·김붕년·조수철(2006). 주의력결핍과잉행동장애, 아스퍼거 장애, 학습장애 아동의 실행기능 비교. 소아청소년정신의학, 17(2), 131-140.

신민섭·박민주(2007). 스트룹 아동색상-단어검사. 서울: 학지사.

신민섭·박수현(1997). 주의력 결핍/과잉행동 장애 아동의 신경심리학적 평가. 소아·청소 년 정신의학, 8(2), 217-231.

신석호(2016). 비언어적 학습장애, 아스퍼거 증후군. 서울: 시그마프레스.

신숙재·이여미·한정원(2001). 아동 중심 놀이치료 - 아동 상담 -. 서울: 동서문화원.

신은수(2005). 3, 4, 5세 유아의 마음이론 발달과 가장 놀이, 언어의 표상 능력, 실행기능, 그리고 중앙통합 능력과의 관계. 유아교육 연구, 25(1), 65-90.

신종호·김동일·신현기·이대식(2002). 정신지체. 서울: 시그마프레스.

안동현(2018). 아동정신병리. 서울: 학지사.

안동현·김세실(1997). 말 안 듣는 아이: 임상가를 위한 평가 및 부모훈련 교재. 서울: 하나의학사.

안상훈(2006). 놀이 중심 집단지도 프로그램이 인터넷 게임몰입 초등학생의 또래 관계 및 학교 생활 적응력에 미치는 효과. 한국 교원대학교 대학원 석사학위 논문.

안선정·이영애(2018). 게임 놀이치료 시 학령기 초기 내담 아동들의 게임 놀이행동에 대한 내용 분석. 한국 놀이치료 학회지, 21(2), 245-271.

안소연(2010). 학습기술 훈련 스크립트 적용이 초등학생 학습부진아의 자기주도적 학습능력에 미치는 효과. 단국대학교 특수교육대학원 석사학위 논문.

원지원(2004). 게임 놀이치료가 방임된 아동의 사회성 증진에 미치는 효과. 대구대학교 대학원 석사학위 논문.

유가효·위영희·문현주·이희정·김태은(2010). 놀이치료의 이해. 경기: 양서원.

유미숙·이영애·진마경(2010). 보드게임을 활용한 아동 심리치료. 서울: 시그마프레스.

유숙희(2011). 집단게임 놀이프로그램이 청소년의 스트레스 감소에 미치는 영향. 대전대학교 대학원 석사학위 논문.

윤미희(2009). 집단게임 놀이치료 프로그램이 ADHD 성향 아동의 실행기능 향상에 미치는 효과. 대전대학교 대학원 석사학위 논문.

윤자영(2009). 집단게임 놀이치료가 우울 아동의 우울 및 생활만족도에 미치는 영향. 명지대학교 대학원 석사학위 논문.

윤정로(2006). 초등학교 학습부진아의 효율적인 지도 방법에 관한 연구: 기초학력 책임지도 시범학교 프로그램을 중심으로. 성균관대학교 교육대학원 석사학위 논문.

윤지현(2008). 집단게임 놀이치료 프로그램이 주의력결핍과잉행동장애 아동의 실행기능과 자기통제력에 미치는 효과. 덕성여자대학교 대학원 석사학위 논문.

음윤성(2012). 대안학교 학생들의 학교적응 및 자기 효능감, 또래 관계 질 향상을 위한 집단 게임 놀이프로그램. 대전대학교 대학원 석사학위 논문.

이경옥(2006). 보드게임의 현황 및 교육적 기능에 대한 연구. 한국게임산업개발원 연구보고서.

이대식(2000). 학습장애 아동들의 대인관계 기술 부족에 관한 기존연구 동향과 쟁점: 학습장애아를 위한 상담활동에 주는 시사점. 청소년상담연구, 8(1), 122-145.

이복희(2001). 치료레크레이션활동이 정신지체아동의 정서적 행동에 미치는 효과. 한국특수체육학회지, 9(2), 73-87.

이소현(1999). 특수아 문제행동의 이해. 서울: 이화여자대학교 출판부.

이승희(1998). 자존감 낮은 아동의 구조화된 집단 게임 놀이치료 효과. 한국아동 심리재활학회 놀이치료연구, 2(2), 87-109.

이영미(2001). 게임 놀이치료의 이론적 고찰과 적응사례. 놀이치료연구, 4(1), 71-82.

이영애(2003). 아동중심 놀이치료 장면에서의 객관적인 놀이관찰도구 개발. 숙명여자대학교 박사학위 논문.

이영애(2016). 게임놀이치료 시 아동의 자아강도 평가도구로서의 게임의 활용. 청소년시설환경, 14(4), 135-149.

이영자·이종숙·신은수(2004). 그림책 이야기를 활용한 집단게임 놀이프로그램이 유아의 의사소통능력과 행동조절능력에 미치는 영향. 사회과학연구, 제11권, 147-172.

이영자·이종숙·신은수(2005). 유아의 정서지능, 마음이론, 실행기능 향상을 위한 그림책 이야기를 활용한 집단게임 놀이 효과. 유아교육 연구, 25(3), 119-147.

이윤영(2004). 학습부진아를 위한 인지행동 집단프로그램의 효과. 명지대학교 석사학위 논문.

이윤정·임진섭(2018), 의사소통 기능성 보드게임이 ADHD 아동의 자기통제력, 자아존중감, 가족 기능 및 또래 관계에 미치는 영향. 동의대학교 지방자치연구소 공공정책 연구, 35(1), 99-134.

이점언(2006). 게임놀이 프로그램이 청각장애 학생의 사회성 향상에 미치는 영향. 대구대학교 대학원 석사학위 논문.

이정숙·심은지·이동훈(2016). 아동 심리치료를 위한 보드게임 핸드북. 파워북.

이정숙·안동현 외 공저(2016). 아동 심리치료학개론 2. 서울: 학지사.

이정윤·박종규(2014). 불안하고 걱정 많은 아이 어떻게 도와줄까?. 서울: 시그마프레스.

이종숙(2007). 학습 스타일 심리검사를 이용한 부진아 학습지원시스템. 동국대학교 교육대학원 석사학위 논문.

이종숙·조희정(2008). 고기능 자폐아동을 위한 또래 리더 경험 게임 놀이프로그램의 개발 및 효과. 한국심리학회지: 발달, 21(1), 113-135.

이주희·박성옥(2019). 게임놀이치료프로그램 효과에 대한 메타분석. 한국게임학회, 19(2), 33-44.

이향춘(2004). 집단게임 놀이프로그램이 노인의 회상기능 및 자아통합감에 미치는 효과. 대전대학교 대학원 박사학위 논문.

이효신·손양희(2003). 주의력 결핍·과잉행동 장애 아동의 실행기능 분석. 정서·행동장애연구, 19(4), 243-263.

인간발달연구소(1992). 내 마음을 읽어 주세요. 서울: 중앙적성출판사.

인경숙(2004). 동화책 활용의 게임 놀이가 정신지체아의 수학 기초개념에 미치는 영향. 공주대학교 대학원 석사학위 논문.

임영진(2013). 게임놀이를 활용한 분노조절 프로그램이 ADHD 성향 아동의 분노, 공격성, 사회적 기술, 자기통제력에 미치는 효과. 덕성여자대학교 대학원 석사학위 논문.

임지연(2004). 보드게임을 이용한 통합놀이 활동이 발달장애 아동의 의사소통기술 습득에 미치는 효과. 단국대학교 대학원 석사학위 논문.

정경희(2008). 집단게임 놀이프로그램이 아동의 자기 효능감 증진에 미치는 효과. 대전대학교 대학원 석사학위 논문.

정대영(2006). 학습장애의 개념과 분류의 대안 탐색. 2005춘계 심포지움, 한국학습장애학회, 20-24.

정승영(2005). 게임을 이용한 집단놀이치료가 정신지체 청소년들의 사회적 능력에 미치는 영향. 단국대학교 대학원 석사학위 논문.

정안순(2005). 보드게임요법이 만성 정신분열병 환자의 실행능력에 미치는 효과. 가톨릭대학교 대학원. 박사학위 논문.

정윤하(2007). 구조화된 보드게임이 초등학교 1학년 ADHD 아동의 주의력에 미치는 영향. 단국대학교 대학원 석사학위 논문.

정은정(2004). 주의력 결핍과잉 행동 장애 아동의 실행기능 결함. 이화여자대학교 대학원 박사학위 논문.

정재학(2005). 놀이치료를 이용한 학습부진아 상담사례 연구. 대불대학교 교육대학원 석사학위 논문.

정지현(2003). 집단게임 놀이요법이 학교 부적응 아동의 사회성 향상에 미치는 효과. 성균관대학교 대학원 석사학위논문.

정혜영(2000). 품행 장애자의 전두엽 실행기능의 결함. 중앙대학교 대학원 석사학위 논문.

정희정·이재연(2008). 경계선 지적 기능 아동의 특성. 한국특수교육학회, 특수교육학 연구, 42(4), 43-66.

조봉환·임정희(2002). 게임을 이용한 행동적 집단 상담이 ADHD 아동의 행동변화에 미치는 효과. 아동학회지, 23(5), 167-182.

조영희(2009). 기초학습부진 학생을 효과적으로 지도하는 학교의 특성. 서울대학교 대학원 석사학위 논문.

조혜란(2006). 게임집단놀이프로그램이 충동성 감소에 미치는 효과. 대전대학교 대학원 석사학위 논문.

채규만(1997). 학습부진아의 원인과 학교에서의 대책. 학습부진아 교육을 위한 세미나 자료집. 서울: 한국교육개발원.

천유진(2009). 보드게임을 통한 우연적 어휘학습이 중학교 영어학습자의 어휘 의미 습득과 읽기 능력 향상에 미치는 효과. 이화여자대학교 교육대학원 석사학위 논문.

최다정(2005). 집단게임 놀이치료가 ADHD 아동의 부적응 행동 감소에 미치는 영향. 대구대학교 재활과학대학원 석사학위 논문.

최영(2002). 집중하지 못하고 산만한 아이들. 인터넷 사이트: 소아 청소년 정신건강클리닉.

팽혜원(2006). 집단게임 놀이치료가 정신지체 아동의 정서 지능 향상에 미치는 효과. 고려대학교 교육대학원 석사학위 논문.

하진경(2000). 게임과 노래를 통한 영어 학습부진아의 듣기, 말하기 능력에 미치는 효과. 인하대학교 교육대학원 석사학위 논문.

한국교육개발원(1991). KEDI-WISC. 서울: 특수교육.

한국교육개발원(1998). 학습부진아 교육을 위한 세미나. 서울: 한국교육개발원.

한선희(2012). 구조화된 보드게임을 활용한 놀이치료가 내재화 장애 위험 아동의 자기표현과 주의 집중에 미치는 효과. 단국대학교 대학원 석사학위 논문.

한소희(2002). 고기능 자폐 아동의 실행기능 결함과 마음이론. 이화여자대학교 석사학위 논문.

한은미·이영철·박근필(2018). 보드게임을 활용한 연산전략이 중도 지적장애 학생의 덧셈과 뺄셈 능력에 미치는 영향. 특수교육 재활과학연구, 57(3), 77-96.

한현주(2005). 정서 지능 프로그램이 ADHD 성향이 있는 아동의 정서 지능, 사회적 기술 및 실행기능에 미치는 영향. 미간행 석사학위 청구논문 덕성여자대학교.

홍성자(2006). 게임 놀이활동이 ADHD 아동의 주의력 결핍, 과잉행동 및 충동성에 미치는 효과. 대진대학교 대학원 석사학위 논문.

Alexander, F. & French, T. (1946). The principle of comective emotional experience. *Psychoanalytic principles and application*(pp. 66-77). New York: Ronald.

Alexander, M. & Strauss. D. (2000). Disoders of frontal lobe functioning. *Serminars in Neurology, 20*, 427-437.

Americal Psychiatric Association (1994). *Diagnostic and Statistical Manual of Mental Disorder*(4th ed.). Washington DC: American Psychiatric Press.

Anderson, P. (2002). Assement and developent of Executive function during childhood. *Child Neuropsychology, 8*(2), 71-82.

Avendon, E. M. & Sutton-Smith, B. (1971). *The study games.* New York: Wiley.

Bamish, H. H., Saunders, M., & Wolf, M. (1969). Good behavior game: Effects of indiviual contingencies for group consequences on disruptive behavior in a classroom. *Journal of Applied Behavior Analysis, 2*, 119-124.

Baley, N. (1993). *Manual for the Baley Scales of infant Development.* New York: Psychological Corp.

Barkley, R. A. (1997). Behavioral inhibition, sustained attention and executive funtion: contructing a unifying theory of ADHD. *Psychological Bulletin, 121*(1), 65-94.

Barkley, R. A., Grodzinsky, G. & DuPaul, G. (1992). Frontal lobe functions in attention deficit disorder with and without hyperactivity: A review and research report. *Journal of Abnormal child Psychology*, 20, 163-188.

Baron-Cohen, S. & Swettenham, J. (1997). Theory of mind in autism: Its relationship to executive function and central coherence. In D. J. Cohen & F. R. Volkmar(Eds.), *Handbook of autism and pervasive developmental disorders*(2nd ed.)(pp. 880-893).

Baumeister, R. F. & Senders, P. S. (1988). Identity development and the role structure of children's games. *Journal of Genetic Psychology, 52*, 163-176.

Bay-Hinitz, A. K., Peterson, R. F., & Quilitch, H. R. (1994). Cooperative games: A way to modify aggressive and cooperative behavior in young children. *Journal of Applied Behavior Analysis, 27*, 435-466.

Beach, F. (1945). Current concepts of play in animals. *American Naturalist, 79*, 523-541.

Beiser, H. R. (1979). Formal games in diagnosis and therapy. *Journal of Child Psychiatry, 18*, 480-490.

Bellinson, J. (2000). Shut up and move: The uses of board games in child psychotherapy. *Journal of infant, child and Adolescent Psychotherapy, 1*(2), 23-41.

Berg, B. (1989). Cognitive play therapy for children of divorce. In P. A. Keller & S. R. Herman, *Innovations in clinical practice*(vol. 8, pp. 143-173). Sarasota, F. I.: Professional Resoirce Exchange.

Berk, L. E. (2002). *Child Development*. Boston: Allyn & Bacon.

Berlin, I. N. (1986). The use of competitive games in play therapy. In C. Schaefer & S. Reid(Eds.), *Game play: Therapeutic use of childhood games*(pp. 197-214). New York: Wiley.

Bettelheim, B. (1972). Play and education. *School Review*, *81*, 1-13.

Bow, J. N. & Goldberg, T. E. (1986). Therapeutic used of games with a fine motor component. In C. E. Schaefer & S. E. Reid(Eds.), *Game play: Therapeutic use of childhood games*(pp. 243-255). New York: Wiley.

Bridges, B. A., Powell, D. K., Hamptor, M. A. & Chapman, J. E. (1989). *Star bound: A life skills program for children*. Arlington, TX: Fourth Street.

Burks, H. F. (1978). *Psychological meanings of the Imagine game*. Huntington Beach, CA: Arder.

Caruth, E. & Ekstein, R. (1996). Interpreatation within the metaphor: Futher considerations. In R, Ekstein(Eds.), *Children of time and space, of action and impulse*(pp. 158-166). New York: Appleton-Century-Crofts.

Cheung, M. (2006). *Therapeutic games and guided imagery*. LyceumBooks, Inc.

Cheung, M. (2010). 치료적 게임과 상상유도: 아동, 청소년, 가족의 정신건강을 위한 게임놀이 치료활동(박성옥, 김윤희, 백지은 역). 서울: 창지사.

Clarke, B. & Schooech, D. (1994). A computer-assisted therapeutic model for children and adolescents: Initial development and comments. *Computers in Human Servies*, *11*(1-2). 121-140.

Cooper, S. & Waneman, I. (1977). *Children in treatment: A primer for beginning psychotherapists*. New York: Brunner/Mazel.

Crocker, J. W. & Wroblewski, M. (1975). Using recreational game in couseling. In Schaefer, C.E. & Reid, S. E. (2001). *Game Play: Therapeutic used of childhood game*. New York: Wiley.

Cron, E. A. (1998). *The Feeling word game* {Game}. Available from the Feeling Word Game. 316 East Street, Rochester, MI 18307.

Ellis, A. (1962). *Reason and emotion in psychotherapy*. New York: Lyle Stuart.

Emick, B. & Welsh, M. C. (2005). Association between formal perational thought and Executive Function as Measured by the Tower of Hanoi-Revised. *Learnign and Individual Difference*, *16*, 145-167.

Erikson, E. (1950). *Childhood and society*. New York: Wiley.

Fox, N. A. & Pine, D. S. (2012). Temperament and the emergence of anxiety disorders. *Journal of the American academy of child and Adolescent Psychiatry*, *51*(2), 125-128.

Frey, D. (1986). Communication boardgames with chindren. In C. Schaefer & S. Reid(Eds). *Game play: Therapeutic use of childhood games*(pp. 21-40). New York: Wiley.

Gardner, R. A. (1973). *The talking, feeling, and doing game*. Cresskill, NJ: Creative Therapeutic. W.

Gardner, R. A. (1986). The game of checkers in child therapy. In C. Schaefer & S. Reid(Eds). *Game play: Therapeutic use of childhood games*(pp. 215-232). New York: Wiley.

Garvey, C. (1977). Play: cambridge, MA: Harvard University Press. youthful offenders. *Simulation and Games*, *17*, 460-466.

Groos, K. (1998). *The play of animals* (E. Balkwin, Trans.). New York: Appleton.

Hromek, R. & Roffey, S. (2009). Promoting Social and Emotional Learning With Games: "It's Fun and We Learn Things". June 15, Research Article.

Hughes, C. (1998). Executive function in preschoolers: Links with theory of mind and verbal ability. *British Journal of Developmental Psychology*, *16*, 223-253.

James, W. (1980). *Principles of Psychology*. New York: Hold.

Jones, C. H. (1995). *Academic skills and attitudes toward intelligence*(ERIC Document Reproduction No. ED 272349).

Kaznowski, K. (2004). Slow Learners: Are Educators Leaving Them Behind?. *MASSP Bullein*, *88*(641), 31-45.

Kendall, P. C. (1992). *Cognitive-behavioral therapy for impulsive children tretment manual / Stop and think Workbook*(2nd ed.). Temple University, De partment of Psychology, Philadelphia.

Kirk, S. A., Grallagher, J. J., & Anastasiow, N. J. (2003). *Educating exceptional children*(10th ed.). New York: Houhton Mifflin company.

Knell, M. S. (1993). *Cognitive-behavioral Play therapy*. Northvalue, NJ: Jason Aronson.

LaBerge, D. L. (1990). Attention. *Psychological Science*, *1*, 152-160.

LeCroy, C. W. (1987). Teaching children social skills: A game format. *Social Work*, *32*, 440-442.

Levin, H., Culhane, K., Hartmann, J., Evankovich, K., Mattson, A., Haward, H., Ringholz, Ewing-Cobbs, L., & Fletcher, J. (1992). Developmental changes in performance on tests of purpoted frontal lobe functioning. *Developmental Neuropsychology*, *7*, 377-395.

Levinson, B. M. (1976). The use of checkers in therapy. In C. Schaefer(Eds.), *The therapeutic use of child's play*(pp. 383-390). New York: Aronson.

Levy, F. (1980). The development of sustained attention in children: Some normative data. *Journal of Child Psychology& Psychiatry & Allied Disciplines*, *21*, 77-84.

Lezak, M. D. (1995). *Neuropsychological assessment*(3rd ed.). Oxford: Oxford University Press.

Loomis, E. A. (1957). The use of checkers in handling certain resistances in child therapy and child analysis. *Journal of the American Psychoanalytic Association*, *5*, 130-135.

Luber, J. O. & Lubar, J. F. (1984). Electronicephalo-graphic biofeedback of SMR and beta for treatment of attention deficit disorders in a clinical setting. *Biofeedback and Self-Regalation*, *9*(1), 1-23.

Luria, A. R. (1996). *The Working brain: Introduction to neuropsychology*. New York: Basic Books.

Matorin, A. I. & McNamara, J. R. (1996). Using board game in therapy with children. *International Journal of Play Therapy*, *5*(2), 3-16.

MacMillan, D., Gresham, F., Bocian, K., & Lambros, K. (1998). Current Plight of borderine students: Where do they belong?. *Education and Training in Mental Retardation and Developmental Disabilities*, *33*(2), 83-94.

Meeks, J. (1970). Children who cheat at games. *Journal of Child Psychiatry*, *9*, 157-174.

Montague, M. & Applegate, B. (1993). Middle school students mathematical problem solving: An analysis of think-aloud protocols. *Learning Diability Quarterly*, *16*, 19-32.

Moray, A. (1969). *Attention selective process in vision and audition*. New York: Academic Press.

Muller, Zelazo, & Sarah (2005). Executive function and children's understanding of false belief: How specific is relation?. *Cognitive Development*, *20*, 173-189.

Nelson, I. & Davis, J. M. (1997). DST studies in psychotic depression. Ameta analysis. *American Journal of Psychiatry*, *154*, 1497-1503.

Nickerson, E. T. & O'Laughlin, K. B. (1980). It's fun-but will it work? The use of games as a therapeutic medium for children and adolescents. *Journal of Clinical Child Psychology*, *9*, 78-81.

Nigg, J. T. (2001). Is ADHD a disinhibitory disorder?. *Psychological Bulletin*, *127*, 571-598.

O'Connor, K. J. (1991). *The play therapy primer: An integration of theories and techniques*. New York: Willey.

O'Connor, K. J. (2001). *The Play therapy primer*. New York: Jone Wiley & Sons.

Oisen-Rando, R. A. (1994). Proposal for development of a computerized version of the Talking, Feeling, and Doing Game. *Computers in Human Services*, *11*, 69-80.

Ozonoff, S. (1998). Assessment and remediation of executive dysfunction in autism and asperger syndrome. In E. Schopler & G. B. Peller, L. F. (1954). Libidinal development as reflected in play. *Psychoanalysis*, *3*, 3-11.

Parmenter, T. R. (1986). Bridges from school to working life for handicapped youth: The view from Australia. New International Exchange of Experts and Information in Rehabilitation.

Pennington, B. F. (1996). Executive Functions of developmental psychology. *Journal of child psychology & psychiatry, 37*, 51-87.

Perner, J. & Lang, H. (2000). *Understanding the representational mind.* Cambrige, MA: MIT Press.

Piaget, J. (1962). *Play, dreams and imitation in childhood.* New York: Norton.

Piek, Murray, & Hallmayer, S. N. (2004). *Social Skill Rating System. Circle Pines.* MN: American Guidence Service.

Pine, F. (1990). *Drive, ego, self and object.* New York: Basic Books.

Plant, F. (1979). Play and adaptation. *Psychoanalytic Study of the Child, 4*, 217-232.

Posner, M. I. & Rafal, R. D. (1987). Cognitive theories of attention and the rehabilitation of attentional deficits. In J. J. Meier, A. L. Benton, & L. Diller, *Neuropsychological Rehabilitation.* New York: Guilford.

Provost, P. (1981). *Immediate effects of film-medicated cooperative games on children's prosocial behavior.* Master's thesis, Ottawa, Canada.

Rapin, I. (1997). Classification and causal issues in autism. In S. Goldstein & C. R. Reynods(Eds.), *Handbook of Neuro developmental and Genetic Disorder in Children.* New York: The Guilfork Press.

Reid, S. E. (1993). It's all in the game: Game play therapy. In T. Kottman & C. Schaefer(Eds.), *Play therapy in action: A casebook for practitioners*(pp. 527-560). New York: Aronson.

Reid, S. E. (2001). The psychology of play and games. In C. E. Schaefer & S. E. Reid(Eds.), *Games play: Therapeutic use of childhood games*(2nd ed., pp. 1-36). New York: Wiley, 1-36.

Resnick, H. (1986). Electronic technology and rehabilotation: A computerized imulation game for youthful offenders. *Simulation and Games, 17*, 460-466.

Rogers, M., Miller, N., & Hennigan, K. (1981). Cooperative games as an intervention to promote cross-raxial acceptance. *American Educational Research Journal, 18*, 513-516.

Rourke, B. P. (1985). Overview of learning disabilities subtypes. In B. P. Bourke(Eds.), Neuropsychology of learning disabilities: *Essential of subtype analysis.* New York: Gilford Press.

Salend, S. J., Reynolds, C. J., & Coyle, E. M. (1989). Individualzing the Good Behavior game across type and frequency of behavior with emotionally disturbed children. *Behavior Modification, 13*, 108-126.

Schaefer, C. E. & Cangelosi, D. M. (2002). *Play therapy techniques.* NJ: Janson Aronson.

Schaefer, C. E. & Reid, S. E. (1986). *Game play: Therapeutic use of childhood games.* New York: Wiley.

Schaefer, C. E. & Reid, S. E. (2002). *Game play: Therapeutic use of childhood gamens*(2nd ed.). NJ: Wiley & Sons, Inc.

Searle, R. & Streng, I. C. (1996). *Life games: The divorce and separated game*. London: Jessica Kingsley.

Serok, S. & Blum, A. (1983). Therapeutic use of games. *Residental Group Care and Treatment*, *1*, 3-14.

Shapiro, L. E. (1993). *The book of psychotherapeutic games*. King of Prussia, PA: Center for Applied Psychology.

Silva, P. A. (1980). The prevalence stability and significance of developmental language delay in preschool children. *Developmental Medicine and Child Neurology*, *22*, 768-777.

Silverman, T. M. & Riodan, K. (1974). Study skills training for high risk freshman. *Journal of College Personnel*, *5*, 63-67. Proven strategies for suceessful learning. OH: Bell & Howell Company.

Sohlberg, M. & Mateer C. (1989). *Introduction to cognitive rehalbilitation*. New York: Guilford Press.

Solso, R. L. (1995). Attention. *Cognitive Psychology*, *4*, 122-150.

Sutton-Smith, B. (1961). Cross-cultural study of children's game. *American Philosophical Society Yearbook*, 426-429.

Sutton-Smith, B. & Roberts, J. M. (1971). The cross-sulrural and psychological study of games. *International Review of Sport Sociology*, *6*, 79-87.

Swanson, A. J. (1986). Using games to improve self-control deticits in children. In C. Schacfer & S. Reid(Eds.), *Game play: Therapeutic use of childhood games*(pp. 233-242). New York: Wiley.

Swanson, H. L. (1994). Short-term memory and working memory: Do both contribute to our understanding of academic achievment in children and adults with learning diabilities?. *Journal of Learning Diabilities*, *27*, 34-50.

Thome, E. M. (1982). The child's use of a game to do grief work. In E. T. Nickerson & K. O'Laughlin(Eds.), *Helping through action: Action-oriented therapies*(pp. 202-205). Amherst, MA: Human Resoure Development Press.

Trimble, D. (2001). Making sense in conversations about learning disabilities. *Journal of Marital and Family Therapy*, *27*(4), 473-486.

Ulloa, R. E., Birmaher, B., Axelson, D., Williamso, D. E., Brent, D. A., Ryan, N. D., Bridge, J., & Baugher, M. (2000). Psychosis in a pediatric mood and anxiety disorders clinic: Phenomenology and correlates. *Journal of the American academy of child and Adolescent Psychiatry*, *39*, 337-345.

Vlosky, M. (1986). *Our game*. Broomfield, CO: Transitional Dynamics.

Welsh, M. C. & Pennington, B. F. (1988). Assessing frontal lobe functioning in children: Views from developmental psychology. *Developmental Neropsycholgy*, *4*, 199-230.

Wender, P. H. (1971). *Minimal grain dysfunction in children*. New York: Wiley.

Wittman, J. P., Strohmer, D. C., & Prout, H. T. (1989). Problems presented by peersons of mentally retarded and borderline intellectual functioning in counseling: An exploratory investigation. *Journal of Applied Rehabilitation Counseling*, *20*(2), 8-13.

Yalom, I. D. (1995). *The theory and practice of group psychotherapy*(4th ed.). New York: Basic Books.

Zakich, R. (1975). *The ungame*. Anaheim, CA: Ungame Company.

Zetlin, A. & Murtaaugh, M. (1990). Whatever happened to those with borderline IQs?. *American Journal on Mental Retardation*, *94*(5), 463-469.

1. 아동불안 상태 및 특성 척도

특성불안척도(STAI-X1)

이름 ______________ 연령 ____세 성별 ______ 작성일 _________년 ____월 ____일

다음 문장은 사람들이 자신을 표현하는 데 사용되는 것입니다. 각 문장을 잘 읽고 문장의 오른편에 있는 네 개의 항목 중에서 당신이 지금 이 순간에 바로 느끼고 있는 상태를 가장 잘 나타내 주는 문항 하나에 동그라미를 표시하여 주십시오.

	질 문 사 항	전혀 그렇지 않다	조금 그렇다	보통 그렇다	대단히 그렇다
*1	나는 마음이 차분하다.	①	②	③	④
*2	나는 마음이 든든하다.	①	②	③	④
3	나는 긴장되어 있다.	①	②	③	④
4	나는 후회스럽고 서운하다.	①	②	③	④
*5	나는 마음이 편하다.	①	②	③	④
6	나는 당황해서 어찌할 바를 모르겠다.	①	②	③	④
7	나는 앞으로 불행이 있을까 걱정하고 있다.	①	②	③	④
*8	나는 마음이 놓인다.	①	②	③	④
9	나는 불안하다.	①	②	③	④
*10	나는 편안하게 느낀다.	①	②	③	④
*11	나는 자신감이 있다.	①	②	③	④
12	나는 짜증스럽다.	①	②	③	④
13	나는 마음이 조마조마하다.	①	②	③	④
14	나는 극도로 긴장되어 있다.	①	②	③	④
*15	내 마음은 긴장이 풀려 푸근하다.	①	②	③	④
*16	나는 만족스럽다.	①	②	③	④
17	나는 걱정하고 있다.	①	②	③	④
18	나는 흥분되어 어쩔 줄 모른다.	①	②	③	④
*19	나는 즐겁다.	①	②	③	④
*20	나는 기분이 좋다.	①	②	③	④

평가자 기록란 총 점 ______________ 평 가 ________________________________

상태불안척도(STAI-X2)

이름 ____________ 연령 ___세 성별 _____ 작성일 _______년 ___월 ___일

다음 문장들은 사람들이 자신을 표현하는 데 사용되는 것들입니다. 각 문장을 잘 읽고 문장의 오른편에 있는 네 개의 항목 중에서 당신이 지금 이 순간에 바로 느끼고 있는 상태를 가장 잘 나타내 주는 문항 하나에 동그라미를 표시하여 주십시오.

	질 문 사 항	전혀 그렇지 않다	조금 그렇다	보통 그렇다	대단히 그렇다
*1	나는 기분이 좋다.	①	②	③	④
2	나는 쉽게 피로해진다.	①	②	③	④
3	나는 울고 싶은 심정이다.	①	②	③	④
4	나도 다른 사람들처럼 행복했으면 한다.	①	②	③	④
5	나는 마음을 빨리 정하지 못해서 실패한다.	①	②	③	④
*6	나는 마음이 놓인다.	①	②	③	④
*7	나는 차분하고 침착하다.	①	②	③	④
8	나는 너무 많은 여러 문제가 밀어 닥쳐서 극복할 수 없을 것 같다.	①	②	③	④
9	나는 하찮은 일에 너무 걱정을 한다.	①	②	③	④
*10	나는 행복하다.	①	②	③	④
11	나는 무슨 일이건 힘들게 생각한다.	①	②	③	④
12	나는 자신감이 부족하다.	①	②	③	④
*13	나는 마음이 든든하다.	①	②	③	④
14	나는 위기나 어려움을 피하려고 애쓴다.	①	②	③	④
15	나는 울적하다.	①	②	③	④
*16	나는 만족스럽다.	①	②	③	④
17	사소한 생각이 나를 괴롭힌다.	①	②	③	④
18	나는 실망을 지나치게 예민하게 받아들이기 때문에 머릿속에서 지워 버릴 수가 없다	①	②	③	④
*19	나는 착실한 사람이다.	①	②	③	④
20	나는 요즘의 걱정이나 관심거리를 생각하면 긴장되거나 어찌할 바를 모른다.	①	②	③	④

평가자 기록란 총 점 ____________ 평 가 ____________________________

아동 특성불안 척도 지침서
(Trait Anxiety Inventory for Children: TAIC)

척도 내용	1. 아동의 특성불안 측정 2. 특성불안은 불안을 일으키는 경향으로 개인이 지니고 있는 지속적인 특성을 의미 3. Spielberger의 성인용 특성불안 척도를 소아들이 이해하기 쉬운 형태로 변형시킨 것으로 총 20문항으로 구성
실시 방법	자기보고식, 평소에 어떻게 느끼고 있는가를 3점 척도상으로 표시
채점 방법	각 문항의 점수를 합산하여 총점 구함 • 그런 일이 거의 없다 = 1점 • 때때로 그렇다 = 2점 • 자주 그렇다 = 3점
해석 지침	1. 점수의 범위 • 20~60점 2. 한국판 연구 • 초등학생 집단(4 · 5 · 6학년 522명): 평균점수 31.96점(표준편차 7.13) 3. 상기 연구 결과를 토대로 다음과 같이 평가할 수 있음 • 39~42점: 특성불안 수준이 약간 높음 • 43~46점: 특성불안 수준이 상당히 높음 • 47점 이상: 특성불안 수준이 매우 높음
척도의 출처	1. 한국판 조수철, 최진숙(1989). 한국형 소아의 상태 · 특성불안척도의 개발. 서울의대정신의학, 14권 3호, 150-157. 2. 원판 Spielberger, C. D. (1972). Manual for the State-Trait Anxiety Inventory for Children. Palo Alto, Consulting Psychologist Press.

아동 상태불안 척도 지침서
(State Anxiety Inventory for Children: SAIC)

척도 내용	1. 아동의 상태불안 측정 2. 상태불안은 특수한 상황에서 자율신경계의 각성으로 인해 야기된 일시적인 불안 상태를 의미 3. Spielberger의 성인용 상태불안 척도를 소아들이 이해하기 쉬운 형태로 변형시킨 것으로 총 20문항으로 구성
실시 방법	자기보고식, 현재 어떻게 느끼고 있는가를 3문항 중 하나에 표시
채점 방법	각 문항의 점수를 합산하여 총점 구함 • 첫 번째 문장 = 1점 • 두 번째 문장 = 2점 • 세 번째 문장 = 3점
해석 지침	1. 점수의 범위 • 20~60점 2. 한국판 연구 • 초등학생 집단(4·5·6학년 522명) • 평상시 평균점수 33.27점(표준편차 7.67) • 시험 직전 평균점수 36.44점(표준편차 8.48) 3. 상기 연구 결과를 토대로 다음과 같이 평가할 수 있음 • 41~44점: 상태불안 수준이 약간 높음 • 45~48점: 상태불안 수준이 상당히 높음 • 49점 이상: 상태불안 수준이 매우 높음
척도의 출처	1. 한국판 조수철, 최진숙(1989). 한국형 소아의 상태·특성불안척도의 개발. 서울의대정신의학, 14권 3호, 150-157. 2. 원판 Spielberger, C. D. (1972). Manual for the State-Trait Anxiety Inventory for Children. Palo Alto, Consulting Psychologist Press.

2. 아동우울척도

아동우울척도
(Kovacs' Children's Depression Inventory: CDI)

이름 ______________ 연령 ____ 성별 남, 여 작성일 ________년 ____월 ____일

다음 각 문항에는 여러분의 느낌과 생각에 대한 것이 적혀 있습니다. 그중에서 지난 2주 동안의 나를 가장 잘 나타내어 주는 문장을 하나 골라 주십시오. 이것은 정답을 고르는 것이 아닙니다. 단지 자신에게 가장 잘 해당된다고 생각하는 것을 하나 골라 주시면 됩니다. 왼쪽 괄호에 표시하여 주십시오.

번호	문항	번호	문항
1	( ) 나는 가끔 슬프다. ( ) 나는 자주 슬프다. ( ) 나는 항상 슬프다.	7	( ) 나는 나 자신을 좋아한다. ( ) 나는 나 자신을 좋아하지 않는다. ( ) 나는 나 자신을 미워한다.
2	( ) 나에겐 모든 일이 제대로 되어 갈 것이다. ( ) 나에게 제대로 되어 가는 일이란 없다. ( ) 나는 일이 제대로 되어 갈지 확신할 수 없다.	8	( ) 잘못되는 일은 보통 내 탓이 아니다. ( ) 잘못된 일 중 내 탓인 것이 많다. ( ) 잘못된 일은 모두 내 탓이다.
3	( ) 나는 대체로 무슨 일이든 웬만큼 한다. ( ) 나는 잘 못하는 일이 많다. ( ) 나는 모든 일을 잘 못한다.	9	( ) 나는 자살을 생각하지 않는다. ( ) 나는 자살에 대하여 생각은 하지만, 그렇게 하지는 않을 것이다. ( ) 나는 자살하고 싶다.
4	( ) 나는 재미있는 일들이 많다. ( ) 나는 재미있는 일들이 더러 있다. ( ) 나는 어떤 일도 전혀 재미가 없다.	10	( ) 나는 때때로 울고 싶은 기분이 든다. ( ) 나는 울고 싶은 기분인 날도 많다. ( ) 나는 매일 울고 싶은 기분이다.
5	( ) 나는 가끔 못됐다. ( ) 나는 못됐을 때 많다. ( ) 나는 언제나 못됐다.	11	( ) 간혹 이 일 저 일로 해서 성가실 때가 있다. ( ) 이 일 저 일로 해서 성가실 때가 많다. ( ) 이 일 저 일로 해서 늘 성가시다.
6	( ) 나는 가끔씩 나에게 나쁜 일이 일어나지 않을까 생각한다. ( ) 나는 나에게 나쁜 일이 일어날까 걱정한다. ( ) 나는 나에게 무서운 일이 일어나리라는 것을 확신한다.	12	( ) 나는 사람들과 함께 있는 것이 좋다. ( ) 나는 사람들과 함께 있는 것이 싫을 때가 많다. ( ) 나는 사람들과 함께 있는 것을 전혀 원치 않는다.

13
( ) 나는 쉽게 결정을 내린다.
( ) 나는 어떤 일에 대한 결정을 내릴 수가 없다.
( ) 나는 어떤 일에 대한 결정을 내리기가 어렵다.

14
( ) 나는 괜찮게 생겼다.
( ) 나는 못생긴 구석이 약간 있다.
( ) 나는 못 생겼다.

15
( ) 나는 별로 어렵지 않게 학교 공부를 해낼 수 있다.
( ) 나는 학교 공부를 해내려면 많이 노력해야만 한다.
( ) 나는 학교 공부를 해내려면 언제나 노력하여야만 한다.

16
( ) 나는 잠을 잘 잔다.
( ) 나는 잠들기 어려운 밤이 많다.
( ) 나는 매일 밤 잠들기가 어렵다.

17
( ) 나는 가끔 피곤하다.
( ) 나는 자주 피곤하다.
( ) 나는 언제나 피곤하다.

18
( ) 나는 밥맛이 좋다.
( ) 나는 밥맛이 없을 때가 대부분이다.
( ) 나는 밥맛이 없을 때가 많다.

19
( ) 나는 몸이 쑤시고 아프다든지 하는 것에 대해 걱정을 하지 않는다.
( ) 나는 몸이 쑤시고 아픈 것에 대해 걱정할 때가 많다.
( ) 나는 몸이 쑤시고 아픈 것에 대해 항상 걱정한다.

20
( ) 나는 외롭다고 느끼지 않는다.
( ) 나는 자주 외롭다고 느낀다.
( ) 나는 항상 외롭다고 느낀다.

21
( ) 나는 학교생활이 재미있을 때가 많다.
( ) 나는 가끔씩 학교생활이 재미있다.
( ) 나는 학교생활이 재미있었던 적이 없다.

22
( ) 나는 친구가 많다.
( ) 나는 친구가 좀 있지만 더 있으면 한다.
( ) 나는 친구가 하나도 없다.

23
( ) 나의 학교 성적은 괜찮다.
( ) 나의 학교 성적은 예전처럼 좋지는 않다.
( ) 내가 예전에 무척 잘하던 과목에서 요즘에 성적이 뚝 떨어졌다.

24
( ) 나는 다른 아이들처럼 착하다.
( ) 나는 내가 마음만 먹으면 다른 아이들처럼 착할 수 있다.
( ) 나는 절대로 다른 아이들처럼 착할 수 없다.

25
( ) 분명히 나를 진심으로 좋아하는 사람이 있다.
( ) 나를 진심으로 좋아하는 사람이 있을지 확실하지 않다.
( ) 나를 진심으로 좋아하는 사람은 아무도 없다.

26
( ) 나는 나에게 시킨 일을 대체로 한다.
( ) 나는 나에게 시킨 일을 대체로 하지 않는다.
( ) 나는 나에게 시킨 일을 절대로 하지 않는다.

27
( ) 나는 사람들과 사이좋게 잘 지낸다.
( ) 나는 사람들과 잘 싸운다.
( ) 나는 사람들과 언제나 싸운다.

평가자 기록란 총 점:

평 가:

아동우울척도 지침서
(Kovacs' Children's Depression Inventory: CDI)

척도 내용	1. 아동의 우울 정도 측정 2. Beck의 우울척도를 8~13세 연령의 소아에 맞도록 변형시킨 문항으로 구성 3. 총 27문항
실시 방법	• 자기보고식 • 자신의 기분상태를 각 문항에서 기술하는 3개 문장 중 하나에 표시하도록 함
채점 방법	각 문항의 점수를 합산하여 총점을 구함 • 첫 번째 문장 = 0점 • 두 번째 문장 = 1점 • 세 번째 문장 = 2점
해석 지침	1. 점수의 범위: 0~54점 2. 한국판 연구 • 초등학생 집단(4 · 5 · 6학년 288명): 평균점수 14.72점(표준편차 7.13) • 성별, 연령별, 학년별로 유의미한 차이는 없음 3. 상기 연구 결과를 토대로 다음과 같이 평가할 수 있음 • 22~25점: 약간의 우울 상태 • 26~28점: 상당한 우울 상태 • 29점 이상: 매우 심한 우울 상태
척도의 출처	1. 한국판 조수철, 이영식(1990). 한국형 소아 우울척도의 개발. 신경정신의학, 29, 943-956. 2. 원판 Kovacs, M. (1983). The Children's Depression Inventory: A Self-rated Depression Scale for School-aged Youngsters. Unpublished Manuscript. University of Pittsburgh.

3. ADHD 척도

주의력결핍 과잉행동 평가척도

아동명 ______________ 성별 _____ 나이 ___살 ___학년

작성자 ______________ 작성일자 ________년 ___월 ___일

다음의 질문들은 당신의 자녀에 관한 것입니다. 당신의 자녀가 지난 일주일 동안 집 안에서 보인 행동을 가장 잘 기술한 번호에 동그라미 치십시오

관찰된 행동	전혀 혹은 그렇지 않다	때때로 그렇다	자주 그렇다	매우 자주 그렇다
1. 학교수업이나 일, 혹은 다른 활동을 할 때 주의집중을 하지 않고 부주의해서 실수를 많이 한다.	0	1	2	3
2. 가만히 앉아 있지 못하고 손발을 계속 움직이거나 몸을 꿈틀거린다.	0	1	2	3
3. 과제나 놀이를 할 때 지속적으로 주의집중하는 데 어려움이 있다.	0	1	2	3
4. 수업시간이나 가만히 앉아 있어야 하는 상황에서 자리에서 일어나 돌아다닌다.	0	1	2	3
5. 다른 사람이 직접 이야기하는 데도 잘 귀 기울여 듣지 않는 것처럼 보인다.	0	1	2	3
6. 상황에 맞지 않게 과도하게 뛰어다니거나 기어오른다.	0	1	2	3
7. 지시에 따라서 학업이나 집안일이나 자신이 해야 할 일을 끝마치지 못한다.	0	1	2	3
8. 조용히 하는 놀이나 오락활동에 참여하는 데 어려움이 있다.	0	1	2	3
9. 과제나 활동을 체계적으로 하는 데 어려움이 있다.	0	1	2	3

관찰된 행동	전혀 혹은 그렇지 않다	때때로 그렇다	자주 그렇다	매우 자주 그렇다
10. 항상 끊이없이 움직이거나 '마치' 모터가 달려서 움직이는 것처럼 행동한다.	0	1	2	3
11. 공부나 숙제 등 지속적으로 정신적 노력이 필요한 일이나 활동을 피하거나, 싫어하거나, 하기를 꺼려한다.	0	1	2	3
12. 말을 너무 많이 한다.	0	1	2	3
13. 과제나 일을 하는 데 필요한 것들(예: 장난감, 숙제, 연필 등)을 잃어버린다.	0	1	2	3
14. 질문을 끝까지 듣지 않고 대답한다.	0	1	2	3
15. 외부 자극에 의해 쉽게 산만해진다.	0	1	2	3
16. 자기 순서를 기다리지 못한다.	0	1	2	3
17. 일상적으로 활동을 잊어버린다(예: 숙제를 잊어버리거나 도시락을 두고 학교에 감).	0	1	2	3
18. 다른 사람을 방해하고 간섭한다.	0	1	2	3

전체 점수 ______점 (교사 작성 시: 17점 이상/부모 작성 시 19점 이상)
부주의 점수(홀수 문항의 합) ______점
과잉행동/충동성 점수(짝수 문항의 합) ______점

출처: 김영신 · 소유경 · 노주선 · 최낙경 · 김세주 · 고윤주(2003).

코너스 단축형 평정척도(부모, 교사용)

아동명 ______________ 성별 _____ 나이 ____살 ____학년

작성자 ______________ 작성일자 ________년 ____월 ____일

관찰된 행동	전혀 혹은 그렇지않다	때때로 그렇다	자주 그렇다	매우 자주 그렇다
1. 차분하지 못하고 너무 활동적이다.	0	1	2	3
2. 쉽사리 흥분하고 충동적이다.	0	1	2	3
3. 다른 아이들에게 방해가 된다.	0	1	2	3
4. 한 번 시작한 일을 끝내지 못한다: 주의집중 시간이 짧다.	0	1	2	3
5. 늘 안절부절못한다.	0	1	2	3
6. 주의력이 없고 쉽게 주의분산이 된다.	0	1	2	3
7. 요구하는 것이 있으면 금방 들어주어야 한다. 쉽게 좌절한다.	0	1	2	3
8. 자주 또는 쉽게 울어버린다.	0	1	2	3
9. 금방 기분이 확 변한다.	0	1	2	3
10. 화를 터뜨리거나 쉽게 감정이 격해지고 행동을 예측하기 어렵다.	0	1	2	3

* 16점 이상

학교 상황 질문지

아동명 ______________ 성별 _____ 나이 ___살 ___학년

작성자 ______________ 작성일자 ________년 ___월 ___일

위의 아동은 다음의 상황에서 문제가 되는 행동을 합니까? 문제가 된다면 얼마나 심한 정도입니까?

상황	예	아니요	정도 (가볍다)								(심하다)
등교하는 시간에	예	아니요	1	2	3	4	5	6	7	8	9
혼자 책상에서 자습할 때	예	아니요	1	2	3	4	5	6	7	8	9
소집단 활동에서	예	아니요	1	2	3	4	5	6	7	8	9
학급 내 자유놀이 시간에	예	아니요	1	2	3	4	5	6	7	8	9
학급 내 수업 중에	예	아니요	1	2	3	4	5	6	7	8	9
쉬는 시간에	예	아니요	1	2	3	4	5	6	7	8	9
점심 시간에	예	아니요	1	2	3	4	5	6	7	8	9
복도에서	예	아니요	1	2	3	4	5	6	7	8	9
화장실에서	예	아니요	1	2	3	4	5	6	7	8	9
소풍 가서	예	아니요	1	2	3	4	5	6	7	8	9
조회 시간에	예	아니요	1	2	3	4	5	6	7	8	9
학교 버스에서	예	아니요	1	2	3	4	5	6	7	8	9

* “예”에 해당되는 것이 50% 이상

가정 상황 질문지

아동명 ______________ 성별 _____ 나이 ____살 ____학년

작성자 ______________ 작성일자 ________년 ____월 ____일

위의 아동은 다음의 상황에서 문제가 되는 행동을 합니까? 문제가 된다면 얼마나 심한 정도입니까?

상황	예	아니요	정도 (가볍다)								(심하다)
혼자 놀 때	예	아니요	1	2	3	4	5	6	7	8	9
다른 아이들과 놀 때	예	아니요	1	2	3	4	5	6	7	8	9
식사 중	예	아니요	1	2	3	4	5	6	7	8	9
옷을 입힐 때	예	아니요	1	2	3	4	5	6	7	8	9
씻길 때	예	아니요	1	2	3	4	5	6	7	8	9
어른이 전화 걸 때	예	아니요	1	2	3	4	5	6	7	8	9
TV 볼 때	예	아니요	1	2	3	4	5	6	7	8	9
손님이 오셨을 때	예	아니요	1	2	3	4	5	6	7	8	9
다른 집에 데리고 갔을 때	예	아니요	1	2	3	4	5	6	7	8	9
교회, 마트, 가게, 식당 등 공공장소에서	예	아니요	1	2	3	4	5	6	7	8	9
집에서 심부름시킬 때	예	아니요	1	2	3	4	5	6	7	8	9
잠 재우려고 할 때	예	아니요	1	2	3	4	5	6	7	8	9
자동차 속에서	예	아니요	1	2	3	4	5	6	7	8	9
파출부 등 돌보는 사람과 있을 때	예	아니요	1	2	3	4	5	6	7	8	9
학교에서	예	아니요	1	2	3	4	5	6	7	8	9
숙제를 하라고 했을 때	예	아니요	1	2	3	4	5	6	7	8	9

* "예"에 해당되는 것이 50% 이상

4. 반항성 장애 진단척도

이름 ____________ 연령 ___ 성별 남, 여 작성일 ________년 ___월 ___일

본 척도는 부모님이나 어른들에 대한 아동의 반항성 정도를 알아보기 위한 것입니다. 다음의 각 문항을 읽으시고, 여러분의 자녀가 해당되는 란에 ✓ 표시를 하십시오.
다음 중 하나를 선택하시면 됩니다.

( ) 전혀 없음 ( ) 약간 있음 ( ) 상당히 있음 ( ) 아주 심함

	전혀 없음	약간 있음	상당히 있음	아주 심함
1. 사소한 일에도 버럭 화를 낸다.	( )	( )	( )	( )
2. 부모에게 대들고 논쟁을 한다.	( )	( )	( )	( )
3. 부모의 요구나 지시를 무시하거나 거부한다.	( )	( )	( )	( )
4. 고의적으로 타인을 귀찮게 한다.	( )	( )	( )	( )
5. 자신의 실수나 잘못된 행동을 남의 탓으로 돌린다.	( )	( )	( )	( )
6. 쉽게 기분이 상하거나 신경질을 낸다.	( )	( )	( )	( )
7. 쉽게 화내고 다른 사람을 원망한다.	( )	( )	( )	( )
8. 적개심에 차 있거나 앙심을 품고 있다.	( )	( )	( )	( )
각 정도의 합계	( )	( )	( )	( )

평가자 기록란 '상당히' 이상 문항 수:
평 가:

출처: 배대석 · 서완석 · 박종옥 · 홍혜정(2009), 재인용.

5. 경계선 지적 기능을 보이는 일반적 행동 특징

구분	표시
1. 외모상으로는 장애나 결함을 가진 것으로 보이지 않는다.	
2. 구체적으로 콕 집어서 얘기할 수는 없지만 뭔가 부족하다는 느낌을 받는다.	
3. 어릴 때 순한 편이었다.	
4. 말이 늦었다.	
5. 말을 할 때 적절한 단어를 떠올리지 못해서 머뭇거리거나 몸짓으로 표현한다.	
6. 말을 할 때 시제나 어법이 잘 맞지 않는다.	
7. 말수가 적고, 주로 짧은 문장을 사용한다.	
8. 일상적인 대화 이외에 자신의 의견이나 주장을 잘 말하지 않는다.	
9. 자신이 원하는 것이 있을 때, 적절히 이유를 말하지 못한다.	
10. 동일한 연령보다는 자신의 연령보다 어린 아이들과 더 잘 논다.	
11. 자신의 연령보다 더 어린 아이처럼 말하거나 행동할 때가 자주 있다.	
12. 갈등이 생겼을 때 적절히 대응하지 못한다(예: 체격이 큰 데도 불구하고 놀이터에서 작은 아이가 때려도 맞고는 아무 말도 하지 않고 피하기만 한다).	
13. 다른 사람들로부터 연령에 비해 순진하고 착하다는 말을 자주 듣는다.	
14. 행동이 느리다.	
15. 질문했을 때 대답을 들으려면 오래 기다려야 한다.	
16. 다른 사람의 질문을 이해하지 못하는 것처럼 느껴질 때가 있다. 동문서답한다.	
17. 상황에 맞지 않는 말이나 행동을 자주 한다.	
18. 평상시에 순하다가 예상치 못한 순간에 분노 폭발처럼 공격적인 모습을 보일 때가 있다.	
19. 놀이를 할 때 규칙 이해를 어려워한다.	
20. 약속이나 규칙 지키기가 잘 안 된다.	
21. 자기 차례를 기다리기 어려워한다.	
22. 다른 사람이 먼저 말하고 있는데 끼어들어서 말한다.	
23. 친구들 사이에서 따돌림을 당한다.	

구분	표시
24. 친구를 사귀기 어려워하고, 사귄다고 해도 친구관계를 지속하기가 어렵다.	
25. 새로운 것을 가르치려면 여러 번 반복해야 한다.	
26. 금방 알려 주었는 데도 다시 물어보면 잘 모르는 경우가 많다.	
27. 한 가지를 알려 주면 하나는 알지만 조금만 응용이 되면 전혀 적용을 못 한다. 따라서 매번 모든 경우를 알려 주어야 한다.	
28. 1 + 1 = 2라는 것은 아는데 문장(예: 접시 위에 사과 한 개, 배 한 개가 있으면 과일이 모두 몇 개지?)으로 제시되면 어려워하고 풀지 못하는 경우들이 있다.	
29. 단순한 암기나 단순한 계산 등은 시키면 될 때도 있다.	
30. 현재만을 중시하기 때문에 장기적인 목표를 세우기 어렵다.	
31. 학년에 비해 수행 능력이 크게 떨어져 보인다.	
32. 학년이 올라갈수록 학습이 자꾸 뒤쳐진다.	
33. 학년이 올라갈수록 공부를 안 하려고 하고, 시키려 해도 매우 힘들다.	
34. 이 아이와 학습을 하려면 속이 터지고 답답하다는 느낌이 많이 든다.	
35. 집중이 어렵고 산만하다.	
36. 과제를 시키면 시간을 매우 오래 끈다.	
37. 기술을 익히는 시간이 느리다: 어떤 기술은 전혀 익히지 못한다.	
38. 열심히 하는 것 같은데 학습량에 비해 성적이 크게 미치지 못한다.	
39. 교사의 긍정적인 관심을 받는 기회가 드물다.	
40. 학교에서 친하게 지내는 또래가 거의 없다.	
41. 학습도움반이나 특수학급에 들어갈 것을 권유받은 적이 있다.	
42. 학교 가기 싫어한다.	

* 이 중 30 문항이 체크되었다면 전문가의 도움이 필요

출처: 박현숙(2013), 재인용.

[부록 B] 국내 게임놀이치료 관련 연구

1. 인지적 요소와 관련된 게임놀이치료 효과 연구

① 수 개념과 관련한 게임놀이치료 효과

논문 저자	연도	분석 관련 유형	분야	대상	인원	사용한 보드게임	효과
김형식	2015	경인교육대학교 석사학위	교육	초등	초등학생 20명	하노이탑	수 개념
						다빈치코드	
						MAKE10	
						인지니어스	
						카탄의 개척자	
						우봉고	
이규헌	2015	한국교원대 석사학위	교육	고등	고등학생 3명	다빈치코드	수 개념(확률)
김호경	2014	이화여자대학교 석사학위	특수 교육	지적 장애 초등 학생	지적 장애 초등학생 3명	폴즈하이	수 연산 덧셈
						우드퀘이크	
						젠가	
						할리갈리	
전혜경	2014	울산대학교 석사학위	교육	고등	대안학교 고등학생 51명	셈셈피자가게	수 연산 덧셈, 곱셈, 나눗셈
						셈셈테니스	
홍진아	2013	숙명여자대학교 석사학위	복지	유아	유아 20명	모노폴리	수 개념
						오목	수 개념
허정민	2013	목표대학교 석사학위	교육	초등	초등학생 40명	할리갈리	수 개념, 덧셈
						아낄란티스	수 연산
						우노	수 개념
						로보77	수 연산 덧셈
						치킨차차	수 세기
						인생 게임	수 연산 덧셈
						모노폴리	수 연산
						텀블링 몽키	수 세기
						Smart toss Math sports	수 연산 덧셈, 뺄셈, 곱셈
						페르마	사칙연산
						메이크 텐	수 연산 덧셈
						펫나프	수 연산 덧셈, 뺄셈
						스매치	수 계산

논문 저자	연도	분석 관련 유형	분야	대상	인원	사용한 보드게임	효과
정유화	2011	서울교육대학교 석사학위	교육	초등	일반 초등학생	할리갈리 디럭스	수 개념 (수 세기, 수 연산)
						6take	
						젬블로	
						우봉고	
						다빈치코드	
						Set	
						클루	
홍지애	2010	중앙대학교 석사학위	교육	유아	실험 26명 비교 26명	개구리 만세 (Hop hop hooray)	수 세기, 수 연산 공간 개념
						만칼라	수 개념 (수 세기, 수 연산)
						할리갈리	수 개념 (수 세기, 수 연산)
						숫자의 강	수 개념 (수 세기, 수 연산)
심지은	2008	배재대학교 석사학위	교육	유아	실험 20명 통제 20명	두더지 땅파기	수 세기 서수
						Set	연산 분류
오세니	2006	덕성여자대학교 석사학위	교육	유아	실험 및 비교 18명 통제집단 6명	카탄의 아이들	수 세기
박은희 외 10명	2009	포천교육청 연구보고서	교육	초등	일반 초등학생	셈셈과일빙수가게	수 연산 덧셈
						셈셈테니스	수 연산 곱셈
						셈셈눈썰매장	수 연산 나눗셈
박성옥, 김윤희, 조혜란, 이경숙	2009	연구보고서	교육	일반 성인	교육복지 실무자	로보77	수 개념
이향춘, 김윤희	2010	연구보고서	복지	노인	30명	펫나프	계산력
Nickerson, E. T., O'laughlin, K. S.	1983	저서	심리	아동	학습 문제 아동	고피쉬	수 개념
						전쟁 게임	분류, 쌍의 개념
						블랙잭	연산 중 덧셈

② 시공간 능력과 관련한 게임놀이치료 효과

논문 저자	연도	분석 관련 유형	분야	대상	인원	사용한 보드게임	효과
김형식	2015	경인교육대학교 석사학위	교육	초등	초등학생 20명	우봉고	기하 개념 (도형, 공간)
						인지니어스	
이애리	2014	한국교원대학교 석사학위	특수 교육	지적 장애 학생 (중학생)	실험 15명 통제 15명	서펜티나	기하 개념 (도형, 공간) 공간지각력
						믹스	
						쿼리도	
						쉐입스 업	
						어메이징 라비린스	
						헥서스	
						해트릭스	
						블록버스터	
						우봉고 미니	
						젬블로	
정유화	2011	서울교육대학교 석사학위	교육	초등	일반 초등학생	젬블로	기하 개념 (도형)
						우봉고	
윤선례	2011	충남대학교 석사학위	교육	유아	실험 17명 비교 17명	길 만들기	기하 개념 (도형, 공간) 공간 개념
						모자 사냥꾼	
						새 그림 맞추기	
						부고	
						클론다이크	
						해피메트릭스	
						패스트 카드	
						캔디공장	
홍지애	2010	중앙대학교 석사학위	교육	유아	실험 26명 비교 26명	러시아워 주니어	기하 개념 (도형, 공간)
						캣 앤 마우스 (고양이와 쥐)	공간 개념
						라비린스	공간 개념
						블록커스	기하 개념
						펭귄 파일 업	공간 개념
						텀블링 몽키	공간 개념
정윤하	2007	단국대학교 석사학위	교육	ADHD 아동	실험 5명 통제 5명	메이크 앤 브레이크	공간 개념
박성옥, 김윤희, 조혜란, 이경숙	2009	연구보고서	교육	일반 성인	교육복지 실무자	우봉고	시공간 조직화 공간적 추론
이향춘, 김윤희	2010	연구보고서	복지	노인	30명		
박성옥, 김윤희 외	2010	연구보고서	교육	영재	실험 12명 통제 12명	1인용 게임 Hide and seek	시공간 조직화 공간적 추론

논문 저자	연도	분석 관련 유형	분야	대상	인원	사용한 보드게임	효과
김연수	2008	저서	교육	영재 및 아동	일반 아동	우봉고	공간지각력
						루미스	공간지각력 계획적 구성력
						스퀘어 바이 스퀘어	공간지각력
이소정	2007	덕성여자대학교 석사학위	교육	유아	실험 40명 통제 19명	루핑루이	공간의 의미 및 관계 파악
						돼지 쌓기	공각위치지각 공간 인식과 감각
						개구리왕자	공간적 추리 공간적 길이
						돼지들의 경주	공간위치지각
						트위스터	공간 능력
윤미희	2009	대전대학교 석사학위	심리	아동	실험 12명 통제 12명	잼블러	시공간지각력

③ 언어 능력과 관련한 게임놀이치료 효과

논문 저자	연도	분석 관련 유형	분야	대상	인원	사용한 보드게임	효과
윤혜진	2015	부산외국어대학교 석사학위	교육	다문화	다문화가정 자녀	다양한 선의 세계	어휘 능력 향상
						메모리 게임	
						패스트카드	
						거리 좁혀 맞추기	
						터치 마이 하트	
						레이 오브 라이트	
						상식의 세계	
이경자	2014	광주여자대학교 석사학위	교육	유아	유아	Colors(색깔)	언어 표현
						Totty block (아가 블록)	
						Three to match (세 그림 맞추기)	
						1, 2, 3 GO	
						Match turn (짝 찾아 뒤집기)	
						Color bears	
						Hot & cold	

논문 저자	연도	분석 관련 유형	분야	대상	인원	사용한 보드게임	효과
서문혜자	2011	대구대학교 석사학위	치료	아동 (언어 발달 지체)	3명	펭글루 텀블링 몽키 점핑 몽키 볼링 기사단 치킨차차	어휘 의미 습득
조희정	2009	학회발표논문	심리	학습 부진 아동	실험 6명 통제 6명	치킨차차 (변형시킴)	문장 이해 및 기억
조희정	2009	학회발표논문	심리	학습 부진 아동	실험 6명 통제 6명	맘마미아 (변형시킴)	문장 이해 및 기억
김경애	2009	학회지	심리	학습 부진 아동	실험 8명 통제 7명	징고	언어 이해 언어 표현
박성현	2007	단국대학교 석사	교육	특수	실험 12명 통제 12명	딩고	언어 이해 언어 표현
천유진	2008	이화여자대학교 석사	영어 교육	중학생	중학생 42명	시타텔	목표 어휘 발화 수 증가 어휘 의미 습득 읽기 능력 향상
이미남	2007	숭실대학교 석사	교육	유아	실험 8명 통제 8명	유령의 성 애벌레 구슬꿰기 고양이와 쥐 얼음 낚시 너구리 일당 스노우맨	언어 표현력 언어 유창성 언어 상상력 언어 독창성
임지현	2004	단국대학교 석사학위	교육	특수	발달장애 3명	고양이와 쥐 치킨차차	언어 모방 언어 표현
오새니	2004	덕성여자대학교 석사	교육	유아	실험 18명 통제 18명	라우라의 비밀	언어 표현
Paula & v Fara	2004	저서	심리	아동 · 청소년	일반 아동 · 청소년	트위스터	언어 지시 따르기
Reid	2002	저서	심리	아동	스노우맨	모든 카드게임	특정 언어 반응이 계속되어 어휘 능력 향상

④ 실행기능과 관련한 게임놀이치료 효과

영역	논문 저자	연도	분석 관련 유형	분야	대상	인원	보드게임	효과
주의 통제	김은주	2015	대구교육대학교 석사	교육	특수 (ADHD 초등학생)	통제 2명 실험 2명	콘체르토 그로소	집중력
							할리갈리	주의집중력 충동 조절
							젠가	주의집중력 충동 조절
							로보77	주의집중력 충동 조절
	권미영	2013	대구대학교 석사	특수	특수 (학습장애 초등학생)	2명	할리갈리	집중력
	박고은	2013	덕성여자대학교 석사	심리	아동	실험 6명 통제 6명	퍼즐	시각적 주의력 청각적 주의력
	박혜진	2012	대구대학교 석사	심리	아동(ADHD)	남자 4명	퍼즐	주의통제
	음윤성	2012	대전대학교 석사	심리	청소년	중학생 13명	콘체르토 그로소	자기 조절 충동 조절
							슈레이카	자기 조절 충동 조절
	백윤진	2012. 2월	덕성여자대학교 석사	심리	특수	실험 7명 통제 7명	콘체르토 그로소	억제력 증진
							젠가	억제력 증진
							트위스터	주의통제
	김세희	2011	상지대 석사	복지	아동	실험 10명 실험 10명	젬블로	집중력
							콘체르토 그로소	주의집중
	김윤희	2010	대전대학교 박사학위	아동 교육	학습부진 아동 초등 5, 6	실험 6명 통제 6명	콘체르토 그로소	충동 조절 억제력 증진 자기 조절력
							할리갈리 익스트림	충동 조절 억제력 증진 선택적 주의력
							할리갈리	시각적 주의력 억제력, 충동 조절
	윤미희	2009	대전대학교 석사	아동 교육	초등 4	실험 12명 통제 12명	젠가	억제력 증진 충동 조절
							할리갈리	
	박성옥 외 7명	2010	연구보고서	교육	영재 중학생	실험 12명 통제 12명	콘체르토 그로소	충동 조절 억제력 증진 자기 조절력
							할리갈리 익스트림	충동 조절 억제력 증진 선택적 주의력
							픽츄레카	시각적 주의력 억제력, 충동 조절
	김동성	2009	대전대학교 석사	아동 교육	부모 · 자녀	부모 · 자녀 8명	트위스터	자기 조절 충동 조절

영역	논문 저자	연도	분석 관련 유형	분야	대상	인원	보드게임	효과
주의 통제	원안나	2009	대전대학교 석사	아동 교육	초등 3	사례 4명	콘체르토 그로소	충동 조절
							밤블레오	주의집중력 충동 조절
							게스후	주의집중력 주의통제
							퍼펙션	주의통제 시각적 주의력
	박향금	2008	대전대학교 석사	아동 교육	중학생	실험집단 12명 통제집단 12명	콘체르토 그로소	충동 조절 억제력 증진
	정윤하	2007	단국대학교 석사	교육	초등	사례 4명		
	김지영	2009	대전대학교 석사	아동 교육	아동	초등 4명	퍼펙션	주의집중력
							게스후	충동 조절
							할리갈리	집중력
							밤블레오	충동 조절
	김미정	2006	대구대학교 석사	심리 치료	아동	초등 3명	젠가	자기 조절
	정안순	2004	가톨릭대학교 박사	보건	성인	정신분열 30명 통제 30명		
	윤지현	2007	덕성여자대학교 석사	심리	초등 2, 3	실험집단 10명 통제집단 9명	할리갈리	충동 조절 억제력 증진
	송문화	2004	덕성여자대학교 석사	심리	초등 2, 3	실험집단 10명 통제집단 9명		
	Goldberg	1980	학회지	심리	아동	미세대뇌 기능 문제 아동	Battlin Top	집중력 숙달감 충동 조절
	Reid	2002	저서	심리	일반 아동 · 청소년	아동 · 청소년	오퍼레이션	충동 조절
							퍼펙션	충동 조절
	Paula &v Fara	2004	저서	심리	아동 · 청소년	아동 · 청소년	Bop it	청각적 주의력 집중력
							퍼펙션	충동 조절
							오퍼레이션	충동 조절
							젠가	충동 조절
인지적 융통성	박혜진	2012	대구대학교 석사	심리	아동(ADHD)	남자 4명	치킨차차	작업기억력
	김은주	2015	대구교육대학교 석사	교육	특수 (ADHD 초등학생)	통제 2명 실험 2명	치킨차차	기억력
	김윤희	2010	대전대학교 박사학위	아동 교육	학습부진 아동 초등 5, 6	실험 6명 통제 6명	치킨차차	주의 분할 능력 작업기억력 주의전환 능력
							로보77	주의전환 능력 작업기억력 집중력
	윤미희	2009	대전대학교 석사	아동 교육	초등 4	실험 12명 통제 12명	로보77	억제력 증진 충동 조절
							할리갈리	

영역	논문 저자	연도	분석 관련 유형	분야	대상	인원	보드게임	효과
인지적 융통성	박성옥 외 7명	2010	연구보고서	교육	영재중학생	실험 12명 통제 12명	로보77	작업기억력 주의전환 능력
							리오미노	집중력 주의전환 능력
							펫나프	작업기억력 주의전환
	김동성	2009	대전대학교 석사	아동 교육	부모 · 자녀	부모 · 자녀 8명	메모리 게임	작업기억력
	김경애	2009	학회지	심리	학습부진	실험 8명 통제 7명	치킨차차	기억력
	정윤하	2007	단국대학교 석사	교육	초등 1	실험집단 4명	셜록	작업기억력
	윤지현	2007	덕성여자대학교 석사	심리	초등 2, 3	실험집단 10명 통제집단 9명	치킨차차	작업기억력 주의전환 능력
	송문화	2004	덕성여자대학교 석사	심리	초등 2, 3	실험집단10명 통제집단 9명	트위스터	주의전환 능력
	정안순	2004	가톨릭대학교 박사	보건	성인	정신분열 실험 30명 통제 30명	치킨차차	작업기억력
							로보77	작업기억력
정보 처리 영역	김윤희	2010	대전대학교 박사학위	아동 교육	학습부진 아동 초등 5, 6	실험 6명 통제 6명	게스후	범주화 능력 효율성, 유창성
	박성옥 외 7명	2010	연구보고서	교육	영재 중학생	실험 12명 통제 12명	게스후	범주화 능력 지속적 주의력
							애플스 투 애플스	유창성
							돼지가 날 수 있나요?	산출성
							루미스크로스	효율성, 산출성
							믹스	범주화 능력
							다빈치코드	효율성 지속적 주의력
	김경애	2009	학회지	심리	학습부진	실험 8명 통제 7명	징고	이해력, 순발력 산출성
	정윤하	2007	단국대학교 석사	교육	초등 1	실험집단 4명	Set	효율성, 산출성 지속적 주의력
	정안순	2004	가톨릭대학교 박사	보건	성인	정신분열 실험 30명 통제 30명	다빈치코드 커넥포	지속적 주의력 효율성, 주의전환
목표 설정	김은주	2015	대구교육대학교 석사	교육	특수(ADHD 초등학생)	통제 2명 실험 2명	다빈치코드	전략적 사고 문제해결력
	권미영	2013	대구대학교 석사	특수	특수(학습장애 초등학생)	2명	젠가	전략적 사고
	박혜진	2012	대구대학교 석사	심리	아동(ADHD)	남자 4명	윷놀이	전략적 사고
							퍼즐	문제해결력
	음윤성	2012	대전대학교 석사	심리	청소년	중학생 13명	감정카드	문제해결력
							우봉고	전략적 사고 문제해결
	김수현	2011	대전대학교 석사	아동 교육 /심리	아동	실험 10명 통제 10명	딕싯	전략적 사고 문제해결
							게스후, 다빈치코드	문제해결

영역	논문 저자	연도	분석 관련 유형	분야	대상	인원	보드게임	효과
목표 설정	김세희	2011	상지대학교 석사	복지	아동	실험 10명	빈트레이드	문제해결
	김윤희	2010	대전대학교 박사학위	아동 교육	학습부진 아동 초등 5, 6	실험 6명 통제 6명	Set	계획력 논리적 사고력
							루미큐브	계획력 논리적 사고력 문제해결력
							우봉고	문제해결력 전략적 사고력
							다빈치코드	문제해결력 전략적 사고력 계획력
	박성옥 외 7명	2010	연구보고서	교육	영재 중학생	실험 12명 통제 12명	칼라코드	문제해결력
							Hide & seek	문제해결력
							우봉고	문제해결력 전략적 사고력
							Set	문제해결력 전략적 사고력
							루미큐브	문제해결력 계획력 논리적 사고력
	윤미희	2007	대전대학교 석사	아동 교육	초등 4	실험집단 12명 통제 12명	우봉고	문제해결력
							젬블러	
	김연수	2008	저서	교육	영재 일반 아동	일반	커넥포	문제해결력 계획력
							카멜레온	
							블록커스	
							루미스	
	정안순	2004	가톨릭대학교 박사	보건	성인	정신분열 실험 30명 통제 30명	커넥포	문제해결력
	Bellinson	2008	저서	심리	아동	일반 아동 · 청소년	모노폴리	문제해결력
							체스	전략적 사고 문제해결력
							사목 게임	전략적 사고 문제해결력
	Paula & Farra	2004	저서	심리	아동 · 청소년	일반 아동 · 청소년	게스후	문제해결
							오퍼레이션	문제해결 전략적 사고
							Don't spill the beans	문제해결력
							모노폴리	문제해결력
	Fine	1956	학회연구	심리	성인	교도소 제소자	체스	문제해결력 목표 설정 논리적 사고
	Reid	2002	저서	심리	아동	갈등 문제	클루	문제해결
							커넥포	문제해결
							사목 게임	전략적 사고
							우노	전략적 사고 문제해결력

2. 정서적 요소와 관련한 게임놀이의 효과 연구

논문 저자	연도	분석 관련 유형	분야	대상	인원	사용한 보드게임	효과
이영현	2015	대전대학교 석사	심리	특수 (지적 장애인 성폭력 피해 여성)	실험 5명 통제 5명	얼쑤덩덕쿵	자아 효능감
						텀블링 몽키	자아 효능감
						해적룰렛	자아 효능감
						외과수술 게임	정서 조절 정서 표현
						딕싯	정서 인식 정서 표현
						감정카드	정서 인식 정서 표현
김보라	2015	광주교육대학교 석사	교육	아동 (초등 3학년)	실험 21명 통제 22명	흔들흔들 해적선	정서 조절
						누구일까요	정서 조절
구향남	2015	단국대학교 석사	특수	장애위험 유아	1명	해적룰렛	정서 조절
						점핑토끼	정서 조절
						텀블링 몽키	정서 조절
						과일젠가	정서 조절
						뽀로로 메모리 게임	정서 조절
김은주	2015	대구교육대학교 석사	교육	특수 (ADHD 초등학생)	통제 2명 실험 2명	콘체르토 그로소	정서 조절
						텀블링 몽키	정서 조절
김혜영	2014	대구대학교 석사	심리	아동(공격성)	3명	감정카드	타인 인식
임영진	2013	덕성여자대학교 석사	심리	ADHD 아동	실험 6명 통제 6명	감정단어카드	정서 인식 정서 표현
						트위스터	자기 인식
						젠가	정서 조절
박혜진	2012	대구대학교 석사	심리	아동 (ADHD)	남자 4명	감정카드	정서 인식
음윤성	2012	대전대학교 석사	심리	청소년	중학생 13명	유령계단	정서 조절
						딩고	정서 조절
						치킨차차	자기 효능감
						젝스님트	정서 인식
						핏 딜럭스	정서 인식
						Set	정서 인식
						감정빙고	정서 인식 자기표현 정서 조절
						감정카드	정서 인식 자기표현 정서 조절

논문 저자	연도	분석 관련 유형	분야	대상	인원	사용한 보드게임	효과
김수현	2011	대전대학교 석사	아동교육 /심리	아동	실험 10명 통제 10명	서펜티나 코코다키	정서 인식
						애플스 투 애플스 키즈 컨퓨전	자기표현
						오퍼레이션 슈레이카 할리갈리 익스트림	정서 조절
유숙희	2011	대전대학교 석사	아동교육 /심리	청소년	실험 8명 통제 8명	할리갈리	정서 인식 자기표현
						콘체르토 그로소	자기 인식
						로보77	자아존중감
						우봉고	정서 조절
김세희	2011	상지대학교 석사	복지	아동	실험 10명	애플스 투 애플스	자기표현 정서 인식
						보난자	자기표현
						아베시저	자아존중감
김동성	2009	대전대학교 석사	아동교육 /심리	부모 · 자녀 8명	부모 · 자녀 4쌍	핏	자기표현
						피포	자아존중감
김지영	2009	대전대학교 석사	아동교육 /심리	초등 2, 3	사례 8명	게스후	자기 효능감 정서 표현
						퍼펙션	자기 효능감 정서 조절
원안나	2009	대전대학교 석사	아동교육 /심리	초등 2, 3	실험 8명 통제 8명	딩고 게스후	자기 인식 타인 인식 자기표현
백현희	2007	대전대학교 석사	아동	초등 여학생	실험 5명 통제 5명	트러블게임	정서 인식
						퍼펙션	정서 조절
						게스후	자기표현
정경희	2007	대전대학교 석사	아동교육	초등 4, 5	실험 8명 통제 8명	딩고	자기 효능감 정서 표현
						콘체르토 그로소	
						라비린스	
김미정	2006	대구대학교 석사	심리치료	아동	초등 3명	인생 게임	정서 표현 자아존중감
정지현	2004	성균관대학교	교육	초등 3, 4	실험 6명 통제 6명	터치 마이 하트	정서 인식 정서 표현
						게스후	자기표현
						우노	자기표현 자아존중감
오새니	2004	덕성여자대학교 석사	교육	유아	실험 18명 통제 18명	돼지 쌓기	정서 조절
						원숭이들의 잔치	정서 이해

논문 저자	연도	분석 관련 유형	분야	대상	인원	사용한 보드게임	효과
김수미	2006	공주대학교 석사	교육	초등	정신지체 3명	뱀과 사다리	정서 표현
						젠가	정서 조절
						블러프	자기표현
						고양이와 쥐	정서 조절 자기표현
박성현	2007	대구대학교 석사	교육	초등	실험 12명 통제 12명	텀블링 몽키	정서 조절
Cheung	2006	저서	정신건강	아동 가족	일반 아동 가족	오퍼레이션	정서 인식 정서 표현
Lowenstein	1999	저서	심리	아동 가족	일반 아동 가족	캔디랜드	정서 인식 정서 표현
						트러블게임	정서 조절
						퍼펙션	자아존중감
Streng	1996	저서	심리	아동 · 청소년	아동 · 청소년	인생 게임	자기표현 정서 표현
Paula & v Fara	2004	저서	심리	아동 · 청소년	일반 아동 · 청소년	인생 게임	자기표현 정서 조절 자기 효능감
						젠가	정서 인식 자기표현
						오퍼레이션	정서 조절
						모노폴리	정서 조절 정서 표현 자아 효능감
Reid	2002	저서	심리	아동	일반	체스	정서 조절 자아 강화
						젠가	
Fleming & Stron	1943	학회지	심리	성인	일반 성인	체스	자아 강화 정서 조절
Epstein	1986	저서	심리	아동(이혼)	일반 아동	Could this happen game	Thorne
						Children feedback game	정서 표현, 정서 인식
Berg	1982	저서	심리	일반 아동 가족	일반 아동 가족	가족변화게임 (Changing family game)	감정 표현 자기 효능감
						퍼펙션	자기 효능감 정서 조절
Loomis	1957	학회지	심리	아동	아동	전통 보드게임 카드게임	정서 표현
Zakich	1975	저서	심리치료	아동	아동	Ungame	정서 표현
Gardner	1973	저서	심리치료	아동	아동	말하기, 느끼기, 행동하기 게임	정서 표현 자아존중감

3. 사회적 요소와 관련된 게임놀이의 효과 분석

논문 저자	연도	분석 관련 유형	분야	대상	인원	사용한 보드게임	효과
김보라	2015	광주교육대학교 석사	교육	아동 (초등 3학년)	실험 21명 통제 22명	흔들흔들 해적선	대인관계 기술
						누구일까요?	대인관계 기술
						할리갈리 익스트림	대인관계 기술
						치킨차차	대인관계 기술
						애플스 투 애플스	대인관계 기술
						마녀들의 경주	협력
						라보카	협력, 사회 기술
						모노폴리	협력, 사회 기술
김은주	2015	대구교육대학교 석사	교육	특수(ADHD 초등학생)	통제 2명 실험 2명	우노	대인관계 능력
음윤성	2012	대전대학교 석사	심리	청소년	중학생 13명	트위스터	대인관계 능력
						유령계단	협력, 대인관계 기술
						딩고	협력, 대인관계 기술
						코코다키	학교 적응
						당나귀똥	협동심, 사회 기술
						로보77	협동심, 사회 기술
						펫나프	협동심, 사회 기술
						코요테	협동심, 사회 기술
						바퀴벌레 포커	협동심, 사회 기술
						루미큐브	협동심
						젝스님트	협동심
						젬블로	협력
						어메이징 라비린스	협동심, 사회 기술
유숙희	2011	대전대학교 석사	아동교육/심리	청소년	실험 8명 통제 8명	테이크 잇 이지	의사소통
						람바삼바	대인관계 기술
이미나	2011	덕성여자대학교 석사	심리	아동	실험 6명 통제 6명	젠가	협동심
김세희	2011	상지대학교 석사	복지	아동	실험 10명	핏 딜럭스	협동심
						시퀀스	협동심
이경욱	2006	연구보고서	산업	초기 청소년	초등 8명 중등 5명	루프스 인타블라	대인관계 기술 향상 학교 적응 의사소통 향상
						할리갈리	
						로보77	
						치킨차차	
						후에블로	
						보난자	
						마녀들의 경주	
						코요테	
						스퀴키	
						다빈치코드	
						맘마미아	

논문 저자	연도	분석 관련 유형	분야	대상	인원	사용한 보드게임	효과
김동성	2009	대전대학교 석사	아동교육 /심리	부모 · 자녀 8명	부모 · 자녀 4쌍	꼬마 돼지 서커스	협력
						악어알 게임	협력
이향춘, 김윤희	2010	연구보고서	교육	노인	30명	좋은 친구들	사회 기술 의사소통
김미정	2006	대구대학교 석사	심리치료	아동	초등 3명	인생 게임	의사소통 능력
정지현	2004	성균관대	교육	초등 3, 4	실험 6명 통제 6명	터치 마이 하트	의사소통
						게스후	사회화
						우노	갈등 해결
오새니	2004	덕성여자대학교 석사	교육	유아	실험 18명 통제 18명	카탄의 아이들	의사소통
						돼지 쌓기	협동심
						라우라의 비밀	협력하기
김수미	2006	공주대 석사	교육	초등	정신지체 3명	딩고	의사소통 사회 기술
						치킨차차	협력, 사회 기술
						텀블링 몽키	협력, 사회 기술
Lowenstein	1999	저서	심리	아동 가족	일반 아동 가족	우노	사회 기술 대인관계 능력
Paula & v Fara	2004	저서	심리	아동 · 청소년	일반 아동 · 청소년	메모리 게임	협력
						젠가	대인관계 기술
						Don't spill the beans	협력
Utay & Lampe	1995	학회지	심리	아동	학습문제 아동	사회 기술 게임 다양한 교육적 게임	의사소통 협동하기 사회 기술
Nevil, Beauty, & Moxley	1997	저서	심리	아동	일반 아동	보드게임 및 게임 활동	사회 기술
Bay-Hinitz	1994	학회지	심리	아동 부모 교사	학령전기 (3~6세)	Max	협력 대인관계 기술 공격성 감소
						Harvest time	
						Granny's house	
						Sleeping grump	
						Candy land	
						미끄럼틀과 사다리	
					학령기 (6~12세)	Mountaineering	
						Secret door	
						Investor's game	
						Co-oper band	
						Buddy walkers	

[부록 C] 교재에서 실습용으로 활용한 게임놀이 및 보드게임

보드게임 명	연령	인원	소요시간	출처	해당 쪽
도레미	8세 이상	2~6인	15분	딘코게임즈	25쪽
코코너츠	6세 이상	2~4인	20분	코리아보드게임즈	29쪽
마라케시	8세 이상	2~4인	20분	코리아보드게임즈	31쪽
텀블링 몽키	6세 이상	2~4인	10분	코리아보드게임즈	33쪽
너도? 나도!	7세 이상	3~12인	5분 이상	행복한 바오밥	35쪽
피노키오	8세 이상	2~8인	10분 이상	다즐에듀	36쪽
G-Grip Set	8세 이상	2~4인	4~6회기	학지사	37쪽
B-TED Set	10세 이상	2~4인	2~4회기	서울창동아이윌센터	38쪽
X-TED Set	10세 이상	2~4인	2~4회기	서울창동아이윌센터	38쪽
커넥션	8세 이상	2~8인	5~10분	한국임상게임놀이학회	39쪽
생각 주머니	8세 이상	2~8인	20분	한국임상게임놀이학회	41쪽
인간빙고	8세 이상	2인 이상	10분	한국임상게임놀이학회	43쪽
콘셉트	10세 이상	2인 이상	20분 이상	코리아보드게임즈	45쪽
오퍼레이션	6세 이상	2~4인	10~15분	코리아보드게임즈	72쪽
퍼펙션	6세 이상	1인	5분	코리아보드게임즈	135쪽
서펜티나	6세 이상	1~4인	10~15분	코리아보드게임즈	140쪽
인앤아웃	8세 이상	2~8인	10~20분	한국임상게임놀이학회	143쪽
인생 게임	10세 이상	2~4인	20~25분	코리아보드게임즈	154쪽
딕싯	8세 이상	3~6인	30~40분	코리아보드게임즈	157쪽
숲속의 음악대	6세 이상	2~8인	10분	코리아보드게임즈	177쪽
게스후	6세 이상	2인	15분	코리아보드게임즈	181쪽
로보77	8세 이상	2~6인	20~30분	코리아보드게임즈	184쪽
우봉고	8세 이상	2~4인	20분	코리아보드게임즈	187쪽
쿽소	8세 이상	2~4인	10~15분	코리아보드게임즈	200쪽
할리갈리 링엘딩	6세 이상	2~4인	10분	코리아보드게임즈	222쪽
치킨차차	4세 이상	2~4인	15~20분	코리아보드게임즈	227쪽

한국임상게임놀이학회

한국임상게임놀이학회는 생애 전반에 걸쳐 아동, 청소년, 가족, 노인을 위한 교육 및 상담 분야의 '게임놀이교육 및 상담 프로그램 개발'과 '게임놀이 현장 전문 인력 양성'을 하는 데 기여하는 학술연구단체로 학회의 활동은 다음과 같다.

첫째, 연구개발 역량강화와 전문성 제고

발달의 수월성과 우수성 개발을 극대화할 수 있는 게임놀이 교육 및 상담 콘텐츠 제작 및 프로그램 개발, 연구뿐만 아니라 학교상담 관련 현장에서 예방교육 및 치료 전문성 제고

둘째, 게임놀이 교육 및 상담분야의 특화된 인재 양성

현대인의 생활 특성과 정신건강상의 문제가 급속하게 증가하고 있는 추세에서 아동부터 노인까지의 생애 전반에 걸쳐 발달, 교육, 상담 외 정신건강을 위한 게임놀이 문화를 통합적으로 아우를 수 있는 게임놀이 전문인력 양성

1. 추진 활동

[추진활동 1]
연구개발 역량 강화와
전문성 제고

추진 →

게임놀이 콘텐츠 제작

- 게임놀이 도구 제작
- 기능성 게임 개발
- 게임놀이 진단 평가 도구

게임놀이교육 및 상담 프로그램 개발

- 발달 영역별(언어, 수리, 기억력, 사고력, 공간력, 집중력)
- 대상별(유아, 아동, 청소년, 가족, 노인, 특수)
- 상담 영역별(자기 강화, 문제해결, 의사소통, 주의집중)

[추진활동 2]
건전한 놀이문화
조성을 위한
인프라 구축

추진 →

게임놀이 전문 인력 양성

- 게임놀이지도사
- 실버 게임놀이지도사
- 특수아 게임놀이지도사
- 게임놀이 교육전문가
- 게임놀이 상담사 1, 2급
- 게임놀이 상담전문가

게임놀이교육 및 상담 인프라 구축

- 게임놀이교육 및 상담센터 전국 기관 및 개인 회원

2. 자격과정

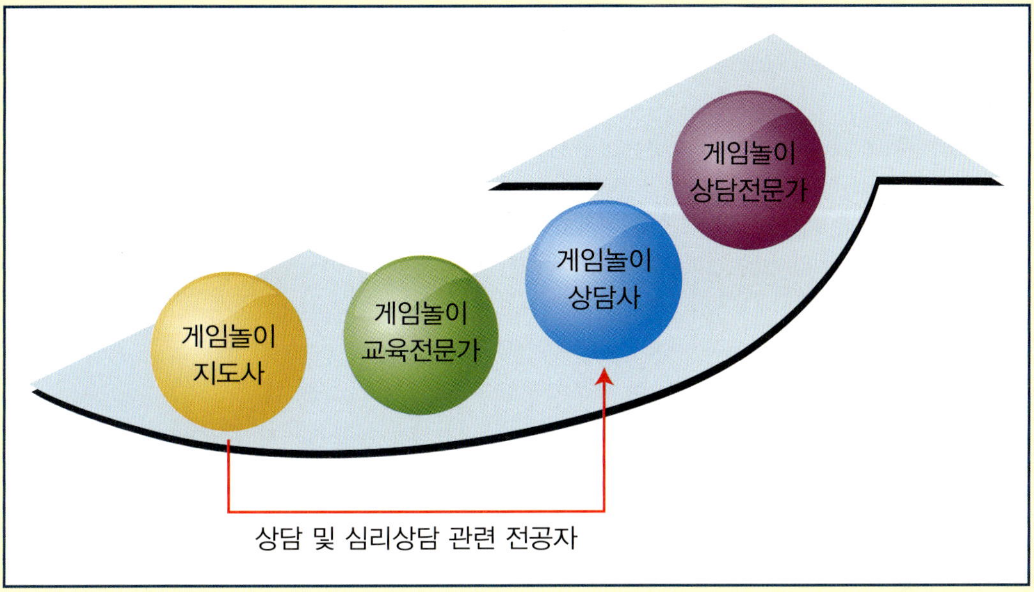

3. 학회 관련 정보

주 소 대전광역시 중구 대흥로 134 (혜화빌딩 2층)

홈페이지 www.gameplay.or.kr

이 메 일 kcgpa@daum.com

전 화 042) 321-9100

저자 소개

박 성 옥

현) 대전대학교 아동교육상담학과 교수
미국 Colorado State University 연구교수(1999~2000)

현) 대전시교육청 인문영재교육원장
현) 한국임상게임놀이학회 학회장 및 게임놀이치료 수련감독
한국발달심리학회 발달심리 수련감독
한국영유아아동정신건강학회 놀이치료 수퍼바이저
한국예술심리치료학회 예술심리치료 전문가
한국다문화가족상담학회 다문화상담 수련감독

<저서> 마음의 힘 키우기, 내면의 가치 베풂의 가치, 아동상담, 영재상담, 사이좋은 친구 함께하는 우리, 아동심리치료 2, 공감과 소통, 결혼을 앞둔 결혼한 당신에게, 성공지능 기르기, 재능 있는 아이로 키우기 외 다수

<역서> 아동의 스트레스, 아동의 친구관계, 발달상담과 치료, 스스로 돕는 아이, 총체적 방향, 게임놀이와 아동심리치료, 치료적 게임과 심상유도, 지혜·지능·창의성 그리고 성공, 성공지능 가르치기 외 다수

김 윤 희

현) 아동가족상담센터 참사랑 센터장
현) 대전대학교 상담대학원 상담심리학과 겸임교수
순천향대학교 건강과학대학원 심리치료학과 놀이치료 겸임교수(2014~2020)

현) 대전복지재단 심리지원전문가 및 솔루션 위원
현) 대전시교육청 에듀힐링센터 및 교원치유센터 전문상담위원/교육복지 수퍼바이저
현) 한국상담학회 전문상담사 1급 및 일반 수련감독
현) 한국임상게임놀이학회 자격관리위원장 및 게임놀이치료 수련감독
한국발달심리학회 발달심리전문가
한국영유아아동정신건강학회 놀이치료전문가
한국예술심리치료학회 예술심리치료 전문가
한국건강가정지원진흥원 부모교육전문강사
세이브더칠드런 긍정적 훈육 부모교육전문강사

<논문> 학습부진 아동의 실행기능향상을 위한 게임놀이치료 외 다수
<역서> 치료적 게임과 심상유도, 게임놀이와 아동심리치료(창지사)

게임놀이치료 – 이론 · 관찰 · 사례 –

초판 1쇄 인쇄 2020년 11월 4일
초판 1쇄 발행 2020년 11월 11일

지 은 이 | 박성옥 · 김윤희
펴 낸 이 | 김기섭
편 집 인 | 김민수
펴 낸 곳 | 창지사 www.changjisa.com
08589 서울시 금천구 가산디지털 1로 83 파트너스타워 1차 9층
전화 (02)719-2211~3
팩스 (02)701-9386
등 록 | 1977년 4월 28일 · 제1-421호

ISBN 978-89-426-1338-0 (93370)

값 20,000원

이 도서의 국립중앙도서관 출판예정도서목록(CIP)은 서지정보유통지원시스템 홈페이지(http://seoji.nl.go.kr)와 국가자료공동목록시스템(http://www.nl.go.kr/kolisnet)에서 이용하실 수 있습니다.(CIP제어번호: CIP2020047039)